SAPORE D'ITALIA

Antologia di testi sulla cultura
italiana con esercitazioni
orali e scritte

Livello medio

www.edilingua.it

© **Copyright edizioni Edilingua**
Sede legale
Via Cola di Rienzo, 212 00192 Roma
info@edilingua.it
www.edilingua.it

Deposito e Centro di distribuzione
Via Moroianni, 65 12133 Atene
Tel. +30-210-57.33.900
Fax: +30-210-57.58.903

I edizione: settembre 1998
Impaginazione e progetto grafico: Edilingua
ISBN 960-7706-12-9

L'editore è a disposizione degli aventi diritto non potuti riperire; porrà inoltre rimedio, in
caso di cortese segnalazione, ad eventuali omissioni o inesattezze nella citazione delle fonti.

Dedicato ad ogni collega che non è solo insegnante,
ma "essere umano" che continua ad imparare
insieme (e dai) suoi allievi.

Mariella Zurula Cernigliaro, nata a Napoli nel 1954, vive in Grecia, ad Atene. Si è laureata in Lettere e Filosofia e in Storia e Filosofia; è inoltre in possesso di Master e sta per conseguire il Dottorato in Letteratura italiana con una tesi su Italo Calvino. Insegna Lingua e Cultura italiana presso l'Università Capodistriaca d'Atene e collabora con le Università di Perugia e Venezia. È autrice di vari libri per l'insegnamento/apprendimento della lingua italiana. Nel 2003 ha pubblicato il suo primo romanzo. Per Edilingua ha scritto anche i cinque fascicoli (*Storia, Letteratura, Geografia, Arte, Musica, cinema e teatro*) della collana *l'Italia è cultura*.

PROLOGO
LETTERA APERTA

Allegria di naufragi

E subito riprende
il viaggio come
dopo il naufragio
un superstite
lupo di mare

(G. Ungaretti)

Caro collega,
uno dei più grandi geni che l'umanità ricordi, Leonardo da Vinci, sosteneva che "la sapienza è figliola della esperienza". Quasi "illuminata" e guidata da tale saggio aforisma, mi chiedevo se la mia "esperienza" potesse, in qualche modo, aiutare a soddisfare le esigenze di un particolare gruppo di studenti della lingua italiana, interessati ad una conoscenza più profonda della realtà "dinamica" del mio paese, con radici antiche e, tuttavia, proiettato verso il futuro.

Questo volume è nato, dunque, con l'intento di offrire la possibilità di gestire un corso medio di lingua italiana all'interno di un contesto interculturale di cui spesso i discenti vengono privati. Privilegiando, infatti, solo alcuni aspetti della lingua (come quello sintattico e grammaticale) a discapito di quella che è la cultura del popolo che attraverso quella si esprime, si corre il rischio di insegnare, apprendere "parole" avulse dal loro significato effettivo. Desidero, pertanto, con questo libro, dall'indicativo titolo "Sapore d'Italia", far conoscere ai nostri allievi "la lingua italiana" come "prodotto" di fenomeni sociali e culturali della cui conoscenza non è possibile fare a meno, se si voglia approfondire lo studio dell'italiano a livello medio. Seguendo i "sentieri" della mia esperienza, allora, ho tentato di conformarmi ad una duplice esigenza didattica: varietà ed attualità. La varietà di temi nella scelta dei testi (dalla pagina di letteratura, a quella di cronaca, dall'esame di fenomeni culturali, all'intervista con personaggi famosi della nostra epoca) e l'attualità dei brani nei loro differenti aspetti (economico, sociale, storico, geografico ecc.) permetteranno allo studente di passare dalla fase della lettura, a quella della comprensione e, poi, della produzione (scritta od orale) in modo armonioso e divertente. La partecipazione, anche emotiva, del discente, assicurata dall'impiego di un linguaggio semplificato ed agile, spesso è l'elemento chiave per il successo di una lezione e, dunque, per l'apprendimento di una lingua straniera. Ritengo, invero, del tutto necessario far sentire l'allievo un pioniere, il protagonista del sistema didattico e non "la ruota di scorta" del suo insegnante. **Lo studente deve avere un ruolo attivo nell'apprendimento, mentre al professore spetta solo il compito di stimolare l'approccio ad una "tematica" piuttosto che ad un'altra.**

Per il suo "impianto metodologico", allora, il presente volume si prefigge lo scopo di rappresentare una "novità" nel campo dell'insegnamento della lingua italiana ad allievi di livello medio. Pertanto, prima di augurarti "buon lavoro", caro collega, vorrei dirti due parole e darti qualche suggerimento per migliorare "le prestazioni" del libro.

1. Innanzitutto vorrei sottolinearti che **i testi** da me scelti **non sono stati sistemati in ordine di difficoltà** e la distribuzione che ti suggerisco è solo una delle possibili: altri percorsi possono essere seguiti da te che conosci le esigenze della tua classe (motivazioni, bisogni, interessi, ecc.)

2. **Ogni testo**, selezionato, ridotto ed adattato, **è corredato da un lessico**/glossario-chiave

(che sarà tuo compito arricchire e vivacizzare con la <u>tua</u> "dolcissima voce"), onde permettere al tuo alunno la comprensione immediata e globale del testo.

3. Mentre si legge, si può comprendere. Ecco la regola-base della didattica. Proprio per questo **le attività di comprensione** del testo vengono da me proposte dopo la lettura, mirando (attraverso vari tipi di esercizio) a verificare "quanto" si è compreso e se è possibile "discriminare" tra i messaggi più importanti ed immediati del brano letto. Una lettura "approfondita", cioè, con il tuo aiuto ed intervento, la consiglierei solo in un secondo momento. Lo studente ha bisogno di riflettere **da solo** ed "impastare" gli ingredienti per la "sua" torta.

4. La **breve sintesi** a cui è rimandato l'allievo potrebbe essere un esercizio molto utile se tu, caro collega, invitassi i tuoi lettori a "riassumere" il testo in un numero sempre più ridotto di parole (quante? Solo tu sai!)

5. Le **domande** per la discussione che si trovano dopo ogni testo vanno seguite come stimolo a conversazioni aperte con gli studenti sulle loro abitudini e sugli usi e costumi del loro paese. Tutti i cambiamenti da te apportati, in rapporto ai gusti ed alle inclinazioni del tuo gruppo discente, saranno sicuramente efficaci ed interessanti. Solo tu puoi giudicare!

6. Gli **esercizi lessicali**, usati come gioco, come tecniche ludiche, al posto di esercizi grammaticali e sintattici, tanto condizionanti, (impossibile sfruttare un esercizio sul "discorso indiretto" senza che tu l'abbia già spiegato in precedenza!) si riveleranno un modo per divertirsi e saranno un "utile rinforzo" per l'ampliamento dell'apprendimento della lingua da te insegnata.

7. **Produzione scritta** (sotto forma di temi tradizionali, lettere, annunci, questionario od altro) e **situazione** costituiscono le attività conclusive di ogni testo. Se puoi, insisti con i tuoi studenti, affinché scrivano (in classe o a casa!) qualcosa. È tanto importante fargli capire che solo "scripta manent": le parole acquisite saranno le fedeli ancelle del loro focolare di pensieri e considerazioni. Gli spiegherai che scrivere è indubbiamente un'attività complessa, ma che può diventare creativa e personale, e che tu sarai solo "un correttore di bozze", rispettoso di tutte le idee e le valutazioni espresse.

8. Infine, vorrei proporti di lasciare la "situazione" proposta nel testo come inizio della successiva lezione. Questo tipo di "conclusione" del discorso, aiuterà gli studenti a ricordare e rielaborare, sia a livello individuale che collettivo. Quando tu, con il tuo prezioso aiuto, li coinvolgerai, facendoli "immergere" in una situazione reale…

Vedrai, caro collega, i nostri guerrieri saranno pronti per la battaglia decisiva che prevede uno scontro "armato" (di Lingua e cultura) corpo a corpo con un italiano.

A questo punto vorrei concludere, parafrasando quello che Paolo Coelho dice nel suo bellissimo libro "Monte cinque": "Quando vogliamo molto, moltissimo qualcosa (come insegnare/imparare l'italiano) tutto l'universo (professore/studente compresi) 'cospira' per riuscire a realizzare il nostro sogno".

In attesa di una tua "risposta" (spero positiva!) a questo volume, con affetto e simpatia ti auguro "In bocca al lupo".

Ciao!
Mariella
(l'autrice)

TUTTO IL MONDO IN UNA STANZA

Anna, 17 anni, frequenta il liceo scientifico a Trieste. Il suo autore preferito è Hermann Hesse, ma non ha molto tempo per leggere, dice.

Elena, 15 anni, livornese, si divide fra liceo e Conservatorio. Dopo la maturità, vorrebbe iscriversi a psicologia a Padova. Per vivere sola.

Il 21 giugno diventerà maggiorenne. Francesca, genovese, frequenta il liceo artistico. Hobby: aerobica, tennis, pallavolo, tv. E lunghe telefonate agli amici.

Il suo papà è poliziotto e lui vuole seguire le sue orme. Per il momento, Roberto, 17 anni, romano, studia per diventare elettromeccanico.

William, 16 anni, di Torino, vuole fare il pilota. Gioca a pallavolo e legge Dylan Dog.

18 anni, Chiara è al penultimo anno del liceo classico. E sul futuro non ha idee chiare. Vive a Perugia. Divora libri e ascolta musica inglese.

Dice di aver scelto una scuola fuori moda "perché fa bene al cervello". Nicolò, 14 anni, va al ginnasio. È di Bologna. Un sogno? Diventare campione di basket.

È nato a Roma 18 anni fa. Ma da quando ne aveva 3 Marco vive a Livorno. Canta in un gruppo e dice di suonare, alla meno peggio, qualsiasi strumento.

La sua camera è piena di coppe. Alessandro, 17 anni, di Bari, gioca a calcio e pallanuoto. Dopo l'istituto tecnico commerciale, vorrebbe lavorare all'estero.

Laura, 15 anni, di Palermo, ha l'hobby del canto. Ma da grande vorrebbe diventare veterinaria. Oppure modella.

adattato da *Donna Moderna*

LESSICO

○ *conservatorio* – istituto in cui si insegnano le discipline musicali

○ *seguire le orme* – seguire l'esempio

○ *divorare* – mangiare rapidamente e completamente (in senso metaforico)

○ *alla meno peggio* – non tanto male, cioè abbastanza bene

PER LA COMPRENSIONE
Completa la tabella sottostante

	nome	sesso	età	città	studi	hobby	sogno
1							
2							
3							
4							
5							
6							
7							
8							
9							
10							

PER LA DISCUSSIONE
1. Potresti trarre delle conclusioni, dopo aver fatto l'identikit di questi adolescenti italiani?

2. Se ti fosse chiesto di fare degli accoppiamenti tra i nostri adolescenti presentati, chi metteresti insieme (come amici o come partner)? Su quali elementi ti baseresti? Qualcuno di loro resterebbe scoppiato?

3. Di solito i ragazzi "nascondono" il "loro" mondo nella propria stanza. Di cosa amano circondarsi?

4. Quale dei ragazzi ti assomiglia di più (per gusti o desideri)? In che senso?

5. Trovi delle differenze sostanziali tra il gruppo ragazzi ed il gruppo ragazze? Come mai?

6. I ragazzi nel tuo paese differiscono molto da questi "campioni" italiani?

7. Sicuramente ricordi i tuoi sogni di adolescente. Oggi pensi di essere riuscito a realizzarli?

8. Spesso si dice che i ragazzi di oggi soffrono di abulia. Ma, secondo te, è vero?

9. Quale oggetto potresti dire che oggi è un po' il simbolo degli adolescenti? (jeans, swatch, timberland, orecchino...)

ESERCIZIO LESSICALE
Se puoi, trova il femminile od il maschile del nome dato

1. nuora
2. attore
3. sorella
4. principe
5. celibe
6. poeta
7. studente
8. moglie
9. eroe
10. protagonista
11. maschio
12. regina
13. medico
14. donna
15. collega

PER LA PRODUZIONE
Una delle ragazze, Elena, 15 anni, livornese, vorrebbe iscriversi a psicologia a Padova per andare a vivere da sola. Scrivile una lettera per incoraggiarla (o scoraggiarla) nella sua decisione, spiegandole il tuo punto di vista in proposito.

SITUAZIONE
I motivi di contrasto con i tuoi genitori, tuo padre o tua madre (chi di voi interpreterà tale ruolo?), sono molti. L'altra sera in particolare hai chiesto dei soldi per... Apriti cielo! La discussione si è trasformata in un litigio.

VENEZIA

Venezia, città lagunare, grande potenza marittima e commerciale dal tempo delle Crociate al Cinquecento, centro artistico e culturale di valore europeo, ha cessato di

esercitare la sua influenza dopo il trattato di Campoformio (17 ottobre 1797). Da allora sembra quasi che il suo aspetto sia rimasto immutato, immagine di un'altra epoca, a cui nulla si possa aggiungere.

Per la fantasia popolare Venezia è la città romantica dei tramonti rosati, delle gondole, dei sogni nelle notti lunari, degli splendidi aristocratici palazzi che si affacciano sul Canal Grande. Nella rete dei suoi canali, per le strette strade e nelle piazze non vi è traffico automobilistico; per Venezia è improponibile un discorso sul verde cittadino o sui nuovi quartieri che facciano da cornice moderna al centro storico; la popolazione, anziché aumentare, vi diminuisce ogni anno, attratta da attività più redditizie e da edifici più confortevoli.

Venezia, tuttavia, non è una città senza problemi. Proprio la condizione insulare che era stata la fortuna dei veneziani è all'origine dei pericoli di sopravvivenza di questa città. Ormai anche l'opinione pubblica di tutto il mondo se n'è resa conto: i fenomeni delle "acque alte" e le altre conseguenze dell'industrializzazione nelle vicine zone di Mestre e Porto Marghera rendono di giorno in giorno precaria la situazione degli edifici e la permanenza dei cittadini. Non solo la chiesa di S. Marco per cui Gabriele D'Annunzio scrisse la famosa ode, *Per la morte di un capolavoro,* ma l'intera città sta morendo.

adattato da *un'Antologia per la scuola media*

LESSICO

○ *lagunare* – di laguna (tratto di mare parzialmente limitato da una lingua di terra o dal delta di un fiume)

○ *cessare* – interrompere, finire

○ *immutato* – senza un cambiamento

○ *improponibile* – che non si può proporre, inammissibile

○ *trattato* – accordo

○ *attratto* – attirato, affascinato

○ *attività redditizia* – attività che porta buoni guadagni

○ *insulare* – di isola

○ *precario* – temporaneo, non stabile, provvisorio

PER LA COMPRENSIONE
Completa le frasi sottostanti

1. Venezia sin dal 1797 non è più _____
2. Da allora questa città _____
3. Molte persone immaginano Venezia come una città _____
4. Purtroppo, però, la popolazione _____
5. I problemi di Venezia più evidenti sono _____
6. Gabriele D'Annunzio scrisse _____

BREVE SINTESI

PER LA DISCUSSIONE
1. Sei mai stato a Venezia? Cosa sai di questa città?
2. Che cosa si dovrebbe fare per salvare Venezia?
3. Venezia è patrimonio solo dell'Italia, dell'Europa unita o del mondo intero?
4. In Italia esistono molte città antiche: come è possibile, secondo te, armonizzare il vecchio con il nuovo sviluppo urbano senza ridurre le città a un monumento o ad un museo?
5. Come immagini la città del futuro?
6. Quali ritieni le città più belle d'Europa che sono senz'altro "da salvare"?
7. Un'ultima domanda: Qual è la tua opinione sui tantissimi venditori ambulanti che invadono le città d'arte per vendere souvenir o piccoli oggetti di poco valore?

ESERCIZIO LESSICALE
Terminare, cessare, smettere, finire, interrompere, sospendere sono dei verbi che, sebbene indichino quasi la stessa cosa, non possono essere usati l'uno al posto dell'altro. Saresti capace di inserirli nelle frasi sottostanti?

1. Ho preso una decisione: devo _____ di fumare!
2. Ancora non hai _____ di parlare al telefono?
3. Una volta che avrò _____ gli studi nel mio paese, andrò in Italia per seguire un corso di specializzazione.
4. Appena sarà firmato il trattato, _____ il fuoco.
5. Le ostilità sono state _____ grazie all'intervento dell'ONU.
6. Ho deciso di _____ le lezioni d'inglese (non di italiano, per carità!...)

PER LA PRODUZIONE SCRITTA
Scrivi una lettera al sindaco della città di Venezia, esprimendo il tuo timore: "O salviamo ora Venezia, o l'avremo perduta per sempre".

SITUAZIONE
Sei insieme con la tua dolce metà a Venezia. Siccome sei romantico/a, hai pensato ad un bel giro in gondola per "suggellare" il vostro amore: ma il gondoliere chiede una somma di cui purtroppo non disponi. Mentre il/la tuo/a partner s'è allontanato/a, allora cerchi di convincerlo a farti uno sconto. (Naturalmente alla fine ci riesci. Happy end!).

DOMENICA VIOLENTA
Tafferugli negli stadi

a. Dentro lo stadio:

VERONA – La domenica della follia ultrà è passata anche da Verona. Qui è scattato l'allarme e la violenza-ultrà è stata a pochi centimetri dal degenerare nella maniera più drammatica.

Questa la cronaca di una giornata da dimenticare. Il primo tempo della partita passa in un clima di relativa calma. La ripresa è iniziata da pochi minuti, quando dal campo di gioco la tensione si sposta alla curva nord, occupata da circa mille tifosi salernitani. C'è una carica delle forze dell'ordine, un fuggi-fuggi generale, seguito da una risposta violenta. Volano oggetti di ogni genere: sassi, petardi, aste di bandiera.

Un avvenimento che ha dell'incredibile: come è possibile che tutte queste armi improprie entrino in uno stadio, unitamente ad altri oggetti pericolosi e vietati? Alcuni poliziotti sono costretti a indietreggiare, colpiti nonostante le protezioni. Volano anche i lacrimogeni, uno dei quali viene rilanciato sul terreno di gioco. Il fumo invade il campo, il bruciore agli occhi diventa insopportabile, tanto che l'arbitro è costretto a interrompere la partita per sei minuti.

b. Fuori lo stadio:
PAURA PER M. DOPO LECCE-JUVE GLI HOOLIGANS ASSALTANO IL SUO TAXI

LECCE – Paura al termine di Lecce-Juve per il signor L. M. bianconero. Era arrivato a Lecce con un taxi da Napoli e con la stessa auto stava ritornando nella sua città quando ha visto nel piazzale davanti lo stadio un gruppo di ultrà che ha circondato e bloccato il taxi. Alcuni teppisti hanno incominciato a tirare calci e pugni contro la carrozzeria, mentre lanciavano una grossa pietra sui due vetri dell'auto. Le schegge di vetro hanno ferito leggermente alla fronte il tassista. Mentre il tassista e M. uscivano dall'auto, cercando di affrontare gli aggressori, accorrevano alcuni poliziotti che li disperdevano, facendo salire M. su un'auto della polizia.

adattato da *"Il Corriere della Sera"*

LESSICO

- *scattare* – è quello che avviene quando una molla o un congegno si libera bruscamente dallo stato di tensione
- *tafferuglio* – zuffa, disordine, baruffa, scontro
- *degenerare* – cambiare qualcosa in peggio
- *ripresa* – la seconda parte di una partita di calcio
- *tensione* – stato psicologico di ansietà e nervosismo
- *curva* – linea che non è retta, che gira ad arco
- *tifoso* – sostenitore di una squadra
- *carica* – avanzata impetuosa per vincere e sopraffare l'avversario
- *forze dell'ordine* – polizia
- *arma impropria* – un oggetto che, pur non essendo un'arma, viene usato come arma
- *indietreggiare* – farsi indietro
- *teppista* – hooligans
- *scheggia* – piccolo pezzo appuntito e tagliente

PER LA COMPRENSIONE

A quale dei due brani si riferiscono le seguenti affermazioni?

1. Un juventino stava per "lasciarci la pelle"
2. Molti poliziotti sono rimasti feriti
3. È successo nel Nord-Italia
4. La violenza si è manifestata con armi improprie
5. I teppisti hanno lanciato pietre sulla macchina
6. È stato assalito da un gruppo di ultrà. L'arbitro ha interrotto la partita

BREVE SINTESI

PER LA DISCUSSIONE

1. Ti piace guardare la partita comodamente seduto/a in poltrona o preferisci vivere la "suspense" dello stadio? Per quale squadra fai il tifo?
2. Nel tuo paese è il calcio lo sport più praticato? Perché? Pensi che questo sport sia per soli uomini?
3. Puoi spiegare come mai succedono incidenti negli stadi? Di chi è la colpa? Non pensi che si tratti di un "business"?
4. Ti sei mai trovato allo stadio "tra i due fuochi" delle squadre avversarie? Cosa hai fatto?
5. Prova a fare l'identikit del teppista.
6. Conosci qualcosa del calcio italiano, degli italiani e del gioco del pallone?
7. Giochi mai al totocalcio?

ESERCIZIO LESSICALE

A quale attività sportiva, tra quelle indicate nella foto, riportano le parole elencate?

1. teppista
2. canestro
3. piccozza
4. racchetta
5. buca
6. cavallo
7. bicicletta
8. spada
9. guantoni
10. piscina
11. canoa
12. pallina

PER LA PRODUZIONE SCRITTA

Decidi di inviare una lettera al direttore di un giornale per protestare contro gli episodi di violenza negli stadi. Poni la questione di come sia possibile che tante armi improprie circolino negli stadi e perché la polizia non intervenga più drasticamente prima di permettere l'ingresso ai tifosi.

SITUAZIONE

È lunedì. La tua dolce metà è molto arrabbiata con te, come ogni lunedì. Tu non puoi capire cosa le succede all'inizio di ogni settimana. Alla fine scopri il mistero: la domenica tu vai allo stadio e lei si arrabbia perché la lasci da sola per andare a vedere degli stupidi "in mutande" che corrono dietro ad una palla. Tu cerchi di spiegarle che per te è uno sfogo alla fine di una settimana stressante. Riuscirai a convincerla (e magari a portarla con te alla prossima partita)? Provaci.

AL TELEFONO

Dalle due alle tre

Un giorno tornò a casa arrabbiato. Aveva cercato, disse, di telefonare dieci volte a casa, ma il telefono era sempre occupato.

"In questa casa" gridò "fra te, la ragaz-za e le bambine, siete sempre al tele-fono."

"Cosa volevi?"

"Niente volevo" disse seccato.

"E allora perché hai cercato di tele-fonare se non volevi niente?"

"Volevo dire che rientravo. Volevo che buttaste la pasta nell'acqua o cos'altro c'è, volevo riuscire una volta tanto a mettermi in comunicazione con voi.

Ma in questa casa vivete attaccate al telefono."

Si calmò mentre pranzavamo. Poi chiese: "Mi hanno telefonato dal giornale?".

"No."

"Allora mi telefoneranno. Vedrai che mi spediscono via. C'è un grosso fatto."

Eravamo alla carne quando squillò il telefono.

"È per me, è il giornale!" gridò il Bosi, frenando tutte e due le gemelle che erano scat-tate da tavola prima di lui, e strappò il ricevitore dalle mani della ragazza che aveva già detto: "Pronto?".

Ma subito tornò a tavola. "È per te, Anna" disse. L'Anna si alzò trionfante. "Ah, ah, visto?" Era molto contenta quando qualche sua compagna di classe le telefonava o per invitarla o per farsi invitare, o per fare i compiti al telefono. "Sei tu, Silvia?" disse. "Vado a prendere il quaderno e torno subito."

Il Bosi sbucciò un'arancia innervosito, mentre nel piatto dell'Anna la fetta di arrosto diventava fredda. "Non sopporto questa faccenda" si arrabbiò. "Sentila, sentila, ma perché deve fare i compiti al telefono?"

Dopo cinque minuti l'Anna tornò a tavola, ma non si sedette. "La Silvia dice se posso andare a giocare da lei."

"Vai, vai" dissi io che ero sempre contenta quando andavano a giocare in qualche altra casa.

"Ci vado anch'io, allora" disse la Francesca.

"No, ha invitato me sola" disse l'Anna.

"Mi permetti che chiamo la mamma della Silvia per vedere se invita anche me?" sup-plicò la Francesca.

Il Bosi si mise a urlare: "Prima finite di mangiare e poi chiederete quello che volete alla mamma della Silvia".

"Ma la Silvia" urlò l'Anna "è lì che aspetta al telefono. Va bene, Chicca, glielo chiedo io se invita anche te". Tutte e due si precipitarono al telefono, tornarono insieme.

Si sedettero finalmente a tavola, davanti alla fetta d'arrosto gelata, ma l'Anna mi disse: "C'è la mamma della Silvia che ti vuole al telefono".

La conversazione durò cinque minuti circa.

"Hai finitooo?" urlò il Bosi. "Ma è possibile che in questa casa stiate sempre al telefono?"

ridotto ed adattato da *"Come donna zero"* di *Luisella Fiumi*

LESSICO

○ *buttare la pasta* – mettere i maccheroni o altri tipi di pasta nell'acqua in ebollizione
○ *scattare* – fare un'azione all'improvviso, slanciarsi in un'azione, come fa una molla
○ *strappare dalle mani* – togliere dalle mani bruscamente con un movimento rapido e decisivo
○ *sbucciare* – togliere la buccia
○ *compito* – esercizio che l'insegnante assegna agli alunni
○ *supplicare* – pregare con fervore
○ *urlare* – gridare, strillare
○ *precipitarsi* – correre in fretta e furia

PER LA COMPRENSIONE

Scegli l'affermazione corretta tra le quattro proposte

1. Il signor Bosi
   - ❏ a. voleva fare una telefonata
   - ❏ b. aspettava una telefonata
   - ❏ c. non voleva niente
   - ❏ d. non voleva pagare la bolletta del telefono

2. Il Bosi era
   - ❏ a. un inviato
   - ❏ b. un semplice giornalista sportivo
   - ❏ c. un corrispondente dall'estero
   - ❏ d. un redattore-capo di una rivista

3. A casa Bosi abitavano
   - ❏ a. 5 persone
   - ❏ b. 4 persone
   - ❏ c. 3 persone
   - ❏ d. 2 persone

4. Alla fine il Bosi
   - ❏ a. è tanto arrabbiato
   - ❏ b. riceve la telefonata che aspetta
   - ❏ c. non parla più con nessuno
   - ❏ d. sbatte la porta e se ne esce di casa

BREVE SINTESI

PER LA DISCUSSIONE
1. Sono frequenti oggi queste "scenette familiari"? Anche a casa tua?
2. Pensi che sia esagerata la reazione del Bosi di urlare arrabbiato? Tu cosa avresti fatto al suo posto? Come si potrebbe risolvere il problema che ha questa famiglia?
3. Il telefonino è utile o pericoloso (anche per la salute)? Tu ne hai uno? Sei malato/a di "telefonite" (malattia immaginaria di chi parla ore ed ore al telefono)?
4. Come ti senti quando arriva la bolletta del telefono?
5. Il telefono, secondo te, avvicina o allontana le persone?
6. Hai mai perduto l'agenda telefonica? Cosa hai fatto?
7. Funziona sempre regolarmente il tuo telefono o ci sono interferenze, fai o ti fanno scherzi, ecc.? Racconta.
8. Che tipo di messaggio lasceresti alla tua segreteria telefonica?

ESERCIZIO LESSICALE
Cancella la parola che non si accorda con le altre. Dirai poi a che famiglia appartengono le parole estranee ed ogni serie di parole presentate

1. rosa, garofano, margherita, geranio, interferenza
2. farfalla, mosca, prefisso, zanzara, ragno
3. arancia, uva, bolletta, melone, albicocca
4. pesce, uova, formaggio, squillo, arrosto
5. casa, ricevitore, scuola, chiesa, museo
6. lavatrice, frigorifero, lavastoviglie, scatto, aspirapolvere

PER LA PRODUZIONE SCRITTA
Il telefono fa ormai parte della nostra vita. È un mezzo indispensabile, ma anche uno strumento che viola continuamente la nostra privacy. Qual è il tuo rapporto con il telefono? Lo consideri un amico od un nemico?

SITUAZIONE
Non sai se frequentare o meno l'Università in Italia. Allora pensi di telefonare alla segreteria della facoltà prescelta e, dopo molta fatica per comunicare con la persona adatta, finalmente ti lasciano parlare con il responsabile. Chiedi a lui tutte le informazioni che ritieni utili per aiutarti a prendere una decisione.

DUE PAROLE TRA NOI
risponde il direttore

Caro Dario,
ho trentacinque anni, lavoro da molti anni in una scuola privata. Pochi mesi fa, durante un seminario, ho conosciuto uno scapolo fantastico di 40 anni, anche lui insegnante. Subito me ne sono molto innamorata. Potrei essere finalmente felice ma… ogni rosa ha le sue spine, come dice il proverbio. Enrico, l'uomo di cui sono pazza, è un mammone e non vuole sposarmi perché sua madre non glielo permette.
Devi sapere che noi viviamo in una cittadina di provincia dove la gente è pettegola! Allora poiché mi vedono sempre da sola, tutti pensano che io sia destinata a restare zitella. Mi guardano con compassione e sufficienza e non solo! Siccome la madre di Enrico, una casalinga vecchio stampo, è contraria al nostro matrimonio, il mio mammone non vuole farsi vedere in giro con me. Allora tutti hanno cominciato a "chiacchierare". Così c'è perfino chi sussurra che lui sia gay. Non ne posso più. Ho provato a intavolare un dialogo con la terribile mamma, ma non sono riuscita a farle cambiare idea, perché lei è convinta di essere l'unica persona in grado di fare felice la sua creatura. Dice anche che, se proprio deve cedere per salvare la faccia, la sposa per suo figlio la sceglierà lei. Da quel che ho capito cerca una donna possibilmente vergine, non tanto giovane, un po' brutta (tanto per evitare i confronti!) a cui dare degli ordini sotto forma di consigli, che non si ribelli mai, ma sia anche disposta a convivere con lei, la brava suocera, o, nella peggiore delle ipotesi, nell'appartamento accanto, sopra o sotto al suo, che la chiami "mamma" e che sia pronta a sorridere sempre.
Ho cercato di farle capire che suo figlio è innamorato di me, anche se non ho la dote, ma mi ha rivolto solo uno sguardo di disapprovazione. Che posso fare? Una mia amica mi ha detto che l'unica soluzione che ho è quella di pregare qualche santo che se la prenda con lui in paradiso. Ma questo mi sembra un po' esagerato. Non ti sembra? Ti prego. Aiutami.

Dina, una donna disperata

adattato da *Bella*

Se gli piaccio perché fugge?

LESSICO

○ *scapolo* – un uomo che non è sposato
○ *ogni rosa ha le sue spine* – è una frase idiomatica per dire che non c'è cosa bella che non procuri qualche pena
○ *mammone* – un uomo che è troppo legato

- *pettegolo* – una persona che parla spesso con malizia e curiosità degli altri
- *zitella* – una donna che non si è sposata e non è più giovane
- *compassione* – pietà, commiserazione
- *vecchio stampo* – di tipo tradizionale
- *sussurrare* – parlare a bassa voce, dire di nascosto per criticare una discussione
- *intavolare un dialogo* – iniziare, dare l'avvio ad un dialogo
- *cedere* – non opporre resistenza, arrendersi, rassegnarsi

- *evitare* – sfuggire
- *ribellarsi* – opporsi, rifiutare di sottomettersi
- *dote* – il complesso di beni portato dalla sposa per contribuire all'economia della nuova casa
- *disapprovazione* – il non approvare, il riprovare
- *esagerato* – eccessivo, che supera i limiti della giusta misura

PER LA COMPRENSIONE
Completa la tabella

	età	lavoro	stato civile	caratterizzazione	tipo di problema che ha o crea
lui					
lei					
la mamma					
l'ipotetica nuora					

BREVE SINTESI

PER LA DISCUSSIONE
1. Ti sembra frequente o sui generis la situazione di Dina?
2. Nel tuo paese gli uomini sono mammoni?
3. In una cittadina di provincia è possibile avere la propria privacy?
4. Ma le suocere sono proprio tanto insopportabili? Che tipo di nuora cercano?
5. La verginità e la dote sono ancora "virtù" importanti?
6. Come ci si può liberare da una suocera ficcanaso?
7. Andresti a convivere con tua suocera? Che tipo di problema pensi ti potrebbe risolvere o creare?

ESERCIZIO LESSICALE
Se il proverbio vuoi sapere, la parola giusta devi trovare. Dopo aver spiegato il significato dei proverbi, cerca i corrispondenti (se ci sono) nella tua lingua
1. L'abito non fa il _____
2. La fortuna aiuta gli _____
3. Una rondine non fa _____

a. morde
b. impara
c. primavera

4. Quando il gatto non c'è i topi _____   d. ballano

5. Non c'è rosa senza _____   e. monaco

6. Il fine giustifica i _____   f. mezzi

7. Sbagliando s'_____   g. audaci

8. Dimmi con chi vai e ti dirò chi _____   h. spine

9. Can che abbaia non _____   i. sei

10. Lontano dagli occhi lontano dal _____   l. cuore

PER LA PRODUZIONE SCRITTA

Rispondi alla lettera di questa "donna disperata", dandole dei consigli

SITUAZIONE

Sei sposato/a. Hai litigato con la tua metà perché, in vista delle prossime vacanze, hai deciso di andare a fare una gita da solo/a con i tuoi amici. Arrabbiatissimo/a (dal momento che naturalmente lui o lei si è ribellato) hai sbattuto la porta e te ne sei anda-to/a di casa per rifugiarti tra le braccia di tua madre. Lei, saputa la tua storia, ti istiga al divorzio perché ti aveva sempre detto che non era l'uomo/la donna fatto/a per te. (Che tutti abbiamo bisogno di un po' di solitudine e se lui/lei non lo capisce…)

IL DISCO SI POSÒ

Era sera e la campagna già mezza addormentata, quand'ecco il disco volante si posò sul tetto della chiesa che sorge nel punto più alto del paese.

Lassù nella sua camera che dà sul tetto della chiesa, il parroco, don Pietro, stava leggendo, col suo sigaro in bocca. Quando sentì l'insolito rumore si alzò dalla poltrona e andò alla finestra. Vide allora quel coso straordinario, colore azzurro chiaro, diametro circa dieci metri.

Non gli venne paura, né gridò, neppure rimase sbalordito. Rimase là, col sigaro, ad osservare. E vide aprirsi uno sportello.

Ora sui connotati dei due strani esseri che uscirono dal disco, siccome don Pietro è un grande confusionario, di sicuro si sa solo questo: ch'erano smilzi e di statura piccola, un metro-un metro e dieci. Però si allungavano e accorciavano come fossero di elastico. Circa la forma, non si è capito molto: "Sembravano spiritelli, sembravano due insetti". "E avevano due occhi come noi?" "Certo, uno per parte, però piccoli" E la bocca? E le braccia? E le gambe? Don Pietro non sapeva decidersi: "In certi momenti vedevo due gambette e un secondo dopo non le vedevo più... Insomma, che ne so io? Lasciatemi una buona volta in pace!".

"Ehi!" gridò con la sua voce forte. "Giù di là, giovanotti. Chi siete?"

I due si voltarono a guardarlo e sembravano poco emozionati. Però scesero subito, avvicinandosi alla finestra del prete. Poi il più alto cominciò a parlare. Don Pietro – ce lo ha lui stesso confessato – rimase male: il marziano parlava una lingua sconosciuta. Ma era poi una vera? Dei suoni, erano, che ricordavano le trasmissioni Morse, tutti attaccati senza mai una pausa. Eppure il parroco capì subito tutto, come se fosse stato il suo dialetto. Trasmissione del pensiero?

Oppure una specie di lingua universale automaticamente comprensibile?

"Calmo, calmo" lo straniero disse "tra poco ce n'andiamo. Sai? Da molto tempo noi vi giriamo intorno, e vi osserviamo, ascoltiamo le vostre radio, abbiamo imparato quasi tutto. Tu parli, per esempio, e io capisco. Solo una cosa non abbiamo potuto comprendere. E proprio per questo siamo scesi. Che cosa sono queste antenne? E faceva segno alla croce. Ne avete dappertutto. Puoi dirmi, uomo, a cosa servono?

ridotto e adattato dai
"Sessanta racconti" di *Dino Buzzati*

LESSICO

- *coso* – oggetto o persona di cui non si conosce o ricorda il nome
- *sbalordito* – sorpreso
- *sportello* – porta di accesso di automezzi ed altri veicoli
- *connotato* –ogni elemento somatico-caratteristico che permette di identificare una persona
- *smilzo* – esile, sottile
- *statura* – altezza
- *insetto* – animale dal corpo diviso in settori
- *lasciare in pace* – non disturbare
- *voltare* – girare la testa
- *parroco* – sacerdote a capo di una parrocchia, in cui esercita la cura delle anime

PER LA COMPRENSIONE
Rispondi alle domande

1. Quando avviene la storia? _____
_____

2. In quali luoghi si svolge? _____
_____

3. Quali erano i connotati degli strani esseri? _____
_____

4. Che lingua parlavano i marziani? _____
_____

5. Come mai gli "alieni" sono scesi sulla terra? _____
_____

BREVE SINTESI

PER LA DISCUSSIONE
1. Molti raccontano delle storie i cui protagonisti sono degli "alieni": dischi volanti, sfere luminose, strani serpentoni. Tu credi a tali avvistamenti o, secondo te, siamo soli nell'universo?
2. Gli extraterrestri hanno invaso soprattutto "il cinema". Hai visto qualche film su questo argomento? E tu come immagini un extraterrestre (nell'aspetto e nel carattere)?
3. In Italia circolano periodici con articoli di ufologia ed esiste perfino un centro di studi ufologi, detto CISU. Nel tuo paese?
4. Ti affascinano o ti lasciano indifferente i "fenomeni strani ed inspiegabili"?
5. Come finirà, secondo te, la storia di Buzzati?
6. Ti piacerebbe fare un viaggio sulla luna e attraversare lo spazio infinito?

ESERCIZIO LESSICALE
Completa con le preposizioni adatte

Lo studioso che smaschera i fotomontaggi

In questi giorni Paolo Toselli, 37 anni, di Alessandria, sta indagando (1)___ un caso che si è verificato (2)___ sua città. Il 22 maggio scorso, un ragazzo ha avvistato un oggetto a forma (3)___ disco. E lo ha fotografato. Toselli ha interrogato più volte il testimone, continua (4)___ analizzare le foto al computer (5)___ accertarsi che non si tratti (6)___ fotomontaggi. Perché questo impiegato ha un'altra professione: quella di ufologo. "Il mio interesse risale a quando avevo 13 anni" dice Toselli. "Mi affascina l'idea che non siamo soli (7)___ universo. Ma bisogna essere scientifici. È facile prendere abbagli. Io, che (8)___ anni studio queste cose, non ho visto un solo Ufo. E prima (9)___ credere a una testimonianza, faccio mille accertamenti".

PER LA PRODUZIONE SCRITTA
Scrivi una storia che inizi in questo modo: "Erano le due di notte. Intorno alla villa c'era un silenzio assoluto. Ad un tratto un grido…"

SITUAZIONE
In tv trasmettono un documentario sull'avventura americana della conquista della luna. Avvii una discussione con il/la tuo/a amico/a. Lui/lei ritiene che le decine di migliaia di dollari spesi per esplorare lo spazio sono soldi buttati al vento che avrebbero potuto essere utilizzati per aiutare i poveri od anche per fare ricerche scientifiche. Tu, invece, pensi che l'esplorazione spaziale ci riservi delle sorprese. E non è detto che saranno spiacevoli. Tutt'altro…

ROMA, CITTÀ ETERNA

A. ROMA: LA CITTÀ DEI TURISTI

"Tutte le strade conducono a Roma" recita un vecchio detto che vuole esaltare la grandiosità e l'importanza della città "caput mundi".

Ebbene, qualsiasi strada abbia percorso per arrivarci, al visitatore si offrirà la possibilità di ammirare e studiare un patrimonio artistico, storico e monumentale di valore universale, in quanto la civiltà romana è stata, insieme a quella greca, la grande culla della civiltà occidentale. Se i greci dettero il meglio di sé nella letteratura, nell'arte, nella filosofia e nella vita dello spirito, i romani, più pratici, si rivolsero alla politica, all'amministrazione, all'organizzazione. Questo diverso carattere si è riflesso nelle loro opere; mentre quelle greche sono improntate al concetto di pura armonia e bellezza, quelle romane si ispirano all'idea di grandezza e potenza. Ed è proprio questo il carattere principale dell'architettura romana da cui il visitatore resterà affascinato nella visita ai Fori, agli Anfiteatri, alle Basiliche, agli Archi Trionfali.

La città eterna è dal 1870 la capitale d'Italia. Ogni anno arrivano in questo angolo di paradiso più di 4.000.000 di turisti per ammirare la perfetta sintesi e convivenza delle splendide rovine in mezzo al traffico cittadino, alle elegantissime boutique (specie quelle intorno a piazza di Spagna: via Condotti, via Frattina e via del Babbuino), in mezzo ai capolavori d'arte (come quelli di Villa Borghese).

adattato da una *Guida turistica* di Roma

B. ROMA: LA CITTÀ DEI ROMANI

Quando Roma divenne capitale d'Italia, il suo sviluppo cominciò ad essere eccessivo e disordinato poiché sparirono molte delle ville e dei giardini della nobiltà romana che si trovavano nel centro della città e furono costruiti edifici per i ministeri e numerosi quartieri per gli impiegati.

Ogni anno vi arrivano migliaia di giovani ed anche meno giovani, che cercano un lavoro qualunque, che sperano di ottenere un posto fisso (anche di usciere) in un ministero o in un altro dei tanti uffici della pubblica amministrazione. E vi arrivano pure molti altri immigrati da tutto il mondo le cui attività stanno cambiando il volto della capitale. Tutti vedono Roma come una città dove si può tentare la scalata al successo. Ma non sempre è facile. La capitale che oggi ha

3.000.000 di abitanti (nel 1870 ne aveva solo 226.000) non poteva facilmente rispondere a questo eccessivo aumento demografico.

Così la speculazione edilizia è stata fortissima: si sono costruiti enormi quartieri periferici, detti "le borgate", con case altissime e fitte senza alberi, né spazio per i giochi dei bambini. Il problema del traffico, sempre più congestionato, è legato al fatto che l'esercito degli impiegati che lavora al centro deve spostarsi ogni giorno dalle borgate periferiche e dai paesi della provincia verso la città. In tal modo Roma, città magnifica per i turisti, diventa caotica per gran parte dei suoi abitanti, che sono costretti a perdere ogni giorno due o tre ore di viaggio per andare a lavorare, che vivono in una periferia brutta e triste; non possono godere sempre del Foro romano o del palazzo Altieri o dei bellissimi tramonti e panorami della loro città.

Eppure... "Quanto sei bella Roma a prima sera".

adattato da *un libro di Geografia dell'Italia*

LESSICO

- *detto* – proverbio, motto, sentenza
- *culla* – (metaforicamente) luogo d'origine e sviluppo
- *improntato* – caratterizzato
- *le rovine* – i resti di ciò che non è più
- *sparire* – scomparire, diventare invisibile
- *usciere* – impiegato che sta alla porta per dare informazioni
- *la scalata al successo* – (fig.) cercare di salire, arrampicarsi, pur di ottenere successo
- *speculazione edilizia* – costruire case senza seguire un piano allo scopo di guadagnare molti soldi
- *fitto* – denso, serrato, folto, compatto
- *traffico congestionato* – veicoli che ostacolano, intralciano la circolazione
- *esercito* – il complesso delle forze militari. Qui significa gran numero

PER LA COMPRENSIONE

Le frasi sottostanti si riferiscono al testo A o B?

	A	B
1. Roma è famosa all'estero per i suoi monumenti	❑	❑
2. Lo sviluppo di Roma è avvenuto disordinatamente	❑	❑
3. La civiltà greca e quella romana sono le due culture più importanti della civiltà occidentale	❑	❑
4. Roma è una città di impiegati e funzionari pubblici	❑	❑
5. Roma ebbe anche in passato un ruolo da protagonista	❑	❑
6. L'eccessivo aumento demografico ha causato molti problemi	❑	❑
7. Michelangelo e Raffaello furono due grandi artisti che vissero nella Roma antica	❑	❑
8. Nella capitale si trovano zone povere chiamate borgate	❑	❑
9. A Roma si confondono passato e presente	❑	❑

BREVE SINTESI

PER LA DISCUSSIONE

1. Perché, secondo te, si dice che tutte le strade portano a Roma?
2. Che ne pensi della speculazione edilizia che distrugge le città d'arte?
3. Cosa sai di Roma? Ci sei mai stata? Hai letto qualcosa su questa città?
4. Ti piacerebbe vivere in una città "museo"? Cosa si potrebbe fare per conservarla nel tempo?
5. Il fenomeno dell'urbanizzazione avviene anche nel tuo paese? Cosa si aspetta di trovare chi va a vivere in città e cosa realmente trova?
6. Se ti fosse chiesto di parlare della tua città, quali aspetti metteresti più in luce?
7. A Roma vivono "problematicamente" molte persone. Nella capitale del tuo paese?
8. Ti interessa l'architettura degli edifici del tuo paese? Pensi che nascondano il mistero del modo di vivere dei suoi abitanti o che sia una semplice questione d'estetica?

ESERCIZIO LESSICALE

Potresti indicare cosa si vende nei negozi sottoindicati?
(Quanti più prodotti è possibile! Vince chi ne scrive di più!! Se poi vuoi proprio "giocare", scegli una lettera dell'alfabeto e vedi se ti è possibile trovare un prodotto che inizi con la lettera scelta per ogni negozio)

1. cartolibreria –
2. pelletteria –
3. birreria –
4. oreficeria –
5. torrefazione –
6. ferramenta –
7. gelateria –
8. salumeria –
9. farmacia –
10. panetteria –
11. macelleria –
12. spaghetteria –
13. drogheria –
14. pasticceria –
15. pescheria –

PER LA PRODUZIONE SCRITTA

Fa' una ricerca insieme ai tuoi compagni sulle "cose più importanti da dire" sulla tua città. Ognuno dovrebbe assumersi un compito (uno potrebbe scrivere qualcosa sui locali notturni, un altro potrebbe interessarsi dei monumenti, un altro ancora di speculazione edilizia e via dicendo). Alla fine, riunendo insieme i vari pezzi, otterrai un prospectus veramente unico e personale che puoi custodire e servirtene in caso di bisogno (come per esempio per fare pubblicità alla tua città con i tuoi odierni o futuri amici italiani).

SITUAZIONE

Siccome ti sei scocciato/a del traffico, dello smog e insomma di tutti i problemi della grande città, comunichi al tuo partner la decisione di voler andare a vivere in una farma in campagna all'aria aperta, allevando animali e coltivando alberi e fiori. Lui/lei pensa che ti ha dato di volta il cervello e, davanti alla tua insistenza, ti costringe ad un ultimatum "o me o la vita in campagna" (naturalmente opti per la campagna!!).

L'IMBIANCHINO SPORCACCINO

C'era una volta un imbianchino, ma di quelli proprio sporcaccini, che non trovava lavoro.

Cammina di qua e cammina di là, un giorno lascia Roma e sempre sulla carrozza di San Francesco (che tutti sanno che andava sempre a piedi) arriva in un paesetto e si mette subito in cerca di creduloni e imbecilli.

Va a mangiare un boccone in una taverna e si fa credere subito come il più grande pittore del mondo, così viene a sapere che nel Duomo del paese bisognava dipingere una Madonna per la ricorrenza di una certa festa.

Saputa questa cosa, appena esce dalla taverna, si presenta dal curato del Duomo e si offre di dipingere lui la Madonna.

Lo seppe imbrogliare così bene che il curato acconsentì, raccomandandogli di fargliela bellissima perché il giorno della festa la chiesa sarebbe stata piena come un uovo.

L'imbianchino si mise al lavoro.

Ma quale lavoro se non era capace a far niente? Non faceva altro tutto il giorno che imbiancare il muro, bianco e basta. E quando arrivava la sera, per non far vedere niente a nessuno tirava sulla parete un bel lenzuolo.

Alla vigilia della festa il curato gli domandò se il lavoro era finito e se era riuscito bene. L'imbianchino gli disse che era splendido. Il curato gli chiese allora:

"Andiamo a vederlo!"

"Certo!" rispose l'imbianchino. "Solo che mi sento ancora scosso da uno strano sogno che ho fatto questa notte."

"Che sogno vi siete fatto?"

"M'è apparsa la Madonna, ancora me la vedo davanti, come vedo lei, caro curato mio! E m'ha detto queste precise parole:

'M'hai rifatta benissimo! La tua pittura è straordinaria, magnifica! Ma ci sarà una difficoltà: la pittura è così bella che per volontà mia, quando mi scoprirai davanti alla gente, mi vedranno solo i figli senza peccato. I figli di puttana non vedranno un accidente!' "

Così dicendo l'imbianchino tirò giù il lenzuolo: il curato fece finta di rimanere a bocca aperta. Disse:

"Ah, che cosa meravigliosa, bellissima, arcimagnifichissima!"
Basta così. Arriva il giorno della festa. La chiesa era piena zeppa di gente. Il curato,
prima di scoprire il quadro della Madonna, raccontò al popolo il sogno miracoloso del-
l'imbianchino sporcaccino. Poi:
"E adesso popolo mio" disse il curato tirando il lenzuolo "ammirate la santissima e
bellissima immagine della madre di Dio!"
Tutti urlarono:
"Bellissima, magnifica!"
E il curato:
"Fratelli, che vedete?"
E tutti risposero: "Niente, proprio niente!".
Allora il curato fece: "Fratelli cari, o siamo tutti figli di puttana oppure il pittore ci ha
imbrogliati tutti!".

ridotto e adattato da *Fiabe di Roma e del Lazio*

LESSICO

○ *imbianchino* – operaio che imbianca o tin-
teggia i muri

○ *sporcaccino* – un po' "sporco"

○ *credulone* – chi crede a tutto con molta
facilità

○ *imbecille* – stupido, sciocco

○ *curato* – prete di campagna, parroco

○ *imbrogliare* – truffare, far credere a qualcuno ciò che non è

○ *acconsentire* – dire di sì, accettare

○ *raccomandare* – affidare un compito a
qualcuno

○ *parete* (la) – la parte esterna del muro

○ *scosso* – agitato, colpito, turbato, impressionato

PER LA COMPRENSIONE

Scegli l'affermazione corretta tra le quattro proposte

1. L'imbianchino protagonista della fiaba un giorno
   ❑ a. decise di andare a Roma
   ❑ b. arrivò in una grande città
   ❑ c. andò nella chiesa di San Francesco
   ❑ d. arrivò in un piccolo paese

2. Lì, mentre stava mangiando in una taverna, venne a sapere che
   ❑ a. lo consideravano il più grande pittore del mondo
   ❑ b. la taverna apparteneva ad un curato
   ❑ c. bisognava dipingere un affresco
   ❑ d. quel giorno festeggiavano la Madonna

3. Alla vigilia della festa l'imbianchino confessò al curato
   ❑ a. di non avere dipinto niente
   ❑ b. di avere fatto un bellissimo sogno

❏ c. di aver mostrato già il suo dipinto a molta gente

❏ d. di aver visto in sogno la Madonna

4. <u>La Madonna aveva detto all'imbianchino che</u>
   ❏ a. avrebbero visto il suo dipinto tutti i peccatori
   ❏ b. aveva proprio fatto un bel lavoro
   ❏ c. i peccatori non avrebbero visto niente
   ❏ d. la gente avrebbe avuto difficoltà a riconoscerla

5. <u>Così, quando il curato mostrò il quadro della Madonna, tutti dissero che</u>
   ❏ a. era bruttissimo
   ❏ b. non vedevano niente
   ❏ c. erano figli di puttana
   ❏ d. erano tutti peccatori

BREVE SINTESI

PER LA DISCUSSIONE
1. Conosci delle fiabe? Sai raccontarle?
2. Quando eri bambino, quale ascoltavi con più piacere? E chi ti raccontava le fiabe?
3. Pensi che nella società odierna ci sia posto per la fiaba o i fumetti affascinino di più i bambini?
4. Cosa ricordi in particolare della tua infanzia?
5. Quando eri piccolo ti addormentavi con una fiaba, oggi che cosa ti aiuta ad addormentarti?
6. Quando guardi un tuo vecchio giocattolo a cosa pensi?
7. Ci sono molti "furbi" nel tuo paese del tipo "imbianchino sporcaccino"? Ti ha mai "fregato" nessuno?
8. Credi che "fare il bidone" a qualcuno sia sintomo di intelligenza o di stupidità?

ESERCIZIO LESSICALE
Molte volte per fare un superlativo si mettono insieme due aggettivi.
Se abbinerai bene gli aggettivi della colonna A con quelli della colonna B, troverai le forme superlative che cerchi

A	B
1. stanco	a. zeppo
2. ubriaco	b. sfondato
3. pieno	c. furioso
4. ricco	d. morto
5. innamorato	e. cotto
6. pazzo	f. salvo

7. sano e	g. fradicio
8. amico	h. intimo
9. chiaro e	i. tondo

PER LA PRODUZIONE SCRITTA

Un giornale ha lanciato una campagna. Si darà una somma di denaro a chi sarà in grado di scrivere un raccontino divertente. Hai deciso di partecipare.

SITUAZIONE

Fantasia o logica? Discutine con un amico. Lui ti dirà che oggi non c'è posto per la fantasia, tu, invece, sosterrai il contrario.

IL MONDO CHE VORREI

Quante volte ci ho pensato su,
il mio mondo sta cadendo giù
dentro un mare pieno di follie,
ipocrisie.

Quante volte avrei voluto anch'io
aiutare questo mondo mio,
per tutti quelli che stanno soffrendo
come te.

rit: il mondo che vorrei
avrebbe mille cuori,
per battere di più, avrebbe
mille amori;
il mondo che vorrei
avrebbe mille mani
e mille braccia per i bimbi
del domani,
che coi loro occhi chiedono
di più,
salvali anche tu.

Per chi crede nello stesso sole
non c'era razza, non c'è mai colore
perché il cuore di chi ha un altro Dio
è uguale al mio.

Per chi spera ancora in un sorriso,
perché il suo domani l'ha deciso
ed è convinto che il suo domani
è insieme a te.

Laura Pausini: una cantante
molto amata dai giovani

rit: il mondo che vorrei
ci sparerebbe i fiori,
non sentiremo più
il suono dei cannoni;
il mondo che vorrei
farebbe più giustizia
per tutti quelli che
la guerra l'hanno vista
e coi loro occhi chiedono di
più
salvali anche tu.

Come si fa a rimanere qui,
immobili così,
indifferenti ormai
a tutti i bimbi che
non cresceranno mai;
ma che senso ha ascoltare e
non cambiare.
Regaliamo al mondo quella pace
che non può aspettare più
nel mondo che vorrei uh uh uh

rit: nel mondo che vorrei
avremmo tutti un cuore;
il mondo che vorrei
si chiamerebbe amore.
Stringi forte le mie mani
e sentirai il mondo che vorrei
uh uh uh il mondo che vorrei

(Testo di Pausini / Musica di E. Buffat -
G. Salvatori)

LESSICO

○ *pensarci su* - riflettere

○ *follia* - pazzia

○ *sparare* - far partire un colpo da un'arma da fuoco

○ *cannone* - pezzo d'artiglieria di grosso calibro a canna lunga

○ *come si fa* - sta per come è possibile

PER LA COMPRENSIONE
Nella canzone di Laura Pausini quali delle affermazioni sottostanti sono presenti?

1. Ho sempre pensato al problema dell'inquinamento
2. Il mondo è pieno di ipocriti
3. Voglio aiutare i sofferenti
4. Mi preoccupo del diffondersi dei divorzi
5. Vorrei avere mille braccia per abbracciare i bambini
6. Tutte le persone conoscono il loro domani
7. Nel mondo che vorrei non ci devono essere guerre
8. Non è possibile restare indifferenti
9. Nel "mio" mondo c'è posto solo per chi è innamorato

BREVE SINTESI

PER LA DISCUSSIONE
1. Ti piace questa canzone di Laura Pausini?
2. Secondo te una canzone deve essere una semplice canzonetta o lanciare un messaggio?
3. Puoi spiegare di cosa tratta la tua canzone preferita?
4. Tra i versi di una canzone e di una poesia credi ci sia molta differenza?
5. La musica ha una "parte" importante nella vita dei giovani. Come mai?
6. Qual è la tua opinione sull'UNICEF e sulle altre organizzazioni simili?
7. Quali pensi siano i problemi più gravi che si affrontano nel mondo di oggi?

ESERCIZIO LESSICALE
Alcune volte alcuni nomi hanno due plurali un po' particolari, perché si usano per indicare cose differenti. Scegliendo il plurale giusto, darai alla frase il significato richiesto

1. Quando verrai ti accoglierò a   **a.** braccia   aperte.
                                              b. bracci

2. Il mio cane nasconde   **a.** gli ossi   che riesce a trovare.
                                  b. le ossa

3. Questa casa che stai costruendo poggia su robuste   **a.** fondamenta
                                              b. fondamenti

4. Metti troppo mascara   **a.** sulle ciglia
                                  b. sui cigli

5. Nella mia camera ho imbiancato da poco   **a.** le mura
   b. i muri

6. Quando vado in discoteca bevo solo due   **a.** diti
   b. dita   di cognac.

7. Domenica passata   **a.** i membri   della commissione hanno deciso di votare
   b. le membra   a favore della proposta.

PER LA PRODUZIONE SCRITTA

Questa canzone pone un interrogativo interessante. Rispondi anche tu alla domanda: "Qual è il mondo che vorresti?" Spiega se fai qualcosa per realizzare il tuo desiderio.

SITUAZIONE

Dopo aver letto su un giornale notizie sulla criminalità, violenza e altre che riguardano tutti i mali che affliggono il mondo, esclami "ma qui stiamo tornando al medioevo"! Siccome sei in compagnia di un amico, lui ti chiede il perché di tale esclamazione e poi aggiunge che tu esageri. Vorresti dimenticare il capitolo tecnologia e progresso scientifico?

PIPPERMINT

Ventisei giorni fa ho bussato alla porta di un medico.

Ho avuto la fortuna di trovarmi davanti una persona di età rispettabile e di aspetto dignitosissimo.

Il sanitario mi ha guardato interrogativamente e io ho cercato di spiegare la ragione che mi aveva spinto a chiedere i suoi consigli.

"Mi fa male la testa!" ho detto io. E l'egregio professionista mi ha chiesto quindi di qual genere fosse il dolore che avevo, quando lo avevo, se si trattasse di malessere continuo o intermittente. Il dottore mi ha poi provato il polso, il cuore, i polmoni.

"Fuma?", ha chiesto.

"No", ho risposto.

"Vino?".

"No".

"Alcoolici?".

"No".

Il sanitario mi ha guardato severo negli occhi. "Mai?", ha insistito con voce cortese, ma decisa. E io sono rimasto un po' imbarazzato. Ai dottori bisogna dire tutta la verità.

"Ecco", ho confessato. "Ho bevuto un bicchierino di aperitivo il mese scorso".

Il dottore mi ha guardato più fissamente negli occhi.

"Donne?" ha chiesto.

"Moglie…", ho sussurrato arrossendo. E questa risposta ha provocato in lui un gesto di impazienza.

"Ho detto "donne"!", ha esclamato il medico. Ma io, ormai, ero su una cattiva strada.

"Per l'appunto: mia moglie è una donna…".

L'egregio sanitario ha riso, ma si capiva che era seccato.

"Dicendo "donne", intendevo "altre donne", ha precisato sbuffando, "nel senso di divertimento".

Sono diventato rosso:

"Ecco", ho confessato, "per essere sinceri, nel 1932 una certa ragazza bionda…".

Il medico mi ha pregato di non continuare, poi ha ripreso invano l'interrogatorio:

"Caffè?".

Ho allargato le braccia, sorridendo.

"No".

Allora l'egregio sanitario ha perso la sua calma:

"Perbacco", ha detto con voce irritatissima, "voi non prendete caffè, non fate tardi la notte, non avete donne, non bevete, non fumate, si può sapere che cosa un povero dottore può proibirvi?".

Era nobilmente indignato, e io sono uscito a testa bassa.

Arrivato sulla porta, mi sono ricordato di qualcosa e sono tornato indietro.

"Scusate, dottore", ho detto. "Io veramente non fumo, non bevo, eccetera, però ho il vizio del pippermint".

"Il vizio del pippermint? E che sarebbe?" ha chiesto il dottore, aggrottando le sopracciglia.

"Ecco, ogni giorno io mangio due caramelle bianche di menta, dette appunto pippermint".

"Bene!", ha esclamato soddisfatto il dottore. "Se volete guarire, niente più pippermint!".

Oggi, dunque, a ventisei giorni di distanza, debbo riconoscere che il dottore aveva ragione. Abolite le due caramelle quotidiane, il mio dolor di capo è scomparso. E sono molto soddisfatto, perché me la sono cavata col solo sacrificio di due pippermint. Se avessi invece risposto di sì alle domande del dottore, io oggi non potrei più fumare, non potrei più bere vini e liquori, non potrei più fare tardi la notte, eccetera, come ho sempre fatto e come ancora sto facendo e spero di fare.

ridotto e adattato da "Lo Zibaldino" di Guareschi

LESSICO

- *sanitario* – medico, dottore
- *sussurrare* – pronunziare a bassa voce, bisbigliare
- *seccato* – annoiato, infastidito
- *sbuffare* – è l'azione che fa chi si annoia
- *allargare le braccia* – è un gesto che indica impossibilità di fare qualcosa di diverso
- *proibire* – vietare

- *indignato* – sdegnato, risentito, offeso
- *aggrottare le sopracciglia* – essere scuro in volto, atteggiare le sopracciglia in modo da esprimere preoccupazione o minaccia
- *guarire* – rimettersi in salute, liberarsi da una malattia
- *abolire* – eliminare
- *cavarsela* – uscire da una situazione difficile

PER LA COMPRENSIONE
Scegli l'affermazione corretta tra le quattro proposte

1. Il protagonista soffriva di
   - ❑ a. mal di testa
   - ❑ b. mal di denti
   - ❑ c. mal di gola
   - ❑ d. mal di pancia

2. Perciò il dottore, per trovare l'origine del male, dopo la visita
   - ❑ a. gli ha prescritto molte analisi
   - ❑ b. gli ha dato subito una terapia
   - ❑ c. gli ha fatto molte domande
   - ❑ d. lo ha costretto ad andare in ospedale

3. Siccome il "paziente" era un po' particolare, alla fine della visita il dottore
   - ❑ a. si è irritato con lui
   - ❑ b. l'ha salutato allegramente
   - ❑ c. gli ha fissato un altro appuntamento
   - ❑ d. gli ha prescritto delle medicine

4. Ma il malato è ritornato indietro perché
   - ❑ a. aveva dimenticato le medicine
   - ❑ b. si era ricordato di una sua abitudine giornaliera
   - ❑ c. voleva pagare il medico
   - ❑ d. voleva offrire una caramella al dottore

5. Grazie a questa trovata il protagonista ha potuto
   - ❑ a. cambiare la sua vita
   - ❑ b. tranquillamente mangiare le sue pippermint e bere alcool
   - ❑ c. continuare a fare la bella vita
   - ❑ d. cambiare le sue abitudini alimentari

BREVE SINTESI

PER LA DISCUSSIONE
1. Che qualità deve avere un medico ideale?
2. Ti sei mai rivolto ad un medico? Perché?
3. Ti rivolgeresti ad un medico agopunturista per risolvere un problema di salute?
4. Spesso, per risolvere un problema grave, c'è bisogno del trapianto di un organo. Diventeresti donatore?
5. Come pensi sia la vita di un medico?
6. Nel tuo paese si dà la "bustarella" al medico?
7. Molte persone comprano da sole medicine in farmacia senza consultare il medico. Che ne pensi di questa mania? E tu come ti comporti al primo "mal di qualcosa"?

ESERCIZIO LESSICALE
Sai a che tipo di medico deve rivolgersi chi...

1. ha problemi di cuore _____
2. ha dolor di denti _____
3. non ci vede bene _____
4. vuole ritrovare la linea _____
5. ha macchie sulla pelle _____
6. ha un bambino malato _____
7. purtroppo, cadendo, si è rotto una gamba _____
8. ha problemi psicologici _____

9. deve fare delle radiografie   _____

10. soffre di mal di gola   _____

PER LA PRODUZIONE SCRITTA

Scrivi una lista di cose che deve fare e non fare chi vuole stare bene in salute (per esempio, fare un check-up).

SITUAZIONE

Un tuo collega, misogino, ti confessa di avere dei terribili dolori di stomaco. Tu dici di conoscere un bravo medico ma… purtroppo… donna. Lui pensa che le donne siano nate per restare a casa a lavare i piatti, altroché fare il medico!!! Cerchi di convincerlo, ma invano. Alla fine… lo mandi al diavolo e gli confessi che quella donna è tua madre.

DE CRESCENZO:
"MI SONO PENTITO, STO STUDIANDO UN RIMEDIO"

NAPOLI – *De Crescenzo, lo sa che i datori di lavoro hanno dichiarato guerra a chi in ufficio si mette a fare i giochini al computer?*

"E lo viene a dire a me. Io sono l'epicentro del cataclisma".

Come, prego?

"Ma sì. Io so perfettamente quello che passa un capufficio per impedire che gli impiegati perdano tempo in guerre elettroniche o solitari".

Perché quando lavorava alla Ibm c'erano già tutte queste diavolerie?

"No, a quell'epoca si riusciva a stento a far funzionare i programmi".

Ma poi i giochini li ha scoperti?

"E come no. Li ho scoperti, certo".

E pure Lei è un fissato di tetris e roba del genere?

"Guardi, lasciamo stare. Sono cose terribili".

Ma le piacciono?

"Sì. Perciò ho deciso di mettermi a studiare il modo per combatterli. E lo sto trovando".

Scusi, ma non è molto chiaro come ragionamento.

"D'accordo, allora mi spiego. Io e il mio amico Renato Mariani, un ingegnere che è stato direttore all'Ibm, stiamo mettendo a punto un software capace di impedire che si passino le ore al computer giocando anziché lavorando. Quando avremo completato il programma, lo metteremo in vendita. Abbiamo già stabilito il nome: 'No game'".

Proprio drastico, eh?

"No, mica tanto. Noi faremo in modo che il computer accetti che con ogni giochino si possano fare al massimo tre partite. Dopo di che basta. Fino all'indomani. Tre partite al giorno mi sembrano sufficienti per uno che il tempo che passa giocando dovrebbe dedicarlo al lavoro".

Ma com'è che le è venuta quest'idea di rimettersi a lavorare a un programma, dopo aver abbandonato l'attività da tanti anni per dedicarsi ai libri e alla filosofia?"

"La verità è una sola: a me questi maledetti giochini piacciono, e pure parecchio. E allora ogni volta che mi metto davanti al computer per lavorare, mi faccio prendere la mano. Comincio a giocare e non la smetto più, come se fosse una droga. E perdo un sacco di tempo. Così ho pensato che quello era l'unico modo per difendermi. Vietarmeli. E credo che il programma interesserà parecchie aziende".

adattato da *"Il Corriere della Sera"*

LESSICO

○ *solitario* – gioco che si fa da solo

○ *a stento* – con difficoltà, a fatica

○ *mettere a punto* – mettere nelle migliori condizioni di funzionamento

○ *mica tanto* – non molto

○ *partita* – match

○ *parecchio* – molto

○ *farsi prendere la mano* – si dice di persona o cosa che sfugge al controllo di chi la guida

○ *smetterla* – cessare, finire di fare qualcosa

PER LA COMPRENSIONE
Rispondi alle domande

1. Dove lavorava De Crescenzo una volta?
2. Qual è "la cosa" di cui si è pentito?
3. Cosa ha deciso di fare per rimediare alla sua mania?
4. Come si chiama il programma che sta preparando con il suo amico per combattere la mania dei giochini al computer?
5. Quante partite si potranno giocare in ufficio?
6. A che cosa viene paragonato il computer?

BREVE SINTESI

PER LA DISCUSSIONE

1. Tutti parlano di computer e tecnologia. Ma oggi a che punto siamo? Quali sono i vantaggi e gli svantaggi della "super tecnologia"?
2. Usi spesso il computer o ti fai usare dal computer?
3. Ti piacciono i giochini al computer? Qual è quello che tu preferisci?
4. Quando resti molte ore davanti allo schermo del computer accusi qualche disturbo? Che si può fare per evitare i malesseri da computer?
5. Puoi raccontare qualche episodio (o film) strano di fantascienza in cui il computer era protagonista?
6. Come vedi l'uomo del futuro? Potrà essere sostituito dalle macchine?
7. Quale pensi sia la più grande invenzione dell'umanità?

ESERCIZIO LESSICALE
Completa con le parole sottoelencate il seguente testo

> *mondo / sola / visto / frase / luogo / accesa / mai / fra / travolgente / fino*

L'amore ai tempi del computer!!!

Elizabeth è "un'artista" e non guadagna molto. Ma nella sua stanza è (1)_____ la luce del computer. Il computer è collegato a Internet. In qualche punto dello spazio e del (2)_____ che sa riconoscere sul suo computer, Elizabeth ha intercettato per caso una conversazione. L'ha colpita questa (3)_____: "L'amore è la (4)_____ forma di autorealizzazione".

Ha chiesto chi parla. Le hanno detto: James. Il rapporto fra Elizabeth e James che si chiama "on-line chat", ha creato un (5)_____ amore nello spazio indefinito del "dentro il computer".

I lettori si domanderanno se Elizabeth e James si sono (6)_____ fisicamente incontrati. Sì, è avvenuto.

Quando le è stato detto, nell'ora e nel (7)_____ giusto: "Adesso apri gli occhi", Elizabeth ha (8)_____ di fronte a sé una giovane donna. "Simile a me", lei dice.

La conclusione? Nessuno avrebbe potuto interrompere l'amore (9)_____ Elizabeth e "James" (vero nome Jessica) nato dentro le chat-rooms del computer. Nessuno (10)_____ alla morte.

PER LA PRODUZIONE SCRITTA

Vince chi con l'auto ammazza più pedoni… Videogioco o follia?

Strage virtuale, ma da brividi: una macchina corre uccidendo passanti, tra urla e schizzi di sangue. Vince chi ne ammazza di più: a ogni morto, un bonus… È un video-gioco, arriva da Londra. Sulla confezione, un invitante "Diventa il principe della carneficina!". Qualche esperto assicura: "Pura finzione, non fa male". Non è invece pura follia?

Dopo aver letto (con l'aiuto del tuo professore) di questo nuovo videogioco, importato dall'Inghilterra, rispondi, per iscritto, alla domanda posta: si tratta di un gioco o di pura follia? Spedisci la lettera in busta chiusa al giornale per esprimere e comunicare la tua opinione agli altri lettori.

SITUAZIONE

Forse tra alcuni anni non servirà uscire più di casa per andare in ufficio poiché tutto (lavoro e spese) si potrà fare tramite computer, stando comodamente seduti in poltrona. Ne parli con il tuo datore di lavoro e lui, punto sul vivo, non avendo più un ruolo determinante nella tua vita, comincia ad elencarti tutti gli aspetti negativi della cosa, ma tu con gioia (un po' sarcastico/a!) cerchi di esporgli i vantaggi di poter dipendere solo da te.

LODATI SIANO I SOLDI
I 13 miliardi del Superenalotto.
I 1.500 spesi a Roma in giochi e scommesse.
Che il denaro sia rimasto l'unico Dio?

Dopo i 13 miliardi del Superenalotto decine di cronisti (troppi), a nome di tutti gli italiani, hanno indagato sul vincitore o i vincitori: perché volevano sognare di essere al loro posto e, allo stesso tempo, invidiarli un po' meno. Vedendoli, avremmo constatato che sono "gente comune", proprio come noi, e che quindi la fortuna può suonare anche al nostro citofono; e però avremmo concluso che non ci cambieremmo mai con uno qualsiasi ("Guarda che faccia!"), senza altro merito che un colpo di fortuna. Ecco quali erano le risposte di quasi tutti gli intervistati da strada alla domanda: "Cosa farebbe se avesse vinto?". Insieme agli umanissimi desideri "mi compro una bella macchina" arrivava quasi sempre "smetto di lavorare". Vincendo simili cifre, sembra che ognuno si accontenterebbe di campare con le rendite di quello che resta dopo avere comprato un paio di case e di automobili, fatto dei viaggi ed essersi tolti gli sfizi principali.
Più che le rituali domande dei cronisti e le altrettanto rituali risposte degli intervistati, però, stupivano le "sottili" analisi dei commentatori che chiedevano sempre (molto o moltissimo fintamente angosciati) "dove stanno andando gli italiani, con questa nuova passione per i giochi miliardari?".

A tale domanda non ci resta che rispondere con un'altra domanda "cosa volete che cambi nel popolo italiano, cari miei, per quei pochi soldi che spendiamo in cambio del sogno prezioso di poterci migliorare la vita con poco sforzo?

Rimarremo un popolo di sognatori con i piedi per terra, capace di lavorare e di arrangiarsi, e di produrre ogni tanto un sognatore - vincitore - geniale come Cristoforo Colombo. Visto che non tutti possono essere Colombo, e le Americhe da scoprire non sono tante, giochiamo in pace. L'importante è che a guidare le nostre azioni non sia soltanto il dio denaro. Perché, a guardare i telegiornali, sembra che non ci sia rimasto altro. Quello che conta sono i soldi. Meglio se piovuti dal cielo".

adattato da *Anna*

TRE PASSIONI DEGLI ITALIANI:
PASTA VINCENTE, DONNA AL DENTE
E SCHEDINA FACILE.

© ALTAN/QUIPOS

LESSICO

- *lodato* – benedetto, elogiato
- *scommessa* – puntare denaro per giochi d'azzardo
- *indagare* – compiere ricerche per scoprire la verità su qualcuno o qualcosa
- *invidiare* – provare gelosia
- *constatare* – prendere atto di qualcosa, accertarsi
- *citofono* – apparecchio telefonico interno che collega la porta d'ingresso di uno stabile con i vari appartamenti
- *merito*– quantità positiva, pregio
- *cifra* – numero, somma
- *campare di rendita* – vivere del denaro che deriva dal possesso di un bene
- *togliersi uno sfizio* – soddisfare un capriccio
- *rituale* – che è conforme all'abitudine
- *stupire* – far restare a bocca aperta, sorprendere, meravigliare
- *arrangiarsi* – darsi da fare come si può
- *in pace* - tranquillamente

PER LA COMPRENSIONE
Le seguenti affermazioni sono vere o false?

	V	F
1. In Italia qualcuno ha vinto molti miliardi a carte	❏	❏
2. Il miliardario è stato individuato	❏	❏
3. La fortuna può bussare a tutte le porte	❏	❏
4.Uno dei desideri di un ipotetico vincitore sarebbe quello di continuare a lavorare	❏	❏
5. Gli italiani hanno scoperto una vecchia passione	❏	❏
6. Non cambierà niente nel popolo italiano se continua a giocare e sognare	❏	❏
7. C. Colombo amava i giochi a dadi e le scommesse	❏	❏
8. L'unico valore che sembra dominare oggi sono i soldi	❏	❏

BREVE SINTESI

PER LA DISCUSSIONE
1. Come pensi si possa diventare ricchi?
2. Cosa faresti se tu vincessi una grossa somma di denaro?
3. Che stipendio deve guadagnare una persona per poter fare quello che vuole?
4. Giochi d'azzardo, roulette, casinò. A cosa ti fanno pensare?
5. Molti giocatori, "padri di famiglia" si fanno prendere dalla febbre del gioco e rischiano somme superiori alle loro possibilità. Come mai?
6. Sei anche tu di quelli che sperano che un giorno il dio "denaro" busserà alla sua porta? Hai mai giocato o scommesso qualcosa?
7. Tu sostieni "paperino" o "paperone"?

ESERCIZIO LESSICALE
Completa con le preposizioni adatte

Sognare va bene, ma senza perdere la testa

"Come vi comportereste con un tizio che vi dice: 'Prestami 500 mila lire, ma sappi che c'è una possibilità (1)_____ 103 milioni che te le restituisca'? Giocare (2)_____ azzardo è la stessa cosa", dice Guidi Di Fraia, sociologo. Ed è una dimostrazione, (3)_____ le più clamorose, di quanto la natura umana riesca (4)_____ essere illogica. Infatti, ci sono moltissime situazioni possibili (5)_____ quali non scommettiamo nulla. Invece il gioco, che ha un numero (6)_____ probabilità di successo molto vicino (7)_____ zero, ci trova disponibili (8)_____ accettare la sfida. Perché diventare ricchi da un giorno (9)_____ altro, capovolgere l'esistenza (10)_____ un colpo di fortuna, è da sempre uno (11)_____ più grandi miti.

PER LA PRODUZIONE SCRITTA

Si dice che il denaro apra tutte le porte e che oggi sia l'unico dio. Sei d'accordo con queste affermazioni?

SITUAZIONE

Un tuo amico sostiene che "si è quello che si ha", in altre parole, una persona conta solo se ha le "tasche piene". Tu sostieni che ci sono alcune cose che non si comprano con il denaro come la propria personalità. Cerchi di convicerlo, ma invano... lui continua ad insistere.

SOCRATE E IL PARAURTI

Socrate: Caro Fedro! Dove vai e da dove vieni?

Fedro: Ero con Lisia, il figlio di Cefalo, o Socrate: ora me ne vado fuori delle mura perché, dovendomi comprare un'automobile usata, desidero visitare un mercato di auto d'occasione che, mi si dice, è stato da poco aperto sulla strada di Eleusi.

Socrate: Dal momento che hai deciso di farti la macchina, perché non aspetti di avere più soldi per poterne comprare una nuova?

Fedro: Non essendo ancora pratico della guida, preferisco imparare su un'auto usata. Tu piuttosto, o Socrate, perché fino a oggi, pur avendone i mezzi, non ti sei comprato una macchina?

Socrate: Per farne cosa?

Fedro: Per andare dove più ti fa piacere.

Socrate: E dove dovrei andare?

Fedro: Ma, non so... all'agorà, per esempio, dal momento che abiti nel demo Alopece, e che ogni mattina sei costretto a camminare per più di mezz'ora...

Socrate: E tu pensi che a me dispiaccia tutto questo camminare?

Fedro: Così credo, o Socrate.

Socrate: Invece, caro Fedro, io amo talmente il passeggiare che, se fossi molto ricco e avessi un'auto, per non licenziare il mio autista, gli darei la macchina e mi farei seguire da lui, passo dopo passo. E poi non credi che, andando in auto, perderei ogni possibilità d'incontrare gli amici, di fermarmi e di parlare con loro?

Fedro: Forse quanto tu dici è giusto per le brevi distanze, ma non per le lunghe. Come potresti, senza automobile, raggiungere in poco tempo luoghi lontani e belli da vedere?

Socrate: Senofane, a quanto dicono, per sessantasette anni ha girato il mondo in lungo e in largo, e che io sappia non ha mai posseduto nemmeno una misera 500. Ma ammettendo, soltanto per amore del conversare, che sia indispensabile disporre di un'auto per visitare il mondo, mi puoi suggerire, per cortesia, un motivo valido per visitarlo?

Fedro: O bella! Ma per guardarsi intorno, per godere della natura. Hai mai visto tu le montagne che circondano Pilo? Gli abissi del Citerone? Gli ulivi che rallegrano le campagne della dolce Tessaglia? Vuoi forse morire senza conoscere tutte queste gioie?

Socrate: Sii buono con me, o Fedro: io sono appassionato dell'imparare. Cosa vuoi che possano insegnarmi gli alberi e le campagne, se ho tanto ancora da imparare dagli uomini. E di uomini, penso che in Atene ce ne siano già in numero sufficiente da non essere costretto ad andare in giro per trovarne degli altri. Infine io credo che tutto quello che ha inventato questo nuovo Dio che tu chiami Progresso sia solo una serie di "prolunghe". L'automobile è una prolunga delle gambe, il telefono una prolunga dell'orecchio, il televisore dell'occhio e il computer del cervello; ma nessuna di queste novità, che io sappia, è mai riuscita a cambiare l'Uomo nel suo profondo. Passano gli anni infatti e, malgrado le nuove prolunghe che si trovano sul mercato, gli uomini continuano a comportarsi come sempre.

ridotto e adattato da *"I Dialoghi"* di *L. De Crescenzo*

LESSICO

○ *(il) paraurti* – un dispositivo di metallo o plastica applicato sulla parte anteriore o posteriore di un autoveicolo per proteggere la carrozzeria in caso di urti.

○ *licenziare* – porre fine da parte del datore di lavoro ad un contratto con un lavoratore

○ *raggiungere* – arrivare in un posto

○ *ammettere* – supporre

○ *suggerire* – consigliare

○ *godere* – provare gioia e soddisfazione, gustare

○ *timore* – preoccupazione, paura

○ *percorrere* – coprire una distanza, compiere un tragitto

○ *prolunga* – elemento utilizzato per allungare qualcosa (un attrezzo, una macchina)

PER LA COMPRENSIONE

Scegli l'affermazione corretta tra le quattro proposte

1. Fedro dice a Socrate che desidera
   - ❑ a. vendere un'auto
   - ❑ b. comprare una macchina di seconda mano
   - ❑ c. andare a passeggio
   - ❑ d. fare le spese ad un mercato

2. Socrate domanda a Fedro se
   - ❑ a. sappia guidare l'auto
   - ❑ b. non sia meglio comprare un'auto nuova
   - ❑ c. l'automobile costi molto
   - ❑ d. sia pratico delle compra-vendite di auto

3. Il filosofo dice a Fedro che
   - ❑ a. desidererebbe avere una macchina, ma non ne ha i mezzi
   - ❑ b. ama le macchine perché uno può andare dove vuole
   - ❑ c. non gli piace camminare
   - ❑ d. preferisce andare a piedi perché in questo modo può incontrare gli amici

4. Socrate pensa che il Progresso
   - ❑ a. sia il nuovo Dio
   - ❑ b. abbia cambiato le persone
   - ❑ c. significhi "prolunghe"
   - ❑ d. abbia permesso a tutti gli uomini che hanno la macchina di essere felici

BREVE SINTESI

PER LA DISCUSSIONE

1. Perché, secondo te, L. De Crescenzo, l'autore del brano letto, prende come protagonista del suo racconto un filosofo del passato per discutere di progresso?
2. Esprimi un desiderio! Se tu potessi comprare un'auto, quale sceglieresti e perché?
3. Nel tuo paese in che condizioni si trova la rete autostradale?
4. Spesso, quando c'è uno sciopero, le grandi città restano paralizzate dal traffico. È possibile fare qualcosa?
5. Quali infrazioni commettono più frequentemente gli automobilisti nel tuo paese?
6. Isole pedonali. Ce ne sono nel tuo paese? Sei d'accordo di chiudere al traffico alcune strade del centro storico?
7. La macchina inquina, non fa incontrare le persone, crea problemi di ogni tipo e genere; eppure continuiamo a comprarla, ma è proprio tanto necessaria? Ne potremmo fare a meno, come dice il nostro Socrate?
8. In periodi di crisi economica come spieghi il fatto che proprio la macchina sia la prima ad essere tassata?

ESERCIZIO LESSICALE
Completa con la preposizione adatta

1. ___ dove vieni? ___ che parte vai?
2. Voglio visitare un mercato ___ auto ___ occasione.
3. Non sono pratico ___ guida.
4. Ogni mattina sono costretto ___ camminare per più ___ mezz'ora per andare ___ ufficio.
5. Con la macchina puoi raggiungere ___ breve tempo dei posti bellissimi ___ vedere.
6. Sono appassionato ___ musica e macchine.
7. Ad Atene le persone sono tante ___ non poterle conoscere tutte.
8. Gli automobilisti non sono sensibili ___ bellezze naturali.
9. Sto ___ acquistare un'auto e voglio un tuo consiglio.
10. Veramente pensi che l'auto non sia utile ___ nulla?

PER LA PRODUZIONE SCRITTA
Ritieni l'automobile un simbolo di progresso o un male metropolitano purtroppo necessario?

SITUAZIONE
Hai portato la macchina in un'officina per un controllo formale. Dopo alcuni giorni, essendo stato informato/a dal meccanico che l'auto non presentava gravi problemi, vai a ritirarla, sicuro/a di pagare una somma irrisoria. Invece il tuo meccanico ti dice che si era sbagliato, la macchina aveva molti guasti e tu dovrai pagare 1.500.000 di lire, se vorrai riprenderla. Tu non vuoi dargli questa cifra perché, se tu avessi saputo di dover spendere tanto per una macchina così vecchia, non l'avresti fatta riparare.

LADRI DI IMMAGINE
PERCHÉ NON CI SONO DONNE PAPARAZZO?

Spesso sono la causa della fine di una storia d'amore, o addirittura, di un matrimonio. Oppure la via più breve per ufficializzare una nuova unione. Ma le foto dei paparazzi sono anche il risultato di accordi tra personaggi e i loro "fotografi": l'attore in cerca di popolarità che si fa sorprendere in situazioni imbarazzanti, il marito "famoso" che vuole separarsi dalla moglie, senza dirglielo. Ma è davvero così, e fino a che punto si può parlare di diritto di cronaca? Di certo le foto dei paparazzi vanno incontro agli aspetti più morbosi della nostra personalità. Non a caso le donne leggono le riviste dal parrucchiere, dove le generalità sono neutre e tutte possono permettersi un piccolo peccato. E la privacy di questi personaggi, costretti a vivere sotto milioni di sguardi, chi la difende? "Spetta agli interessati fare causa ai ladri di intimità", dice Guido Mercati, avvocato specializzato in cause che riguardano la privacy, e che si ritrova spesso a difendere i fotografi. "Qualche volta lo fanno, qualche volta no e accettano di pagare il prezzo della notorietà: la curiosità del pubblico". Ma, sorpresa , è ancora un mestiere per soli uomini?

CHE COSA DICONO GLI UOMINI?
MAURIZIO D'AVANZO,
FOTOGRAFO, EX PAPARAZZO
È **un sacrificio**, un mestiere durissimo che si accetta di fare soltanto per entrare in una professione dove la concorrenza è spietata. E anche per un uomo è molto difficile sostenerlo. Figuriamoci per una donna! Stare su un albero per ore, giorni, senza scendere neppure per andare al bagno, perché può succedere tutto mentre ti allontani e non puoi permetterlo. È sfibrante. Come passare tanto tempo da soli, lontani da casa, dipendere dagli informatori per ogni spostamento. Ma quando riesci a inquadrare insieme i due personaggi che hai inseguito per settimane, provi un'emozione fortissima; hai lo scatto, finalmente!

CHE COSA DICONO LE DONNE?

NALLY BELLATI,
FOTOGRAFA MONDANA
Ho un mio galateo, potrei definirmi una paparazza chic. Anch'io fotografo principi e personaggi dello spettacolo ma con regole speciali.
Sinceramente poi non mi ci vedo a portare dodici chili di pesi, tra macchina fotografica e obiettivi vari. Lo devo dire: sono una fotografa molto viziata, non lavoro mai senza un assistente. Tornando al mio galateo, per prima cosa non scatto mai se il personaggio dice no. Poi so se

qualcuno non ama essere fotografato di profilo, per cui con un codice di gesti gli comunico di assumere la posa giusta. Infine quando arriva l'attore, diciamo Sylvester Stallone, io non mi rivolgo a lui come tutti gli altri "Hei, Sly, guarda qua". Io dico sempre, "Mr Stallone, please".

adattato da *Elle*

LESSICO

- *addirittura* – perfino
- *imbarazzante* – difficile, che provoca disagio
- *morboso* – si dice di sentimenti quasi patologici
- *le generalità* – dati per l'identificazione di una persona
- *spettare a qualcuno* – essere compito di qualcuno
- *fare causa* – denunciare alla giustizia, avviare un processo
- *intimità* – privacy, momenti di vita privata

- *concorrenza* – antagonismo
- *spietato* – senza pietà, crudele, senza tregua, incessante
- *figurarsi* – immaginarsi
- *sfibrante* – stancante, faticoso, logorante
- *inquadrare* – riprendere un soggetto entro il campo visivo della macchina da presa o fotografica
- *scatto* – il clic della macchina fotografica
- *galateo* – codice di comportamento, l'insieme delle regole che regolano i rapporti tra le persone nella società
- *posa (mettersi in posa)* – l'atteggiamento assunto da chi sta per essere fotografato

PER LA COMPRENSIONE
Rispondi alle domande

1. Di cosa sono responsabili le fotografie dei paparazzi?
2. Di solito in quale luogo le donne sono più invogliate a leggere "la notizia scandalistica"?
3. Secondo un avvocato famoso in cause che riguardano la privacy, chi avrebbe interesse a ribellarsi a tale situazione?
4. I ladri di immagini sono per lo più donne?
5. Perché Maurizio D'Avanzo, ex paparazzo, ritiene che non ci siano donne interessate a tale lavoro?
6. Secondo lui che sentimento prova un paparazzo quando riesce a fare quella fotografia che "ruba l'attimo"?
7. Nanni Bellati, fotografa mondana, si ritiene una paparazza chic. Come mai?

BREVE SINTESI

PER LA DISCUSSIONE
1. Con qualsiasi mezzo e a qualunque prezzo i paparazzi inseguono la "vittima prescelta". Ma la colpa di violare la privacy è loro o piuttosto nostra che siamo tanto "golosi" di notizie scandalistiche?
2. Sono le donne le più avide consumatrici di tali fotoromanzi a puntate?

3. Fino a che punto i giornalisti hanno il diritto di fare "cronaca" e perseguitare politici e personaggi dello spettacolo?

4. Cosa possono fare le vittime per difendersi?

5. Pensi che i paparazzi siano necessari? (Per esempio, cosa sarebbe una mostra del cinema o una passerella per l'elezione di una miss senza flash che illuminano stelle e stelline?)

6. Può una fotografia rovinare una carriera?

7. Qual è (diciamocelo fra noi) lo "scandalo" che ti ha fatto più ridere o indignare?

ESERCIZIO LESSICALE
Completa con la preposizione adatta

1. L'attore _____ cerca di popolarità ama i paparazzi.
2. Fino _____ che punto si ha diritto _____ fare cronaca?
3. Non _____ caso le donne leggono i settimanali _____ parrucchiere.
4. I personaggi famosi sono costretti _____ vivere sotto milioni _____ sguardi.
5. Spetta _____ interessati ribellarsi.
6. Come passare tanto tempo _____ soli?
7. Quando riesci _____ scattare la "tua" foto sei proprio soddisfatto!
8. _____ volte alcuni personaggi non amano essere fotografati _____ profilo.
9. Non mi rivolgo _____ Stallone come tutti gli altri fotografi.

PER LA PRODUZIONE SCRITTA
Scrivi una lettera al direttore di un settimanale o giornale scandalistico per accusarlo di usare "la notizia" solo allo scopo di aumentare la tiratura, spiegando che nessuno ha il diritto di violare la vita privata di un altro.

SITUAZIONE
Immagina di essere un paparazzo (sostenitore della teoria che una foto "rubata" vale più di mille parole) e di essere scoperto da una tua vittima mentre scatti la foto magica. Quest'ultima si difende e ti insulta, ma tu spieghi le tue ragioni e cerchi di calmarla.

I FIGLI DI BABBO NATALE

Italo Calvino (Cuba 1923 – Siena 1985) è uno degli autori italiani "allegorici" più noti sin dagli anni '60. Nel 1963 scrisse "Marcovaldo" che è il nome di un uomo di fatica in una ditta, padre di quattro figli, che, pur essendo costretto a vivere in una città piena di asfalto e cemento, va alla vana ricerca di una vita più naturale ed umana.

Suonò alla porta di una casa lussuosa. Aprì una governante. - Uh, ancora un altro pacco, da chi viene?

- La Sbav augura…

- Be', portate qua, - e precedette il Babbo Natale per un corridoio tutto tappeti e vasi di maiolica. Michelino, con tanto d'occhi, andava dietro al padre.

La governante aperse una porta a vetri. Entrarono in una sala dal soffitto alto alto, tanto che ci stava dentro un grande abete con regali e dolci di tutti i tipi. Su un tappeto, tra giocattoli elettronici, c'era un bambino, di circa nove anni, con un'aria imbronciata e annoiata. Sfogliava un libro illustrato, come se tutto quel che era lì intorno non lo riguardasse.

- Gianfranco, su, Gianfranco, - disse la governante, - hai visto che è tornato Babbo Natale con un altro regalo?

- Trecentododici, - sospirò il bambino, senz' alzare gli occhi dal libro. - Metta lì.

- È il trecentododicesimo regalo che arriva, - disse la governante. - Gianfranco è così bravo, tiene il conto, non ne perde uno, la sua gran passione è contare.

In punta di piedi Marcovaldo e Michelino lasciarono la casa.

- Papà, quel bambino è un bambino povero? - chiede Michelino.

- Povero? Che dici? Sai chi è suo padre? È il presidente dell'Unione Incremento Vendite Natalizie! Il commendator…

S'interruppe, perché non vedeva Michelino. - Michelino, Michelino! Dove sei? - Era sparito.

"Sta' a vedere che ha visto passare un altro Babbo Natale, l'ha scambiato per me e gli è andato dietro…" Marcovaldo continuò il suo giro, ma era un po' in pensiero e non vedeva l'ora di tornare a casa.

A casa, ritrovò Michelino insieme ai suoi fratelli, buono buono.

- Di' un po', tu: dove t'eri cacciato?

- A casa, a prendere i regali… Sì, i regali per quel bambino povero…

- Eh! Chi?

- Quello che se ne stava così triste... quello della villa con l'albero di Natale...

- A lui? Ma che regali potevi fargli, tu a lui?

- Il primo era un martello: quel martello grosso, tondo, di legno...

- E lui?

- Saltava dalla gioia! L'ha afferrato e ha cominciato a usarlo!

- Come?

- Ha spaccato tutti i giocattoli! E tutta la cristalleria! Poi ha preso il secondo regalo...

ridotto e adattato da "Marcovaldo" di Italo Calvino

LESSICO

○ *precedere* – andare avanti, stare o venire prima

○ *abete* – tipico albero di Natale

○ *imbronciato* – detto di chi ha un atteggia-mento del volto che manifesta malumore

○ *sfogliare* – voltare le pagine di un libro

○ *riguardare* – avere relazione

○ *incremento* – aumento

○ *sparire* - scomparire

○ *scambiare* – prendere una persona per un'altra

○ *essere in pensiero* – essere preoccupato

○ *dove ti eri cacciato* – è una frase idiomatica che si usa per dire "dove stavi tutto questo tempo, dove eri andato?"

○ *afferrare* – prendere e tenere con forza

○ *spaccare* – dividere in due o più parti con colpi violenti

PER LA COMPRENSIONE

Fa' una sintesi, passando da questi punti

bussare alla porta / la governante /casa lussuosa / albero e regali / bambino annoia-to / conto dei regali / la scomparsa di Michelino / il ritorno a casa di Marcovaldo / bambino povero / tre regali

BREVE SINTESI

PER LA DISCUSSIONE

1. Come pensi terminerà questo racconto?

2. Potresti immaginare l'atmosfera natalizia che regna a casa di Michelino, mettendola a confronto con quella della casa di Gianfranco?

3. Come giudichi l'idea di Michelino di fare un regalo natalizio un po' particolare ad un bambino ricco?

4. Perché a Natale scoppia l'isteria da shopping?

5. Come ci si può difendere durante le feste natalizie dagli inviti noiosi di zii e paren-ti, senza correre il rischio di offenderli?

6. Ricordi un Natale o una festa particolare della tua vita? Conservi ancora qualche giocattolo che ti è stato regalato in una di quelle occasioni?

7. Di solito come trascorri il Capodanno? E sul fatidico Capodanno 2000 cosa puoi dire?

ESERCIZIO LESSICALE

Spesso nasce una confusione tra alcune parole di largo uso come *bene, bravo, bello, buono, molto, meglio, male, brutto, cattivo, peggio, troppo, poco* ecc. Potresti completare le frasi seguenti con la parola giusta tra quelle indicate?

1. Lui non è un _____ amico perché è _____ egoista.
2. L'indomani Marcovaldo ha detto "oggi mi sento _____ di ieri".
3. Devo ammettere che Gianfranco è proprio _____ in matematica.
4. Mio padre, Marcovaldo, è _____ come il pane.
5. Ma che _____! Michelino ha preparato tutti i regali da solo!
6. Cosa ti è successo, Marcovaldo? Hai proprio una _____ faccia.
7. Il presidente è un uomo molto _____, non aiuta mai nessuno.
8. Nietzsche scrisse un libro intitolato "Al di là del _____ e del _____".
9. Siccome il tempo è _____, resteremo a casa.
10. Michelino se ne stava a casa _____ _____ con i suoi fratelli.

PER LA PRODUZIONE SCRITTA

Scrivi un biglietto d'auguri per le feste natalizie al/alla tuo/a professore/essa d'italiano per ringraziarlo/la di tutto quello che ha fatto per te e per promettergli/le di studiare di più l'anno seguente.

SITUAZIONE

Una coppia d'amici è venuta a casa con la scusa di farti gli auguri. Alle dieci di sera è ancora lì, incollata alla poltrona e alla bottiglia di spumante. Lui, anzi, ha l'aria di volersi fermare a trascorrere tutta la serata a casa tua perché, dice, non è abbastanza lucido da mettersi al volante.

Tu, dopo aver fatto tanti, ma vani, tentativi - gentili - per fargli capire che devono proprio andarsene, alla fine implacabile dici: "Non te la senti di guidare? Benissimo, allora vi chiamo un taxi".

A BEL MERCATO: GRAZIE A PREZZI STRACCIATI

Bancarelle come boutique firmate: da Milano a Napoli, mappa per acquisti doc a poco prezzo.

Alta, magra, una bella donna. Occhiali da sole, tailleur, scarpe basse. È una delle tante signore chic che frequenta le bancarelle dei mercatini in cerca di qualche capo firmatissimo a prezzo dimezzato. Sì, perché dopo gli anni Ottanta, nei quali si pagava con disinvoltura qualsiasi cifra per un abito griffato, la nuova parola d'ordine in questi anni di recessione è "non eccedere".

Così lo shopping tra le bancarelle dei mercati, dove si vendono golf di cachemire, completini, polo, borsette, scarpe firmate, è ormai un rito per chi vive in città o nei centri turistici più noti. Ma soprattutto è l'ultima tendenza anche fra le signore più eleganti che, pur non avendo problemi di budget, trovano molto sfizioso agguantare tra i mille capi delle bancarelle quello giusto. Anche se, naturalmente, bisogna accontentarsi di un capo bello e firmato sì, ma delle stagioni precedenti.

Così nelle agendine-shopping delle signore sono entrati nuovi indirizzi e nuovi nomi: si chiamano Oreste, Mario, Michele, Fiorenza. Banchi affollatissimi, dove c'è di tutto: cravatte firmatissime a sole 20 mila lire; camicie per uomo a 35 mila lire, zainetti per la scuola a 50 mila lire; profumi e lingerie a prezzi scontatissimi.

Tea Corradi, una classica casalinga benestante milanese, ogni settimana ha due appuntamenti fissi: il martedì e il sabato al mercato di viale Papiniano. "Ormai i vestiti per me e mio marito li compro solo alle bancarelle" spiega la signora. "E poi mi diverto di più a fare lo shopping qui, c'è un rapporto più umano con i venditori. Ma soprattutto c'è ancora il gusto della contrattazione".

A Napoli, al mercato di piazza degli Artisti, i venditori attirano i clienti con dei veri e propri show. Al mercatino di Capo Posillipo, in piedi su tre scalini di legno, li si sente gridare: "Signora con la mutanda rossa, vieni a vedere…".

A Roma, invece, la bancarella firmata è ancora una rarità. I venditori sono itineranti, è difficile trovarli sempre allo stesso mercato. Così, hanno adottato il sistema del biglietto da visita con il numero di telefono.

adattato da *Panorama*

LESSICO

- *prezzi stracciati* – a poco prezzo
- *bancarella* – banco o carretto dei venditori ambulanti di varie merci
- *capo* – un'unità di una serie
- *a prezzo dimezzato* – a metà prezzo
- *con disinvoltura* – con facilità, senza pensarci troppo
- *griffato* – firmato da uno stilista di moda
- *recessione* – crisi economica
- *eccedere* – esagerare, oltrepassare i limiti
- *rito* – cerimonia
- *sfizioso* – che piace perché è originale
- *agguantare* – afferrare, prendere e tenere saldamente in mano
- *benestante* – abbiente, chi ha l'agio economico
- *contrattazione* – discussione sul prezzo
- *mutanda* – indumento intimo
- *itinerante* – che viaggia, che si sposta di luogo in luogo
- *biglietto da visita* – cartoncino su cui sono stampate le generalità di una persona

PER LA COMPRENSIONE

Scegli l'affermazione corretta tra le quattro proposte

1. Le bancarelle sono posti dove
   - ❑ a. puoi trovare vestiti firmati a prezzi economici
   - ❑ b. i prezzi sono doppi rispetto a quelli dei negozi
   - ❑ c. si vendono frutta e verdura
   - ❑ d. non si incontra nessuna donna chic

2. Le signore più eleganti
   - ❑ a. trovano necessario fare gli acquisti qui
   - ❑ b. si divertono a comprare sulle bancarelle
   - ❑ c. vogliono comprare solo capi belli e firmati
   - ❑ d. desiderano incontrare le amiche

3. Tea Corradi quando vuole fare acquisti
   - ❑ a. va nelle boutique più eleganti
   - ❑ b. fa shopping tra le bancarelle
   - ❑ c. va al mercatino di Roma
   - ❑ d. paga ai venditori ambulanti sempre il prezzo che le chiedono

4. I mercati più ricchi d'opportunità che vengono nominati nel testo si trovano
   - ❑ a. a Milano, Firenze, Venezia
   - ❑ b. a Firenze, Napoli, Roma
   - ❑ c. a Torino, Milano, Venezia
   - ❑ d. a Roma, Napoli, Milano

BREVE SINTESI

PER LA DISCUSSIONE

1. Dove preferisci fare i tuoi acquisti? Hai mai acquistato qualcosa dai venditori ambulanti?
2. Ti piace fare shopping con il/la tuo/a compagno/a o preferisci uscire da solo/a?
3. Spendi molto per i tuoi abiti? E per altri oggetti?
4. In quali periodi è più conveniente fare acquisti?
5. Cosa ti spinge ad entrare in un "certo negozio"?
6. I centri commerciali nel tuo paese esistono? Hanno successo?
7. Di solito paghi in contanti o con la carta di credito?

ESERCIZIO LESSICALE

Una parola non sta bene con le altre. Cancellala

1. povero, benestante, ricco, agiato
2. golfino, polo, pullover, borsa
3. boutique, bancarella, negozio, magazzino
4. scontato, economico, stracciato, caro
5. offerta, vendita promozionale, omaggio, gratis
6. bancarellaro, cassiere, commesso, impiegato

PER LA PRODUZIONE SCRITTA

Oggi, andando in giro per la città, ci accorgiamo che i grandi magazzini hanno preso il posto dei negozietti sfiziosi dove potevi trovare qualcosa di originale. Secondo te, come mai si sta diffondendo questo fenomeno? E tu come reagisci?

SITUAZIONE

Davanti ad una bancarella. Hai sentito dire che in Italia bisogna sempre contrattare con i venditori ambulanti per pagare un prezzo inferiore a quello da loro richiesto. Al mercatino di Firenze hai visto una bella giacca di pelle. Vuoi proprio comprarla. Cominci a tirare sul prezzo e riesci a convincere il bancarellaro a lasciartela a metà prezzo.

UNA SCENA DAL FILM "IL POSTINO"

"La poesia non è di chi la fa, ma di chi la usa" dice il postino Mario (Massimo Troisi) per convincere il grande poeta Neruda (Philippe Noiret), in esilio su un'isola del nostro mare, a diventare suo complice per conquistare il cuore della bella Beatrice (Maria Grazia Cucinotta).

Mario: Telegramma, Don Pablo! Don Pablo!

Neruda: Deve essere molto importante. Ansimi come un cavallo!!

Mario: Importantissimo, Don Pablo. Mi sono innamorato!

Neruda: Bueno(bene)! Non è molto grave, c'è rimedio!

Mario: No! Che rimedio, Don Pablo. Ma io voglio stare malato. Mi sono innamorato, proprio innamorato, innamorato.

Neruda: Sì!! Ma de(di) chi ti sei innamorato?

Mario: Si chiama… Beatrice.

Neruda: Ah… Dante!

Mario: Che, Don Pablo?

Neruda: Dante Alighieri! Si innamorò di una sierta(certa) Beatrice. Le Beatrici suscitano amori sconfinati, Mario!… Che fai adesso?

Mario: Scrivo quello che avete detto, il nome Dante. Ah, Dante lo conosco. Alighieri? Com'è, con l'acca si scrive?

Neruda: Aspetta! Te lo scrivo…Eccolo A…l…i…ghieri.

Mario: Alighieri!!! So' proprio innamorato!

Neruda: Questo me l'hai già detto, però cosa ci posso fare?

Mario: Non so, Don Pablo… Se mi può aiutare!

Neruda: Ma io sono vecchio!

Mario: Non lo so, perché io… Me la so! Vista lì davanti così, no? La guardavo e non mi usciva neanche una parola.

Neruda: Come non le hai parlato?

Mario: Quasi niente… cioè… la guardavo… e mi innamoravo…

Neruda: Così tutto d'un colpo?

Mario: Cioè, no! L'ho guardata prima un dieci minuti.

Neruda: E lei?

Mario: E lei mi ha detto…

(ricorda e con la voce di Beatrice:

"Che guardi? Non hai mai visto una?"(musica)

Mario: *Come ti chiami?*

Beatrice: Beatrice Russo.
Mario: Beatrice Russo.)
Neruda: E tu?
Mario: Non mi è venuto niente da dirle!
Neruda: Niente! Niente di niente! Non le hai detto una parola!
Mario: Niente, niente, no…! Ho detto cinque parole!
Neruda: Quali?
Mario: Allora… Ho detto come ti chiami?
Neruda: E lei?
Mario: E lei: "Beatrice Russo".
Neruda: Beh! Come ti chiami fanno tre parole. E le altre due?
Mario: Beatrice Russo, ho ripetuto io!
Neruda: Umm!!
Mario: Don Pablo, se… Non voglio disturbare, lo so, ma… Me la può scrivere una
             poesia per Beatrice?
Neruda: Ahh!!

LESSICO

○ *ansimare* – respirare con affanno

○ *rimedio* – cura, provvedimento

○ *suscitare* – provocare un sentimento

○ *sconfinato* – senza confini, limiti

○ *cosa ci posso fare* – è una frase per dire
   che non è possibile intervenire

○ *d'un colpo* – all'improvviso

PER LA COMPRENSIONE
Le seguenti affermazioni sono vere o false?

	V	F
1. Il postino porta una lettera a Neruda	❏	❏
2. Lui si è innamorato	❏	❏
3. Il postino non conosce Dante	❏	❏
4. Neruda aiuta Mario a scrivere Alighieri con l'acca	❏	❏
5. Mario è restato muto davanti a Beatrice	❏	❏
6. Mario ha detto a Beatrice "ti amo"	❏	❏
7. Neruda vuole scrivere una poesia per Mario	❏	❏

BREVE SINTESI

PER LA DISCUSSIONE
1. Mario è innamorato a tal punto da non poter pronunciare una parola! Ma è possibile? Ti è mai capitato?
2. Oggi si parla sempre di sesso e di rapporti di breve durata. Si dice che non esiste più il romanticismo? È vero?
3. Credi al grande amore? Lo hai già trovato? Che significa per te questa parola? L'amore ha il primo posto nella tua vita? Parla di una tua esperienza.

4. Sesso al primo incontro? Che ne pensi? Lo status sociale rende un uomo o una donna desiderabile?

5. Cosa sei disposto/a a "rischiare" per un partner che ti piace?

6. Leggi la tabella sottostante. Sei d'accordo con i risultati dell'indagine di Panorama?

GLI INGREDIENTI DI UN INCONTRO FELICE

I giovanissimi credono nel grande amore. Lo dimostra il sondaggio condotto telefonicamente il giorno 20 settembre dalla Swg per "Panorama", su 500 giovani di entrambi i sessi tra i 13 e i 19 anni. Le ragazze se lo aspettano più dei ragazzi (85% contro il 79%). Pochi, però, lo hanno incontrato davvero: il 73 per cento dei maschi e il 61 per cento delle femmine ammette di non averlo mai sperimentato. Ingredienti fondamentali per far nascere e durare l'amore con la A maiuscola, secondo gli adolescenti, sono l'affidabilità e il senso di sicurezza. Anche qui con qualche differenza: li ritengono importanti il 54 per cento delle ragazze, un po' meno i ragazzi (45 per cento). Conta però anche la simpatia, persino più dell'attrazione fisica e dell'intelligenza.

7. La gelosia mostra "interesse o amore" o solo insicurezza?

8. Ma è vero che gli uomini preferiscono le bionde?

ESERCIZIO LESSICALE

Abbina le espressioni della colonna A con il loro significato espresso nella colonna B.

A	B
1. Cosa ci posso fare?	a. Amore a prima vista.
2. Non me ne importa.	b. Ti amo.
3. Fatica sprecata.	c. Come posso intervenire?
4. Sono cotto/a.	d. Ho un debole per lui/lei.
5. Lanciare occhiate.	e. Guardare qualcuno con uno sguardo particolare.
6. Ci tengo per lui/lei.	f. Inutile stancarsi; è un inutile spreco di energie.
7. Colpo di fulmine.	g. Sono innamoratissimo/a.
8. Con te ci sto.	h. Sono disposto/a ad avere una relazione con te.
9. Attaccare discorso.	i. Dare inizio ad una conversazione.
10. Ti voglio bene.	l. Per me non ha alcuna importanza.

PER LA PRODUZIONE SCRITTA

Molte persone mettono un annuncio matrimoniale o partecipano a trasmissioni televisive per trovare un partner. Si tratta di una tendenza senza importanza della nostra società o piuttosto è specchio della difficoltà di comunicazione tra le persone?

SITUAZIONE

Hai visto al bar un/una ragazzo/a che ti piace. Vuoi avvicinarti. Trovi un sistema e così lui/lei comincia a discutere con te. Ti racconta che è solo/a perché da poco ha terminato una relazione ed ha deciso di rimanere single. Tu cerchi di spingerlo/la a cambiare opinione perché… Quanto più lui/lei parla tanto più ti piace…

CHE FINE HA FATTO LA SIGNORA GIULIA?

Il dottor Corrado Sciancalepre, nato in Sicilia, era da dieci anni commissario di Pubblica Sicurezza nella cittadina di M. in Lombardia, e qui erano nati i suoi figli. Aveva raccolto molti successi, ed era circondato di rispetto.

Quando arrivò nel suo ufficio, quel pomeriggio, vi trovò l'avvocato Esengrini che lo aspettava da mezz'ora. Ne rimase molto sorpreso. L'avvocato Esengrini, noto in tutta la provincia e fuori, rispettato e temuto, aveva figurato più volte in processi di grande importanza e se ne stava in provincia solo per amore della vita tranquilla. La sua autorità si fermava soltanto davanti alla moglie, di vent'anni più giovane di lui, che lo trattava come un vecchio zio. Era la prima volta che l'avvocato metteva piede nel suo ufficio. Il dottor Sciancalepre si pose subito alla scrivania, comprendendo che doveva trattarsi di qualche cosa di importante e di personale, e si dispose ad ascoltare attentamente.

L'avvocato Esengrini diede un'occhiata alla porta per assicurarsi che fosse chiusa, poi gli si avvicinò col viso, e con un'espressione preoccupata, incominciò: "Dottore, sono davanti a un fatto grave, gravissimo, che può rovinare tutta la mia vita".

Parole grosse, pensò il commissario, e nuove, per un uomo freddo come l'avvocato Esengrini che normalmente non apre il proprio animo a nessuno.

Dopo un po' l'avvocato continuò, a bassa voce, avvicinando il viso al piano del tavolo:

"Mia moglie, dottore! Mia moglie è fuggita di casa."

Guardò il commissario come per chiedergli conto di quella fuga.

"Sua moglie! Ma come è possibile! La signora Giulia! E perché doveva fuggire, con un marito come lei, con una figlia, con una casa come la sua? Ma che cosa mi racconta, avvocato! Scusi, scusi tanto, ma proprio non ci credo."

"Fuggita. Scomparsa" riprese l'avvocato con una voce tragica. "Venga a vedere, venga!"

Il commissario lo seguì a casa.

Andarono nel salotto. L'avvocato lo fece sedere e con voce più bassa aggiunse, senza guardarlo in viso:

"Dottore, lei è del Sud e certe cose le può capire meglio di me. Fra me e mia moglie vent'anni di differenza ci hanno separati in questi ultimi tempi. Ha notato che abbiamo ognuno la nostra camera? Ho sessant'anni dottore, e sono un uomo come tutti gli altri che hanno sessant'anni; mia moglie ne ha, per essere precisi, trentotto…"

"E allora?" chiese Sciancalepre.

"Allora quattro mesi fa l'ho fatta pedinare, a Milano, al giovedì. Un mio amico della polizia mi ha fatto questo piacere. E ho saputo qualche cosa. Poco, in verità. Per ben due giovedì di seguito la visita di mia moglie alla figlia è durata solo mezz'ora, poi è andata a sedersi in un piccolo caffè di corso Monforte dove era ad aspettarla, sa chi?

ridotto e adattato da *"I giovedì della signora Giulia"* di *Piero Chiara*

LESSICO

○ *commissario* – ufficiale di polizia

○ *temuto* – è colui di cui si ha timore e rispetto

○ *figurare* – comparire

○ *processo* – causa giudiziaria

○ *autorità* – prestigio

○ *mettere piede* – entrare

○ *pedinare* – far seguire passo passo

PER LA COMPRENSIONE
Scegli l'affermazione corretta tra le quattro proposte

1. Il dottor Sciancalepre
   - ❑ a. era nato in Lombardia
   - ❑ b. faceva il commissario in Sicilia
   - ❑ c. svolgeva servizio nella polizia
   - ❑ d. non era stimato da nessuno

2. L'avvocato Esengrini dice al commissario che
   - ❑ a. abitava in città perché era amante della vita tranquilla
   - ❑ b. era vedovo
   - ❑ c. era sposato con una donna molto più anziana di lui
   - ❑ d. gli era successo un fatto sconvolgente

3. Un giovedì la signora Giulia è andata a Milano
   - ❑ a. per incontrare qualcuno di cui era innamorata
   - ❑ b. per fare spese
   - ❑ c. per incontrarsi con qualcuno
   - ❑ d. con il treno delle due per ritornare con quello delle sette e trenta

BREVE SINTESI

PER LA DISCUSSIONE
1. Secondo te chi aspettava la signora Giulia? Puoi descrivere i personaggi usando la tua fantasia?
2. Potresti immaginare la continuazione della storia?
3. Faresti pedinare una persona che ami? Per quali motivi? Credi che sia giusto comportarsi così?
4. Qui si dice che la signora Giulia aveva vent'anni meno del marito. Pensi che la dif-

ferenza d'età in una coppia sia un fattore aggregante o disgregante?

5. Leggi i gialli? Che tipo di gialli preferisci leggere?

6. In Italia in questo periodo c'è la mania di leggere gialli sull'Egitto ed i faraoni. Nel tuo paese?

7. Quali sono gli "ingredienti" tipici di un thriller? Come si fa a creare l'atmosfera?

ESERCIZIO LESSICALE

Nel linguaggio del thriller sicuramente compaiono le parole che tu dovrai trovare, completando le frasi date

> *sparo / investigatore / sospettato / assassino / alto / pistola /*
> *colpo / delitto / imbroglio / indagini*

1. Appena lo vide, tirò fuori la _____.

2. Sherlock Holmes era un grande _____.

3. La polizia ha fatto le _____ per trovare il colpevole.

4. Non è facile trovare chi ha ucciso la signora Giulia, cioè il suo _____.

5. Di solito in ogni thriller avviene un' azione che non rispetta né la legge, né la morale: c'è sempre un _____.

6. Fermo o _____, ha gridato il poliziotto al criminale.

7. Lo ha steso con un _____ di pistola alla testa.

8. Non esiste il _____ perfetto.

9. Se un ladro entra in casa con intenzioni poco chiare, sarebbe meglio minacciarlo con una pistola "ultimo tipo" e urlargli per mettergli paura "mani in _____".

10. Nei thriller che si rispettano l'assassino non è mai colui che è _____.

PER LA PRODUZIONE SCRITTA

Crea un thriller usando queste parole

Investigatore – modella scomparsa – indagini – mondo della moda – inseguimento – traffico di droga – nascondiglio – diario – all'ultimo minuto...

SITUAZIONE

Stai con un/a ragazzo/a da poco tempo. Lui/lei ti fa impazzire perché ha un atteggiamento "strano". Lui/lei ti piace molto, ma hai un po' paura che lui/lei ti nasconda qualcosa di grave. Ti rivolgi ad un detective per farlo/la pedinare. Vieni così a sapere che...

ESISTE ANCORA IL PIACERE DI LAVORARE?

Competitività fra colleghi, noia, stipendi bassi. Sono ottimi motivi per odiare il proprio mestiere. Ma c'è anche chi lo ama, nonostante tutto. Con passione. Lo confermano un sondaggio ed alcuni testimoni illustri

In un anno i dipendenti statali hanno accumulato più di 56 milioni di giornate di assenza. Significa che in media, ogni giorno, nove lavoratori del pubblico impiego su cento se ne restano a casa. Si potrebbe interpretarlo come la dimostrazione di un'impressione diffusa: agli italiani lavorare non piace più. Ecco cosa ci hanno detto alcuni lavoratori illustri.

A caccia di notizie

Maria Latella, inviato speciale del *Corriere della Sera*: "È un amore che dura da 16 anni, ed è l'amore più lungo della mia vita. Quando ero alle prime armi, lavravo dalle 9 di mattina fino alle 10 di sera. Oggi non ho cambiato ritmo. Ciò che oggi non mi piace di questo mestiere è la tendenza a esagerare le notizie, o a scrivere articoli solo per far piacere a questo o quel personaggio pubblico. Frustrazioni? Per alcuni ci sono: penso a chi lavora dietro a una scrivania, passa gli articoli scritti da altri, titola, fa didascalie. Svolge un ruolo preziosissimo, ma troppo spesso non gratificato a sufficienza".

Miracoli col bisturi

Mario Viganò, direttore della Divisione cardiochirurgica dell'Ospedale San Matteo di Pavia, docente: "Ho la fortuna di lavorare in un settore in cui tecnologia e progresso scientifico sono in continua evoluzione. E da 33 anni mi sento parte attiva di queste trasformazioni, senza mai un momento di noia. Tutte le mattine mi sveglio pensando alle cinque o sei operazioni chirurgiche in programma, un impegno che qualche volta mi tiene in sala operatoria anche fino a notte inoltrata: ma nonostante la stanchezza fisica, la consapevolezza di salvare vite umane è un eccezionale stimolo ad andare avanti".

Gli studenti anzitutto

Domenico Starnone, insegnante di italiano e storia all'Istituto tecnico Livia Bottardi di Roma e scrittore: "Per insegnare ci vuole passione. Io ho sempre amato questa professione. Ma oggi, dopo 30 anni di anzianità, lo confesso, sono solo un professore in attesa della pensione. Anch'io, purtroppo, mi sono ammalato di "routine". Ci sono colleghi che si dedicano anima e corpo al proprio lavoro e ci sono docenti che badano solo alla forma, a dare voti, senza cercare di motivare gli alunni. Ma a spegnere gli entusiasmi anche dei più volenterosi contribuiscono due fattori. L'istituzione scolastica, che soffre di gravi disfunzioni e carenze. E il fatto che questo mestiere dovrebbe essere esercitato per un tempo limitato. Alla lunga, diventa ripetitivo".

adattato da Donna Moderna

LESSICO

○ *accumulare* – mettere più cose l'una sull'altra

○ *esagerare* – oltrepassare i limiti

○ *frustrazione* – stato psicologico che deriva dal mancato soddisfacimento di un bisogno

○ *gratificare* – procurare una soddisfazione morale

○ *docente* – professore

○ *a notte inoltrata* – a notte avanzata, a tarda notte

○ *badare* – fare attenzione

○ *disfunzione* – cattivo funzionamento

○ *carenza* – mancanza

PER LA COMPRENSIONE

Abbina le parole sottostanti ai tipi di lavoro citati nel testo, cioè giornalista – chirurgo – insegnante

1. scrivere cronaca nera
2. fare l'inviato speciale
3. eseguire operazioni chirurgiche
4. scovare la notizia
5. motivare gli alunni
6. esagerare la notizia
7. curare un paziente
8. combattere disfunzioni e carenze dell'istituzione scolastica

BREVE SINTESI

PER LA DISCUSSIONE

1. Pensi che oggi sia possibile andare alla ricerca di un lavoro che ci piaccia, dal momento che è così difficile trovare un impiego? Tu lavori?

2. Leggi e descrivi le tabelle in cui sono riportati i risultati del sondaggio sul mondo del lavoro realizzato in Italia dall'Istituto di ricerca *SWG* di Trieste.

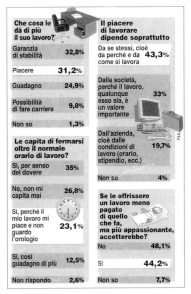

Che cosa le dà di più il suo lavoro?	
Garanzia di stabilità	32,8%
Piacere	31,2%
Guadagno	24,9%
Possibilità di fare carriera	9,8%
Non so	1,3%

Le capita di fermarsi oltre il normale orario di lavoro?	
Sì, per senso del dovere	35%
No, non mi capita mai	26,8%
Sì, perché il mio lavoro mi piace e non guardo l'orologio	23,1%
Sì, così guadagno di più	12,5%
Non rispondo	2,6%

Il piacere di lavorare dipende soprattutto	
Da se stessi, cioè da perché e da come si lavora	43,3%
Dalla società, perché il lavoro, qualunque esso sia, è un valore importante	33%
Dall'azienda, cioè dalle condizioni di lavoro (orario, stipendio, ecc.)	19,7%
Non so	4%

Se le offrissero un lavoro meno pagato di quello che fa, ma più appassionante, accetterebbe?	
No	48,1%
Sì	44,2%
Non so	7,7%

Secondo lei, che cosa rende più piacevole lavorare?	
Il piacere di sentirsi utili	35,7%
Scoprire in sé qualità insospettate	20,7%
Il gusto di mettersi ogni giorno alla prova	17%
Avere uno stipendio giusto	14,6%
L'apprezzamento dei superiori	3,7%
Avere potere	3,7%
Cambiare spesso posto di lavoro	3,5%
Non so	1,1%

Invece, che cosa rende meno piacevole lavorare?	
Fare lo stesso lavoro per anni	23,1%
La competitività esasperata fra colleghi	21,4%
Non avere uno stipendio giusto	18,1%
Sapere che il proprio lavoro non ha nessuna utilità sociale	14,8%
Avere un capo con il quale non si è in sintonia	11,6%
L'impossibilità di fare carriera	7,4%
Non so	3,6%

3. Che caratteristiche dovrebbe avere il tuo lavoro "ideale"?

4. Se ti offrissero la possibilità di scegliere fra due lavori, l'uno interessante, ma mal-pagato, e l'altro noioso, ma ben retribuito, quale sceglieresti?

5. Come giudichi le persone che mettono il lavoro al centro della loro vita?

6. Quale sarebbe per te un motivo da rendere spiacevole il tuo lavoro?

7. Come mai oggi c'è tanta disoccupazione?

ESERCIZIO LESSICALE

Indica se le coppie di parole sottoelencate sono sinonimi o contrari

		sinonimo	contrario
1. sgarbato	gentile	❏	❏
2. docente	studente	❏	❏
3. dilagante	limitato	❏	❏
4. mollare	cedere	❏	❏
5. restare	partire	❏	❏
6. carenza	efficienza	❏	❏
7. dubbio	incertezza	❏	❏
8. stipendio	retribuzione	❏	❏
9. evoluzione	sviluppo	❏	❏
10. detestare	odiare	❏	❏

PER LA PRODUZIONE SCRITTA

Oggi per risolvere il problema della disoccupazione si parla di adottare un rimedio miracoloso, come la riduzione del tempo di lavoro definita per legge. La risposta dei lavoratori a tale proposta sono manifestazioni e proteste il cui slogan è "non lavorare meno, lavorare tutti". Quali sono, secondo te, le riforme da realizzare in profondità per riuscire a ridurre stabilmente la disoccupazione?

SITUAZIONE

Finalmente ti hanno fissato un colloquio per quel "posto di lavoro" che tu tanto desideravi occupare. Il/la direttore/trice che ti riceve è molto giovane, ti fa tante domande sulla tua vita professionale e... privata. Cosicché si viene a scoprire che lui/lei è il/la figlio/a di una vecchia amica di tua madre e...

"O I SOLDI O L'AIDS"

RAVENNA – "Dammi i soldi o t'attacco l'Aids". La ragazza è rimasta impietrita: non voleva credere a quell'ultima follia del fratello. Eppure lui era davvero lì con una siringa piena di sangue in mano. "Monica – ha gridato – non fare la stupida. O mi dai la roba o ti pungo e per te è finita come per me". È stato questo il ricatto che Marcello Geminiani, 23 anni, tossicodipendente con un certificato penale lunghissimo, ha usato giovedì sera, forse in preda a una crisi d'astinenza, contro sua sorella, un anno più di lui. La ragazza non ha potuto fare nulla: come paralizzata dalla paura, è riuscita solo a raccogliere i suoi pochi gioielli, un po' d'oro che vale sì o no un milione, e a consegnarli al fratello che è scappato lungo la spiaggia.

Altre volte – ha poi detto ai carabinieri Monica – Marcello si era fatto dare da lei dei soldi per comprare l'eroina. E la ragazza un paio d'anni fa aveva lasciato la casa dei genitori ad Alfonsine dove viveva anche Marcello per sottrarsi alle violenze del fratello, per evitare di dovergli passare tutto il suo stipendio d'impiegata. Monica era andata a cercare un po' di tranquillità a una ventina di chilometri dal suo paese, a Punta Marina, una delle località turistiche lungo la costa raven-nate. D'inverno ci stanno solo i pendolari, gente che, come Monica, lavora a Ravenna e va a dormire in riva all'Adriatico.

Il piccolo appartamento della ragazza è in una zona un po' isolata. Marcello c'era già stato, aveva già chiesto altro denaro alla sorella. E anche stavolta, quando ha suonato al campanello, Monica gli ha aperto la porta, convinta che lui avesse bisogno d'un po' di soldi o che le chiedesse di tenerlo un po' lì. Invece lui l'ha aggredita, usando quella siringa come fosse una pistola. "Quando è venuta qui – dicono i carabinieri di Marina di Ravenna – la ragazza era terrorizzata. Aveva paura, piangeva e tremava. Ci ha raccontato tutto. Subito una pattuglia è andata in cerca di Marcello Geminiani".

Da giovedì sera, quando ha suonato alla porta di Monica, nessuno lo ha più visto. E Monica ha staccato il telefono, sfugge. È andata al lavoro venerdì mattina in una piccola fabbrica nella zona industriale di Ravenna dove fa la ragioniera, ma ha cercato di nascondersi. Poi è tornata nel suo monolocale dove vive sola e da lì non è più uscita. Inutile chiederle qualcosa dalla porta: lei non apre, forse non aprirà più a nessuno.

adattato da "la Repubblica"

 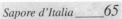

LESSICO

- *attaccare* – contagiare, trasmettere una malattia
- *impietrito* – restare immobile, come una pietra, dal terrore
- *follia* – pazzia
- *roba* – qui significa droga
- *pungere* – ferire con un ago
- *ricatto* – il costringere qualcuno a fare qualcosa, minacciandolo di procurargli un danno

- *essere in preda a* – essere dominato da
- *crisi d'astinenza* – crisi provocata dalla mancanza di droga
- *scappare* – fuggire, andare via a gambe levate
- *pendolare* – chi ogni giorno, come un orologio a pendolo, va dal posto dove abita in un altro luogo dove lavora, cioè va avanti e dietro lungo un percorso
- *pattuglia* – piccolo gruppo di agenti di polizia

PER LA COMPRENSIONE

Scegli l'affermazione corretta tra le quattro proposte

1. Monica, quando ha visto suo fratello con una siringa in mano
   - ❑ a. gli ha dato con piacere dei soldi
   - ❑ b. terrorizzata, si è messa a correre sulla spiaggia
   - ❑ c. gli ha dato tutto quello che aveva
   - ❑ d. lo ha baciato e tranquillizzato

2. Questo fatto era successo
   - ❑ a. per la prima volta
   - ❑ b. per la seconda volta
   - ❑ c. per la terza volta
   - ❑ d. per l'ennesima volta

3. Monica per evitare problemi
   - ❑ a. era restata a casa sua a Ravenna
   - ❑ b. si era trasferita in un paesino
   - ❑ c. era andata in montagna
   - ❑ d. era partita per l'estero

4. Alla fine la polizia
   - ❑ a. ha arrestato Marcello
   - ❑ b. è rimasta con le mani in mano
   - ❑ c. è andata in cerca di Marcello
   - ❑ d. ha interrogato Marcello

5. Monica ora
   - ❑ a. parla solo al telefono
   - ❑ b. ha smesso di lavorare
   - ❑ c. non apre la porta a nessuno
   - ❑ d. è finita in ospedale

BREVE SINTESI

PER LA DISCUSSIONE

1. Purtroppo con la droga non si scherza. Possiamo aiutare un drogato? Come pensi finirà la storia di Marcello?
2. Chi è il "drogato"? Ha un'identità?
3. Che pena daresti ad uno spacciatore?
4. Alcuni hanno pensato che, per impedire ai drogati di comprare la dose, una soluzione sarebbe di non farli lavorare o licenziarli. Ti sembra giusto?
5. È facile reinserirsi nella società dopo essere stato bollato come drogato?
6. Un ragazzo, come Marcello, deve essere mandato in carcere o inviato in una comunità terapeutica?
7. Cosa ne pensi dei centri di recupero?
8. C'è differenza fra fumo, droga e alcool?

ESERCIZIO LESSICALE

Tempo fa è stata lanciata una campagna contro la droga il cui testo è riportato qui sotto. Se puoi, completalo con le parole mancanti

Chi ti droga, ti spegne

Ti può succedere (1)_____ incontrare qualcuno che ti offre qualche droga, o che ti giura che la (2)_____ non fa male e che puoi smettere quando vuoi. Non credergli, perché non è (3)_____. È vero, invece, che è facile diventare dipendenti. È vero (4)_____ certi ragazzi si ammalano, certi finiscono in carcere e certi muoiono. Chi (5)_____ droga, o chi ti invita ad usarla, lo fa perché vuole usare te. Perché vuole i (6)_____ soldi, o il tuo corpo, o la tua mente. Rifiutare la droga è (7)_____ tua libertà.

PER LA PRODUZIONE SCRITTA

Dopo aver letto la lettera, rispondi a Federica, dandole dei consigli

Ho due figli, Riccardo, 18 anni compiuti, e Anna di 10. Poco tempo fa, la nostra colf ha scoperto che Riccardo aveva dell'hashish. Io e mio marito siamo rimasti sconvolti. Lui, finora, non ci ha mai dato problemi. Abbiamo parlato con un medico di fiducia che ci ha detto di minacciarlo di buttarlo fuori di casa se continua a fumare.
Ci dia lei un consiglio.

Federica (Firenze)

SITUAZIONE

Hai letto su una rivista un sondaggio sul tema "liberalizzare le droghe leggere". Tu pensi possa essere una soluzione per evitare spaccio e criminalità. Il/la tuo/a amico/a, invece, pensa che liberalizzare la droga leggera sia il primo passo per la rovina dei giovani. Discutete, ma non trovate un accordo.

LE ORE PICCOLE

Invito alla riflessione   *Ma la notte sì*   Un convegno all'aperto
Il regno del buio e della paura   UN'OSCURITÀ BUONA,
**STAR DELLA PSICOLOGIA E DELLO SPETTACOLO
PER LAVORARE, CHIACCHIERARE E FARE SHOPPING.**

Basandovi sulle indicazioni, provate ad immaginare il contenuto del testo
A. Quale è l'oggetto del testo?
    1. la paura
    2. le chiacchiere
    3. lo shopping
    4. le ore piccole
B. Dove se ne è parlato?
    1. all'università
    2. in una casa
    3. in un raduno
    4. in un bar
C. Chi ne ha parlato?
    1. un poeta ed uno scrittore
    2. alcuni attori e artisti
    3. un attore ed un neurologo
    4. alcuni personaggi famosi

a. Lo psicologo Enzo Spaltro: Nuove frontiere La frontiera del tempo rappresenta per gli uomini d'oggi la marcia verso la notte. La notte oggi è il West dell'umanità, la frontiera da sfidare, da vincere". Il West. La grande marcia verso nuovi territori di vita da conquistare. La colonizzazione di un tempo, quello notturno, che tradizionalmente è il tempo del sonno, del riposo, della non-vita. Si vuole che la notte sia vissuta dalla massa, dalla folla. Notte viva, luminosa, attiva. Poiché nel tempo dei giorni non si riesce a fare tutto quello che si deve fare, facciamolo

V. Sgarbi: famoso critico di arte e cultura italiana

anche di notte. Se la notte è stata finora il tempo dell'angoscia, degli psicofarmaci, dei suicidi accadeva perché era il tempo della non-vita, della vita contrapposta alla vita; facciamola tempo della vita piena, e l'angoscia e i suicidi finiranno.

b. Renzo Arbore: Come si diventa nottambuli "Proviamo a farci questa domanda: quali sono i momenti veramente felici della nostra vita? O meglio, quando sono? Sempre e solo di notte". Per Renzo Arbore, che va a dormire non prima delle tre, "eroe" del popolo notturno romano di Trastevere dai tempi di *Quelli della notte* non ci sono assolutamente dubbi: è solo dopo mezzanotte che inizia la vera vita. In tutti i sensi.
"L'amore, l'amicizia, i ricordi, la riflessione e la creatività appartengono alla notte. Il giorno, quello con il sole e la luce, se ne va via tra stress, caffè, uffici, pratiche e banche. Con i rumori e i bisticci. Le ore piccole, invece, regalano l'ozio, il silenzio. E la possibilità di cantare. Di concedersi un bicchiere in più (soltanto uno, però). Poi, parliamoci chiaro, la notte è proprio bella".

c. Vittorio Sgarbi: La mia notte
Per me è una condizione di vita. Da quando, ai tempi dell'università, cominciai a sostituire il giorno con la notte.

Vivevo a Bologna, in via dei Falegnami. Andavo a dormire alle 8 del mattino, mi svegliavo alle tre del pomeriggio e alle quattro andavo a pranzo al Continental. E poi studiavo fino alla mattina. Da allora ho fatto praticamente tutto di notte. D'altronde è nelle ore notturne che si fanno le scoperte più esaltanti.

d. Elio Lugaresi: Attenti a non perdere il ritmo

Che cosa succede dal punto di vista fisiologico a chi decide di far della notte il giorno? Panorama lo ha chiesto a Elio Lugaresi, direttore della Clinica neurologica dell'università di Bologna e presidente dell'associazione italiana medicina del sonno.

Domanda: A quali inconvenienti vanno incontro le persone che, vivendo di notte e dormendo di giorno, alterano il normale ritmo sonno-veglia?

Risposta: Molti. Chi inverte i ritmi biologici ha sia la veglia che il sonno disturbati perché si dorme meno bene nelle ore non canoniche e si sta svegli ancora meno bene nelle ore destinate al riposo. La qualità di entrambe (veglia e sonno) è migliore quando si seguono le leggi della natura e le esigenze della biologia.

adattato da *Panorama*

LESSICO

○ *frontiera* – confine
○ *marcia* - il cammino
○ *sfidare* – invitare qualcuno a fare qualcosa che si considera impossibile
○ *nottambulo* – è una persona che cammina di notte (spesso in sonno)
○ *riflessione* – pensare attentamente
○ *bisticcio* – litigio
○ *ozio* – il non far nulla
○ *esaltante* – che entusiasma
○ *inconveniente* – svantaggio
○ *alterare* – cambiare in peggio
○ *invertire* – scambiare
○ *esigenza* – necessità

PER LA COMPRENSIONE

A quale dei quattro testi si riferiscono le affermazioni seguenti?

1. Di notte viviamo veramente
2. È necessario dormire di notte
3. Bisogna utilizzare la notte
4. La notte è l'unico momento felice della giornata
5. Se si vogliono risolvere i problemi dei suicidi è bene lavorare di notte
6. Chi vuole studiare, può farlo di notte
7. La sonnolenza è molto pericolosa
8. Per lui è ormai un modo di vivere

BREVE SINTESI

PER LA DISCUSSIONE

1. Secondo te è possibile "produrre" di notte? Che significa allora il detto "chi dorme non piglia pesci"?

2. Esistono degli inconvenienti per chi altera i ritmi sonno-veglia?
3. Se tu dovessi caratterizzare "le ore piccole" con un aggettivo, quale sceglieresti? Perché?
4. Tu fai di solito le ore piccole? Come mai?
5. Racconta "quella" notte trascorsa in bianco.
6. Per te è difficile o facile "alzarti" la mattina dopo aver fatto le ore piccole?
7. Di notte sogni o hai degli incubi? Parlaci di qualcuno di quelli.

ESERCIZIO LESSICALE
Il vocabolario *"colpo"* è usato con molte accezioni: prova a spiegarle, abbinando la frase al significato adatto con cui è usata quella parola

1. Quando ho visto Michele, mamma mia! Che colpo di fulmine!

2. Maria è così bella che fa colpo su molti uomini.

3. Tutti credevano che l'Inter avrebbe vinto la partita, ma... colpo di scena! Ha perduto all'ultimo minuto.

4. La morte di Mastroianni è stata un colpo per tutti.

5. Prima di uscire, ti prego di darmi un colpo di telefono per ricordarmi il nostro appuntamento.

6. Il cacciatore è stato ferito da un colpo di pistola mentre camminava nel bosco.

7. Se continui a prendere la tintarella, ti buscherai un colpo di sole.

8. I rapinatori hanno fatto un colpo grosso in banca.

9. I colonnelli in Grecia sono saliti al potere con un colpo di stato.

10. Cambiare lavoro all'improvviso! Che dici! È proprio un colpo di testa!

a. rapina

b. avvenimento triste e doloroso

c. amore a prima vista

d. rapida telefonata

e. impressione positiva

f. sparo

g. cambiamento improvviso e "drammatico"

h. insolazione

i. rovesciamento del governo di uno stato

l. pazzia

PER LA PRODUZIONE SCRITTA
Vantaggi e svantaggi della vita notturna nel tentativo di sfidare la frontiera del tempo.

SITUAZIONE
Ultimamente soffri d'insonnia e prendi dei sonniferi per dormire. Forse sei molto stressato/a. Ne parli con il tuo medico di fiducia il quale, dopo averti interrogato minuziosamente sul tuo modo di vivere, ti dà dei consigli (prima di tutto di evitare i sonniferi!).

IL TRENO HA FISCHIATO

Luigi Pirandello (Agrigento 1867 – Roma 1936) fu autore di romanzi, di numerose novelle e di opere teatrali famosissime. I protagonisti delle sue storie sono quasi sempre persone costrette a mettersi una "maschera fissa", a rinchiudersi in una forma, in cui gli altri lo possano riconoscere, in una specie di prigione da cui non è possibile evadere. Il contrasto tra apparenza e realtà, che caratterizza l'esistenza umana, e la considerazione che l'uomo moderno non riesce a comunicare, sfociano spesso in un sorriso amaro e paradossalmente grottesco. Vinse il premio Nobel per la letteratura .

Non avevo mai veduto un uomo vivere come il Belluca.

Ero suo vicino di casa, e non io soltanto, ma tutti gli altri inquilini della casa si domandavano come quell'uomo potesse resistere in quelle condizioni di vita. Viveva con tre donne, la moglie, la suocera e la sorella della suocera. Tutte e tre volevano essere servite. Strillavano dalla mattina alla sera perché nessuno le serviva. Aveva poi due figlie, vedove, che vivevano in casa sua dopo la morte dei mariti, l'una con quattro, l'altra con tre figli.

Belluca guadagnava poco, troppo poco per sfamare tutte quelle bocche. Perciò si procurava altro lavoro da svolgere la sera a casa: carte da ricopiare. E ricopiava tra gli strilli indiavolati di quelle cinque donne e di quei sette ragazzi finché loro, tutti e dodici, non trovavano posto nei tre soli letti della casa. Grandi letti, matrimoniali; ma tre.

Quando si faceva silenzio, Belluca poteva continuare a ricopiare fino a tarda notte, finché la penna non gli cadeva di mano e gli occhi non gli si chiudevano da soli.

Andava allora a buttarsi, spesso vestito, su un divanaccio, e subito sprofondava in un sonno di piombo. La mattina si svegliava più stanco che mai. Ebbene, in queste condizioni, a Belluca era accaduto un fatto stranissimo.

Due sere prima, buttandosi a dormire su quel divanaccio, forse per l'eccessiva stanchezza, insolitamente, non gli era riuscito di addormentarsi subito. E d'improvviso, nel silenzio profondo della notte, aveva sentito, da lontano, fischiare un treno.

Gli era parso che gli orecchi, dopo tanti anni, chi sa come, gli si fossero sturati.

E con quel treno era partito verso ricordi lontani, molto lontani… Firenze, Bologna, Torino, Venezia… tante città, in cui lui da giovane era stato e che ancora esistevano, sfavillavano di luci. Sì, Belluca conosceva la vita che si viveva in quei posti. La vita che un tempo aveva vissuto anche lui! Poi, in quella sua casa, con quelle donne e quelle figlie egoiste e quei nipoti urlanti, la vita si era chiusa per lui… casa e ufficio…

ufficio e casa... miseria e carte... le donne e i colleghi d'ufficio che si prendevano gioco di lui. Nient'altro! Ecco, ora pensava a tutte le persone – ed erano milioni – che sulla terra vivevano diversamente da come viveva lui. Lui era lì a soffrire ma nello stesso tempo c'erano le montagne nevose che si levavano verso il cielo azzurro... Sì, sì, le vedeva, le vedeva, le vedeva così... c'erano gli oceani... le foreste...
Ormai il treno aveva fischiato!

ridotto ed adattato da "La Giara e altre novelle" di L. Pirandello

LESSICO

- *inquilino* – chi, per abitare in una casa, paga una somma al proprietario
- *strillare* – gridare, urlare
- *sfamare* – nutrire in modo da togliere la fame
- *sonno di piombo* – sonno profondo
- *sturare gli orecchi* – togliere dagli orecchi un tappo (metaforico)
- *sfavillare* – risplendere di luce
- *prendersi gioco di qualcuno* – burlarsi di qualcuno
- *levarsi* – alzarsi, innalzarsi

PER LA COMPRENSIONE

Scegli l'affermazione corretta tra le quattro proposte

1. Belluca lavorava molto perché
   - ❑ a. era un maniaco del lavoro
   - ❑ b. la sua famiglia era numerosa
   - ❑ c. voleva fare molti soldi
   - ❑ d. desiderava migliorare le sue condizioni di vita

2. Non appena tutta la famiglia si sistemava negli unici tre letti, Belluca
   - ❑ a. si addormentava finalmente tranquillo
   - ❑ b. si metteva a ricopiare per almeno un'ora
   - ❑ c. faceva le ore piccole lavorando
   - ❑ d. subito correva a buttarsi su un divanaccio

3. Ad un certo punto il fischio di un treno
   - ❑ a. l'aveva fatto svegliare
   - ❑ b. gli aveva fatto capire che doveva cambiar vita
   - ❑ c. gli ha fatto pensare al futuro
   - ❑ d. lo ha spinto a pensare a tutte le persone che viaggiano

BREVE SINTESI

PER LA DISCUSSIONE

1. Come pensi fosse la vita di Belluca e cosa avrebbe dovuto cambiare per renderla almeno accettabile?

2. Sei soddisfatto/a della tua vita o la ritieni "da cane"? Cosa vorresti ti succedesse in futuro?

3. Qual è l'elemento più importante per essere soddisfatti nella vita? (la vita privata o la carriera?)

4. Se tu dovessi dire che c'è stato un momento della tua vita che "il treno ha fischiato" cosa ci racconteresti? Che cosa ti ha spinto a "sturarti gli orecchi"?

5. Molti poeti ci dicono che la vita è fatta a scale ed una persona deve cercare di salire sempre più in alto ed abbandonare il suo egoismo. Tu pensi che si tratti solo di "sciocchezze" poetiche dal momento che oggi "l'egoismo" è la legge che vige e impera?

6. Quando devi prendere una decisione importante per il cammino della tua vita, decidi secondo quello che ti detta il cuore o l'interesse?

7. Belluca per evadere dalla monotonia fa dei viaggi spirituali con la sua fantasia. Tu che sistema usi quando ti senti molto giù e vuoi "tirarti su"?

ESERCIZIO LESSICALE

Scegli che significano le espressioni con "prendere" (che ti potrebbero essere rivolte), abbinandole con tra quelle indicate accanto

1.	Ti ha preso con le mani nel sacco	a. scambiare
2.	Prendi fiato	b. burlarsi di qualcuno
3.	Prendi sempre una cosa per un'altra	c. cogliere di sorpresa
4.	Prendi a dire	d. riposarsi dopo uno sforzo
5.	Non prendertela!	e. affrontare
6.	Si prende gioco di te	f. passare da un luogo per accompagnare una persona
7.	Che ti prende?	g. non bisogna arrabbiarsi
8.	Vengo a prenderti	h. cominciare a parlare
9.	Prendevi di petto le situazioni	i. che ti succede?
10.	Mi prendevi con le buone	l. trattare qualcuno con i guanti

PER LA PRODUZIONE SCRITTA

Hai bisogno del consiglio di un amico. Dopo un difficile momento della tua vita in cui hai preso la solenne decisione di non innamorarti mai più, compare all'orizzonte qualcuno che è proprio come tu desideri. Ti dedica poesie, ti regala dei fiori. Tu non puoi credere ai tuoi occhi! Eppure hai paura di una nuova delusione. Scrivi una lettera a lui, pregandolo di essere chiaro ed esplicito.

SITUAZIONE

Immagina che l'amico di cui sopra, avendo compreso la tua difficoltà, allarmato, abbia pensato di venire nella tua città per saperne di più e starti vicino. Aprigli il cuore e confidagli tutti i tuoi dubbi. Lui ti capirà e cercherà di darti una mano dove e come può.

INTERVISTA A DARIO FO

Dario Fo (Varese,1926) è uno degli uomini di teatro più amato dagli italiani, in grado di raccogliere negli stadi anche 10.000 persone. Fortemente impegnato a sinistra, mette in scena spettacoli in cui denuncia con la "sua" ironia i problemi più urgenti e difficili delle classi meno abbienti. Sua moglie, la bravissima attrice, Franca Rame, lo aiuta nel suo difficile lavoro. Nel 1997 è stato insignito del premio Nobel per la letteratura.

"Il nostro teatro" ha detto in un'intervista "è un modo diverso di vivere. È politica." La politica, per loro, "la coppia più impegnata" delle nostre ribalte, entra in tutto: l'ha confessato Franca Rame, la donna con cui da più di vent'anni Dario condivide gioie e dolori.

La rabbia di Dario Fo, la sua polemica, si sfoga nella risata; ha lasciato i velluti, per impiantar la baracca in piazza, com'è nella tradizione della commedia, ed è convinto che, nella lotta al potere, la satira sia un'arma rivoluzionaria.

Un momento che passerà alla storia: Fo riceve da Gustavo di Svezia il diploma del premio Nobel e la scatola con la medaglia d'oro

È attento, meticoloso, pignolo: anche l'improvvisazione, l'estro, sono calcolati; c'è sempre l'istinto che li regola. Lo hanno definito, o si è presentato, in molti modi: un giullare, un istrione, un clown, un buffone; certo un personaggio straordinario, unico.

Ha inventato un genere, ha fatto delle scelte scomode, e ha pagato. Anche duramente. Ma questo genio della beffa, è un uomo sorridente e mite; nel suo discorso non c'è acredine, anche se le opinioni sono nette e poco sfumate. Bianco, un po' ingrassato, un po' stanco, ma sempre capace di accendersi, e pronto a ricominciare.

Tu come ti definiresti?

Un selvaggio, non ho dogmi artistici e ideologici, non ho fede; cerco di avere soltanto ragione e grandi emozioni, la chiave fondamentale è il divertimento e non solo per la platea ma soprattutto per me.

Quale critica ti ha più ferito?

I giudizi che mi premono sono quelli di coloro che stimo: mi colpiscono, mi fanno pensare. La prima reazione è di risentimento, ma dopo riesco, e non è una capacità naturale, a farli diventare positivi. I più feroci li ho avuti sempre da mia moglie; l'angoscia è che ci azzecca e mi mette in crisi.

Che cosa non ti va dell'Italia?

A me piace moltissimo. Mi piacciono i suoi abitanti. Ho girato molto, ho recitato in paesini dove non c'è palcoscenico, Sicilia, Calabria, e mi sono reso conto che il livello di creatività che c'è tra noi non lo ritrovi da nessun'altra parte. Non mi va la struttura economica, politica e culturale. Quello che mi infastidisce è la prosopopea di chi sta su.

Quali sono i nostri più gravi difetti?

Il provincialismo, senz'altro. Una specie di panico verso tutto quello che viene dall'estero.

ridotto e adattato da *"Dicono di Lei"* di *E. Biagi*

LESSICO

- *sfogarsi* – esprimere liberamente i propri stati d'animo
- *impiantar baracca* – installare un teatro
- *meticoloso* – che agisce in modo preciso e minuzioso
- *improvvisazione* – dire o fare qualcosa senza essersi prima preparati

- *giullare* – tipica figura medioevale di attore, buffone, girovago
- *acredine* – amarezza
- *risentimento* – sentimento di sdegno contro qualcuno a causa di un'offesa
- *azzeccare* – indovinare, colpire nel segno
- *infastidire* – dare noia, fastidio a qualcuno

PER LA COMPRENSIONE

Le seguenti affermazioni sono vere o false?

	V	F
1. Fo ritiene il teatro un modo di vivere	☐	☐
2. Si batte contro il potere	☐	☐
3. Le sue rappresentazioni avvengono in teatri lussuosi	☐	☐
4. Fo è un genio della beffa	☐	☐
5. Si definisce seguace di un'ideologia particolare	☐	☐
6. Quando qualcuno lo critica lui ne è molto contento	☐	☐
7. Ama gli italiani perché li ritiene ricchi di creatività	☐	☐
8. Ma con un difetto insopportabile: il menefreghismo	☐	☐

BREVE SINTESI

PER LA DISCUSSIONE

1. Il teatro, secondo te, che tipo di messaggio deve lanciare? Preferisci il teatro classico (greco) o il teatro moderno?
2. Dario Fo ha vinto il premio Nobel per la letteratura. Pensi che il teatro sia una forma di letteratura?
3. C'è un attore teatrale nel tuo paese che ti piace veramente? Puoi spiegare perché? Che caratteristiche e requisiti deve avere un attore per interpretare "bene" dei ruoli?
4. Hai mai assistito a qualche rappresentazione teatrale all'aperto?

5. Nel tuo paese ci sono teatri importanti? Ci sei mai stato/a?

6. Hai mai fatto l'attore/trice o desiderato di far parte di una compagnia teatrale?

7. Che relazioni hai con il teatro? Pensi di poter raccontare qualcosa che hai visto a teatro che ha veramente colpito il tuo senso estetico, i tuoi sentimenti o la tua fantasia?

8. La vita è un teatro?

ESERCIZIO LESSICALE

Il lessico del teatro è veramente ricco. Prova a completare le frasette sottostanti con le parole date

> *botteghino / sipario / maschera / copione / ribalta / recitare / debuttò /*
> *suggeritore / palcoscenico / camerini / prima / battute*

1. Per assistere a quella rappresentazione bisogna fare il biglietto al _____.

2. Quegli attori possono _____ tutti i ruoli. Sono bravissimi!!

3. Dopo la rappresentazione, nei _____, arrivano mazzi di fiori per gli attori.

4. Quando si alza il _____, ha inizio lo spettacolo.

5. Ad assistere alla _____ di quella commedia erano presenti tutti i personaggi noti.

6. Nel teatro antico gli attori portavano sul volto una _____.

7. Fortunatamente c'era il _____ perché l'attore non si ricordava le _____ del _____.

8. Quando Maria Callas _____, tutti compresero che non si trovavano davanti ad una donna comune.

9. Sul _____ si accendono le luci della _____. Che magia!

PER LA PRODUZIONE SCRITTA

Teatro, che passione! Il palcoscenico affascina persone di ogni età, sesso e professione. Anche tu pensi di avere una reale vocazione, ma non sai che strada seguire. Le scuole di recitazione sono tante. Alla fine decidi di chiedere informazioni all'Accademia dei Filodrammatici, la più antica d'Italia. Scrivi una lettera (o un fax) in cui chiedi tutte le informazioni che ritieni possano essere per te illuminanti.

SITUAZIONE

Stasera ti è venuto il desiderio di andare a teatro per vedere una commedia di Dario Fo. Hai deciso di invitare anche il tuo amico. Lui accetta, ma preferirebbe andare a vedere un altro tipo di spettacolo meno impegnato. Tu cerchi di convincerlo, ma non ci riesci.

DOV'È PIÙ AZZURRO IL FIUME

Era un tempo in cui i più semplici cibi racchiudevano tante minacce. Non c'era giorno in cui qualche giornale non parlasse di scoperte nella spesa del mercato: il formaggio era fatto di materia plastica, il pesce fresco era stato pescato l'anno scorso in Islanda e gli truccavano gli occhi perché sembrasse di ieri, da certe bottiglie di latte era saltato fuori un topo...

Marcovaldo al lavoro o al caffè ascoltava raccontare queste cose. Ogni volta si sentiva qualcosa nello stomaco. "Tutti i miei sforzi devono essere diretti – pensò – a rifornire la famiglia di cibi genuini". Al mattino andando al lavoro, incontrava alle volte uomini con la lenza e gli stivali di gomma, diretti al fiume. "È quella la via – si disse Marcovaldo – devo cercare un posto dove l'acqua sia davvero acqua, i pesci davvero pesci. Lì getterò la mia lenza". Le giornate cominciavano ad allungarsi: col suo ciclomotore, dopo il lavoro, Marcovaldo si spingeva a esplorare il fiume nel suo corso. Una volta, a un tratto, spostando certi rami, vide l'acqua silenziosa, d'un colore azzurro che pareva un laghetto di montagna.

Provò una felicità da non credere ai suoi occhi: quello era il luogo di raccolta dei pesci di tutto il fiume, il paradiso del pescatore, forse ancora sconosciuto a tutti tranne a lui. Tornando si fermò a lasciar segni per poter ritrovare il cammino.

Ora non gli restava che farsi l'attrezzatura. Dai suoi amici riuscì a farsi prestare, un po' dall'uno un po' dall'altro, un' "attrezzatura da pescatore" la più completa che si fosse mai vista. A questo punto non gli mancava nulla: canna lenza ami esca retino stivaloni sporta, una bella mattina, due ore di tempo – dalle sei alle otto – prima d'andare a lavorare, il fiume con le tinche... Poteva non prenderne?

Infatti! Bastava buttare la lenza e ne prendeva. Quando fu l'ora d'andarsene, la sua sporta era già piena. Cercò un cammino, risalendo il fiume.

– Ehi, lei! – vicino alla riva, c'era un tipo che lo fissava brutto.

– Me? Che c'è? – fece Marcovaldo, avvertendo una minaccia contro le sue tinche.

– Dove li ha presi, quei pesci lì? – disse il tipo col berretto da guardia.

– Eh? Perché? – e Marcovaldo aveva già il cuore in gola.

– Se li ha presi là sotto, li butti via subito: non ha visto la fabbrica? Almeno l'acqua, di che colore è, l'avrà vista! Fabbrica di vernici: il fiume è avvelenato per via di quel blu, e i pesci anche. Li butti subito!

Marcovaldo aveva già aperto la sporta e la rovesciava nel fiume. Qualcuna delle tinche doveva essere ancora viva, perché se ne saltò via tutta contenta.

ridotto e adattato da *"Marcovaldo e le stagioni in città"* di *Italo Calvino (ved. pag. 50)*

LESSICO

- *racchiudere* – chiudere in sé, contenere
- *minaccia* – pericolo incombente
- *sforzo* – tentativo che richiede un particolare impegno
- *genuino* – schietto, non sofisticato, autentico
- *la lenza* – attrezzo da pesca costituito da un filo sottile di nailon trasparente, alla cui estremità si attacca l'amo.
- *ciclomotore* – motorino

- *luogo di raccolta* – punto di incontro
- *attrezzatura* – tutti gli arnesi che sono necessari per un'attività
- *tinca* – un pesce d'acqua dolce
- *sporta* – tipica sacca dove il pescatore mette i pesci
- *avvertire* – provare, sentire
- *avere il cuore in gola* – sentirsi in preda all'angoscia
- *avvelenato* – pieno di veleni
- *rovesciare* – versare, capovolgere

PER LA COMPRENSIONE

Completa la seguente sintesi del brano letto

Un giorno Marcovaldo decise (1)____ cercare un luogo (2)____ avrebbe potuto finalmente pescare del pesce "fresco". Infatti credeva che tutti i (3)____ comprati al supermercato non fossero (4)____, ma sintetici. Così, quando scoprì un posto dove l'acqua era (5)____, pensò di aver trovato il paradiso dei (6)____. Si fece prestare l' (7)____ da pesca dagli amici e, prima di recarsi al (8)____, andò a pescare proprio in quel punto del fiume.

Aveva già riempito la sua (9)____, quando una (10)____ gli ordinò di buttare via tutti i pesci: proprio in quel punto l'acqua era inquinata dagli scarichi di una fabbrica di (11)____.

Al povero Marcovaldo non restò che rigettare nel fiume i (12)____ "freschi" che scapparono via tutti contenti.

BREVE SINTESI

PER LA DISCUSSIONE

1. Prova a fare un ritratto di Marcovaldo "ecologista".
2. Anche tu, come il protagonista della storia di Calvino, ami particolarmente la natura? In che senso?
3. Nel tuo paese i parchi vengono protetti o distrutti dalla speculazione edilizia?
4. Oggi la parola d'ordine è non buttare via niente, ma riutilizzare, riciclare. In una

società consumistica, come la nostra, credi che la raccolta dei rifiuti, abbia un significato?

5. Sei mai andato/a a caccia o a pesca? Racconta.

6. Le nostre città sono invivibili a causa dell'inquinamento. Sei anche tu di quelle persone che mettono la mascherina per evitare il fumo ed i gas di scarico delle macchine? Perché?

7. Leggi la notizia pubblicata sul "Corriere della Sera" poco tempo fa. Poi esprimi la tua opinione.

> ### L'andrologo: c'è un nesso tra sessualità e inquinamento
> *Pisa – L'inquinamento atmosferico ed alimentare potrebbe essere tra le cause dell'aumento di comportamenti sessuali come omosessualità e pedofilia nel nostro Paese. L'ipotesi è del Professor Fabrizio Menchini Fabris, direttore della scuola di andrologia dell'Università di Pisa.*

ESERCIZIO LESSICALE

Puoi indicare quali di queste parole sono i diminutivi di altre? Qual è la parola da cui derivano?

1. cassetta	9. pesciolino
2. casetta	10. mattino
3. sportello	11. cammino
4. fiumicello	12. retino
5. berretto	13. lavoretto
6 .laghetto	14. diretto
7. sospetto	15. pacchetto
8. stradina	

PER LA PRODUZIONE SCRITTA (*a scelta*) .

a. Leggi la notizia è dopo esprimi le tue considerazioni in proposito
Fra il 1970 ed il 1995, in Italia, sono stati distrutti dal fuoco 13.900 kmq di boschi, ossia l'equivalente della superficie dell'intera Campania.
È possibile intervenire per salvare i boschi da piromani e speculatori?

b. Puoi preparare un breve testo o un fumetto contro l'abuso della plastica da presentare ad una manifestazione ecologica?

SITUAZIONE

Sei andato/a in campagna per un picnic con il/la tuo/a amico/a. Avete mangiato abbondantemente e quando giunge l'ora del ritorno, mentre ti preoccupi di raccogliere i rifiuti, specialmente quelli di plastica (perché ritieni che non sia giusto "rovinare" l'ambiente), lui/lei vorrebbe, invece, lasciarli per terra (perché tutti fanno così e non sarete voi a salvare l'ambiente, raccogliendo due carte e due bottiglie di plastica). Alla fine lo/la convinci.

"SIAMO I GIULLARI DI DIO"

Che cos'hanno in comune un cantante, un ballerino e un clown? Fanno spettacolo, su palcoscenici piccoli e grandi, raccolgono applausi, suscitano emozioni. Ma se sotto il costume di scena ci fosse un uomo consacrato a Dio? Forse anni fa qualcuno si sarebbe scandalizzato. Eppure anche San Francesco non esitava a cantare e ballare. "Sono il giullare di Dio", diceva agli amici. I giullari moderni possono usare luci psichedeliche, cantare il rap, andare in tv, ma il messaggio resta lo stesso.

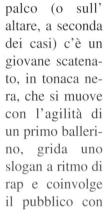

Vi proponiamo le storie di tre artisti un po' particolari.

a. Frate Cesare: rockettato da strada

Volete parlare con "frate rock"? Facile! È la persona più disponibile del mondo. Però l'incontro richiede allenamento: bisogna inseguirlo in giro per le città (soprattutto la sua, Bergamo) fra convento, sala d'incisione, chiesa, tv locale... È vestito da cappuccino, fra' Cesare Bonizzi, che ha 51 anni, l'aspetto rotondo e pacifico del buon frate e una voce da far invidia ai concorrenti di Sanremo. "Sanremo? Sì, mi hanno invitato varie volte. Ma non m'interessa", dice. Le sue canzoni vanno dal genere melodico al "metallico" vero e proprio, dal rap alla ballata. Sono a tema religioso, ma non solo. "Si possono lanciare messaggi buoni e positivi anche parlando da laici. Senti questa... è un rock duro contro la droga, questa invece è sugli animali..."

b. Il padre rap e le sante piroette

"Divertiti di più, ma fallo con Gesù!" Sul palco (o sull' altare, a seconda dei casi) c'è un giovane scatenato, in tonaca nera, che si muove con l'agilità di un primo ballerino, grida uno slogan a ritmo di rap e coinvolge il pubblico con mille movimenti. È proprio bravo Maurizio De Sanctis, 31 anni, sacerdote-ballerino, votato a Dio e ai giovani, che ama Ciaikovskij, Vasco Rossi, i Litfiba e Jovanotti. "Il rap è perfetto: piace ai giovani, dà carica, è la musica dell'impegno, i testi sono slogan da ripetere tutti insieme, proprio come le preghiere. E poi c'è la danza! La mia passione: ti fa dire mille parole con un gesto. Meglio di una predica!".

c. La doppia vita di Luciano-Pompelmo

"Perché il pagliaccio? Mi pare di avere il fisico più adatto per fare il clown, che il trapezista, no?", dice Don Luciano mostrando le sue rotondità e accennando un sorrisetto. Sì, questo prete in grigio e il colorato Pompelmo che gioca con gli ombrelli sono la stessa persona.

Eppure… "Ti stupisci, eh? Siamo tutti schiavi dei ruoli e delle apparenze: dal prete ci si aspetta che sia in un certo modo, che dica certe cose… Ma Dio passa dove vuole e come vuole! Anche sotto il tendone di un circo. Anzi, lì, in particolare!"

adattato da *Bella*

LESSICO

- *giullare* – nel medioevo era un "artista" che si esibiva nelle corti o nelle piazze come buffone, giocoliere, cantastorie
- *consacrato* – dedicato completamente a qualcosa di sacro
- *pacifico* – che ama la pace e la tranquillità
- *scatenato* – abbandonato ad una sfrenata euforia
- *tonaca* – abito tipico dei preti, frati
- *votato* – che si dedica, si consacra a qualcuno o qualcosa
- *predica* – discorso che fa il prete ai fedeli

PER LA COMPRENSIONE
Completa, dove possibile, la tabella sottostante

	I	II	III
nome			
età			
caratteristica del suo aspetto			
ordine sacro a cui appartiene			
caratteristica del suo carattere			
tipo di spettacolo presentato			
motivo della loro scelta di essere artisti			

BREVE SINTESI

PER LA DISCUSSIONE
1. Cosa pensi della scelta di questi uomini di Dio? Sono dei missionari o degli esaltati? Cosa sai del Papa di oggi? E del Vaticano?
2. Lo sai che i preti cattolici non possono sposarsi e che alle donne è vietato celebrare la messa?
3. In Italia la maggior parte dei cattolici va ogni domenica in chiesa, pratica il digiuno, frequenta la sua parrocchia. Nel tuo paese la religione ed i religiosi hanno un posto importante nella vita dei suoi abitanti?
4. Sono ben note le posizioni della chiesa cattolica che condanna divorzio, aborto, rapporti prematrimoniali, pillola e così via. Non ti sembra che ormai nel terzo millennio sia un po' arretrato e fuori della realtà questo modo di vedere le cose?

5. Il messaggio cristiano ha ancora qualche significato in un mondo dominato dalla tecnologia e da egoismi (personali, nazionali ed internazionali)?

6. Come pensi trascorra la vita di un sacerdote o di una monaca?

7. In Italia i sacerdoti sono molto istruiti. Quelli del tuo paese?

8. Ti piaceva come ti veniva insegnata a scuola la religione? Non pensi che sarebbe utile conoscere anche altre religioni?

ESERCIZIO LESSICALE

Completa il branetto seguente con le preposizioni mancanti qui sotto riportate alla rinfusa

> *delle / a / dal / dai / d' / dell' / all' / nei / ai / ad*

Agli occhi occidentali, il velo è una prigione. Ingiusto e assurdo come tante regole (1)____ Islam (2)____ confronti (3)____ donne. Eppure, le fedeli musulmane non la pensano così. Oggi le italiane convertite (4)____ Islam cominciano (5)____ essere tante. Ogni domenica, (6)____ corsi organizzati (7)____ Centro Islamico perché i bambini che frequentano le scuole italiane possano imparare il Corano e l'arabo, vengono 40 donne milanesi che sono diventate musulmane.

Una curiosità: A Roma, (8)____ due passi (9)____ Parioli, c'è la Moschea (inaugurata nel 1995) più grande (10)____ Europa!

PER LA PRODUZIONE SCRITTA

Rispondi alla lettera di questa donna, scoraggiandola a seguire una via tanto pericolosa.

> *Amo un prete. So che è un argomento delicato e non facile da affrontare, ma vi assicuro che tante donne si trovano in questa situazione. Io mi ci trovo coinvolta da poco, ed entrambi non siamo ragazzi (48 anni io e 50 lui). Il nostro è un sentimento bellissimo, una grande emozione, ma comporta anche tanta sofferenza.*

SITUAZIONE

Un tuo amico ha deciso di diventare missionario. Te lo comunica un giorno all'improvviso. Siccome pensi che forse la sua decisione sia un po' affrettata e dovuta ad un difficile momento che sta attraversando, cerchi di sconsigliarlo a seguire questa via così difficile e dura. Se proprio ha intenzione di fare del bene, può iscriversi ad un'associazione di volontariato. Lui si lascia convincere.

A PROPOSITO DI NORD E SUD

Un maestro elementare, **Marcello d'Orta,** *ha raccolto alcuni temi dei suoi allievi di Arzano (un piccolo paese del Sud vicino Napoli) e li ha pubblicati in un libro intitolato "Io speriamo che me la cavo". In queste composizioni colorate e vivacissime, a volte un po' sgrammaticate, nel linguaggio sempre dei bambini, ci viene offerta un'immagine inquietante del nostro Sud.*

Il maestro ti ha parlato dei problemi del Nord e del Sud. Sapresti parlarne?

Io posso parlare molto bene dei problemi del Nord e del Sud, perché mio padre non è napoletano, ma viene da Ferrara, che è una città del Nord, e ci ha raccontato tutto del suo paese. Veramente lui non nacque a Ferrara ma a Milano, poi per ragioni di lavoro lo mandarono a Ferrara, poi per altre ragioni lo mandarono a Arzano.

I primi problemi del Nord sono questi: a Ferrara, come girigiri, ti trovi sempre davanti al Castello; lui invece a Milano le strade erano immense. Poi non ne parliamo quando è venuto a Arzano! Stava sempre nervoso, perché come girigiri, a Arzano non trovi neanche il castello!

Al Nord però il più grande problema non è il Castello, ma il maltempo. Al Nord il maltempo è sempre cattivo, piove e nevica sempre, le persone si svegliano umide. Al Nord c'è una nebbia terribile e ci sono i tamponamenti uno appresso all'altro. La gente per il maltempo vorrebbe scendersene tutta a Napoli, ma il trasferimento è difficile.

Il Nord non ha altri problemi: mio padre dice che la gente è ricca, educata e civile, che le automobili si fermano al rosso e gli autobus non sono mai affollati. A lui gli sembrano mille anni che se ne torna, ma ormai non c'è più niente da fare, qui deve restare!

Al Nord ci trattano come le bestie. Se uno butta una carta a terra subito dicono che viene da Napoli, senza sapere se viene. Io lo so che viene da Napoli (o da Arzano), ma loro, che ne sanno?

E ora vi parlo dei problemi del Sud.

I problemi del Sud è che sono tutti poveri e c'è molta disoccupazione in giro. Ci sono più disoccupati che non, e molta povertà in giro. I guai sono un po' molti al Sud, e io non li posso scrivere tutti; ora farò solo un piccolo elenco di guai:

1° Miseria
2° Disoccupazione
3° Manca l'acqua
4° Strade rotte

5° Camorra
6° Terremoto
7° Inquinamento (ma più al Nord)
8° Droga (ma pure al Nord)

9° Miseria
10° Autobus che non passano
11° Delinquenti
12° Non c'è posto per parcheggiare le auto
13° Troppe salite
14° Dialetto

15° Le scuole non funzionano
16° Le scuole non hanno banchi
17° Le scuole non hanno armadietti
18° In una casa che conosco dormono tre in un letto
19° Sporcizia
20° Altri guai.

Fine

ridotto e adattato da *"Io speriamo che me la cavo"* di *M. D'Orta*

LESSICO

○ *girigiri* – dovunque si vada

○ *immenso* – enorme, grandissimo

○ *umido* – caratterizzato dalla presenza di molto vapore acqueo

○ *tamponamento* – urto con un veicolo che

precede

○ *appresso* – (è popolare) sta per dopo

○ *trasferimento* – cambiamento di posto, spostamento da un luogo ad un altro

○ *bestia* – animale

○ *guaio* – problema

PER LA COMPRENSIONE

Scegli l'affermazione corretta tra le quattro proposte

1. Il padre dell'allievo, autore del tema, era nato
   - ❏ a. ad Arzano
   - ❏ b. a Milano
   - ❏ c. a Ferrara
   - ❏ d. al Sud

2. Il problema di Ferrara è che
   - ❏ a. è una piccola città
   - ❏ b. c'è un castello
   - ❏ c. c'è sempre traffico
   - ❏ d. è un paese molto grande

3. Al Nord
   - ❏ a. il tempo è bellissimo
   - ❏ b. è sempre cattivo tempo
   - ❏ c. brilla il sole
   - ❏ d. c'è buona visibilità

4. Per il resto, secondo quanto dice il padre di questo bambino, la gente al Nord è
   - ❏ a. antipatica
   - ❏ b. povera
   - ❏ c. ricca
   - ❏ d. maleducata

5. Invece al Sud
        ❑ a. non ci sono guai
        ❑ b. sono tutti ricchi
        ❑ c. hanno tutti un lavoro
        ❑ d. ci sono moltissimi problemi

BREVE SINTESI

PER LA DISCUSSIONE

1. Da quanto hai letto ti sembra facile la vita nel Sud Italia?
2. Se vogliamo parlare di progresso di un paese, è giusto dimenticarne le zone "piene di guai"?
3. Ci sono nel tuo paese posti dove esistono tanti problemi come quelli enumerati dal bambino?
4. Il bambino nel suo tema ha fatto degli errori, quali? Perché pensi che il suo maestro non glieli abbia corretti?
5. Se ti fosse chiesto di fare una differenza tra l'economia del Nord e del Sud del tuo paese, cosa diresti?
6. Tra gli abitanti del tuo paese esistono delle differenze in rapporto al loro luogo d'origine?
7. Tra i temi che ti hanno proposto a scuola ne ricordi qualcuno che ha rappresentato per te un momento particolare?

ESERCIZIO LESSICALE

Come si chiama una persona che viene da una città italiana?

1. Se viene da Napoli: napoletano
2. Se viene da Milano:
3. Se viene da Torino:
4. Se viene da Palermo:
5. Se viene da Roma:
6. Se viene da Genova:
7. Se viene da Bologna:
8. Se viene da Venezia:
9. Se viene da Firenze:
10. Se viene da Perugia:
11. Se viene da Bari:

PER LA PRODUZIONE SCRITTA

Molto spesso, parlando degli italiani, si dice che sono tutti buongustai, che sanno suonare la chitarra, sanno cantare romantiche canzoni d'amore, e che sono degli amanti perfetti. Sono solo luoghi comuni! Cosa si dice per il tuo paese? C'è del vero?

SITUAZIONE

Hai intavolato una discussione con un tuo amico. Lui ritiene che i popoli mediterranei, nonostante i loro difetti, siano senz'altro preferibili ad americani, giapponesi o tedeschi che pensano solo a produrre. Tu, invece, sostieni che l'ordine e la precisione non significano mancanza di fantasia.

Care lettrici
CHE STRESS LO STRESS

Una mia amica ha il mal di schiena. Ha provato i farmaci, i massaggi, lo shiatsu, infine è andata da un medico omeopatico che le ha semplicemente detto: "**Signora, lei è stressata. Cambi vita.**"

Stress, stress, stress. Ce l'abbiamo continuamente sulla bocca. Attribuiamo allo stress disturbi e difficoltà (di digestione, e perfino sessuali) nostre e altrui. Ma se ci permettiamo di farlo è anche perché i medici non parlano altro che di stress. Alzi la mano, care lettrici, chi non s'è mai ammalata di questa parola. Anche a me è successo, un paio di volte. E mentre io pensavo di aver bisogno di una bella cura perché mi cadevano i capelli, mi son sentita rispondere di lavorare meno, di vivere diversamente. Diversamente come? Ce lo consiglia José Baldaro Verde, una brava psicologa genovese che, nell'introduzione di un libro scrive: "Lo stress oggi accompagna uomini e donne per l'intera vita. Siamo infatti ormai tanto abituati a vivere in un mondo dove, soprattutto nelle città, si deve combattere contro il traffico, il rumore, l'inquinamento, la piccola e grande delinquenza che riteniamo che questo sia il giusto e unico modo di vivere… Quasi non ci si lamenta più del ritmo di vita sempre più frenetico che ormai ha abolito il tempo del pranzo a mezzogiorno, la pausa di riposo di cui le precedenti generazioni godevano e che permetteva ai membri della famiglia di riunirsi con gioia, non ancora distrutti dalla stanchezza". È tutto vero. Pensate che in un sondaggio compiuto fra tremila persone (dovevano, per un mese e mezzo, tenere un diario della loro giornata) ben il 40 per cento è risultato iperattivo, frenetico, compresso, cioè stressato. Ma allora, se un medico mi dice di cambiar vita io mi chiedo: come faccio? Ammetto che posso migliorare, ma sinceramente mi sembra impossibile che si torni alla vita di cinquant'anni fa, con meno traffico, meno lavoro, meno inquinamento.

In conclusione, ai medici rivolgo un invito. Continuate, certo, a educarci a una vita migliore, ma non dimenticate che questa è la nostra vita oggi. Forse, anzi senz'altro, la società deve rivedere i suoi ritmi. Ma la medicina deve fare un salto di qualità. E trovare risposte attuali ai malesseri.

Altrimenti succederà che non solo non guariremo dal mal di schiena, ma avremo uno stress in più. Quello di non poter cambiare come dovremmo e vorremmo la nostra vita.

adattato da *Donna Moderna*

LESSICO

- *mal di schiena* – dolore nella parte bassa delle spalle
- *attribuire* – conferire, dare
- *digestione* – la trasformazione degli alimenti in sostanze nutritive
- *lamentarsi* – emettere lamenti per dolori fisici o morali
- *abolire* – eliminare, togliere di mezzo
- *godere* – gustare, provare gioia e soddisfazione
- *sondaggio* – indagine statistica
- *ammettere* – accettare un'opinione
- *malessere* – malore, disturbo
- *guarire* – dopo una malattia, ritrovare la salute, ristabilirsi

PER LA COMPRENSIONE
Le seguenti affermazioni sono vere o false?

	V	F
1. Non parliamo mai di stress	☐	☐
2. Attribuiamo allo stress tutti i nostri mali	☐	☐
3. Se abbiamo mal di schiena o difficoltà sessuali, andiamo dal medico	☐	☐
4. Nessuno si è mai ammalato di stress	☐	☐
5. Per vincere lo stress sarebbe meglio lavorare di più	☐	☐
6. Bisognerebbe vivere diversamente	☐	☐
7. Lo stress è un problema solo delle donne	☐	☐
8. Ormai ci siamo abituati alla vita metropolitana	☐	☐
9. Oggi abbiamo il tempo di pranzare in famiglia	☐	☐
10. È impossibile far rivivere il passato	☐	☐
11. La medicina deve trovare risposte allo stress	☐	☐

BREVE SINTESI

PER LA DISCUSSIONE
Rispondi alle domande

1. Perché oggi, secondo te, siamo tutti un po' stressati?
2. Che cosa ti stressa di più?
3. Quando sei molto giù, cosa fai per sfogare?
4. Ti piacerebbe "cambiar vita"?
5. Che cosa non faresti, se tu tornassi a nascere?
6. La tendenza a "cambiare vita" nasconde un po' di superficialità (come per esempio evitare le proprie responsabilità)?

ESERCIZIO LESSICALE
Completa con la parola mancante

Un'altra mia amica soffre di terribili (1)_____ di testa. Il medico le ha spiegato chiaro e tondo che è tutta (2)_____ dello stress. Lo stress è stato chiamato in causa (3)_____ una terza amica che, poche sere fa (4)_____ avuto un forte e inspiegabile mal (5)_____ pancia. E anche per un mio collega, che ha sulle spalle una macchia rossa. Dopo aver provato un paio di creme, il dermatologo ha consigliato al collega dei tranquillanti oltre che – indovinate un po'? – di cambiar (6)_____. Ma quello che mi (7)_____ sembrato davvero strano è stato sentire, l'altro giorno, una ragazza raccontare che anche a lei il medico, un dietologo, aveva parlato di stress. "Signorina" (8)_____ ha detto "lei mangia troppo perché è al limite. È stressata". Ora, va bene che a volte le apparenze ingannano, ma io di questa ragazza, la più tranquilla che conosca, non l'avrei mai detto, ch'era stressata. Da notare però che, (9)_____ lei raccontava, nessuno parlava. Perché? Perché ormai siamo (10)_____ stressati, o convinti di esserlo.

PER LA PRODUZIONE SCRITTA

Hai ricevuto una lettera da un tuo amico. Lui ti scrive che ha deciso di lasciare il paese dove vive perché desidera cambiare vita. Il suo lavoro, infatti, è monotono, vive in una piccola cittadina di provincia dove l'unico divertimento è andare al bar o giocare a flipper, per di più la sua ragazza non gli piace più. Rispondi al tuo amico
- per incoraggiarlo a fare questo passo
- offrendoti di ospitarlo nel tuo piccolo appartamento nel cuore della città
- avvertendolo che la vita in città è molto più stressante di quella di una piccola cittadina di provincia

SITUAZIONE

Sei stressato/a, perché? Non lo sai neanche tu! Il/la tuo/a, vedendoti un po' giù, comincia a farti delle domande. Alla fine scopre che il motivo del tuo malessere è solo uno…

CASA, DOLCE CASA

Negli anni passati una casa, possibilmente grande ed in città, era il sogno di tutti gli italiani. Oggi in Italia si continua ad investire nel "mattone", ma i gusti e le esigenze sono notevolmente cambiati.

A. Il recupero dei centri storici

Le vecchie case sono particolarmente numerose nei centri storici delle grandi città. Di solito, a mano a mano che queste abitazioni diventano inagibili, vengono abbattute. Al loro posto si costruiscono grattacieli o grandi palazzi per uffici. Il centro diventa sempre più moderno, ma continua a perdere abitanti. Si riduce il numero delle persone che ci vivono normalmente, che vanno a fare la spesa, che si incontrano per la strada, che si fermano a parlare… In una parola il centro muore. Durante l'orario di lavoro è addirittura intasato, negli altri momenti sembra quasi privo di vita.

Per evitare che ciò avvenga è necessario conservare al centro la sua popolazione. Non abbattere le vecchie case, ma recuperarle. Salvare, fra una banca e un ufficio pubblico, i negozietti, le scuole materne, le trattorie…

adattato da *un libro di Geografia sull'Italia*

B. Muri da single

Casa è sinonimo di focolare e famiglia. Ma non sempre è così. La società cambia. E nelle grandi città, i nuclei familiari composti da una sola persona sono aumentati di cinque volte. Molti matrimoni finiscono in divorzio. Ci si sposa sempre più tardi. La popolazione invecchia, e cresce il numero di anziani soli. Insomma, le ragioni possono essere tante.

Fatto sta che il single, per necessità o per scelta, è la figura sociale emergente. E non può non influenzare anche il mercato della casa.

Ma cosa vuole il single? Un monolocale con angolo cottura, per poi dedicare i guadagni a viaggi, cultura, divertimenti e costosi hi-fi?

"Tutt'altro" risponde Claudio Lossa, presidente del Caam (Collegio agenti immobiliari della provincia di Milano). "A differenza di quanto accadeva in passato, non si accontentano. Chi non vuole un appartamento in affitto, punta subito sull'acquisto dei due locali con cucina abitabile, in una zona neanche troppo periferica. Se non ha abbastanza soldi per comprarlo in città, va fuori. Ma non nell'hinterland, ritenuto spesso a ragione squallido e operaio; più lontano, in provincia". E anche se ci vuole più tempo per andare e tornare dal lavoro, pazienza!

adattato da *Panorama*

LESSICO

○ *investire* – impiegare fondi in attività produttive che assicurino un rendimento elevato

○ *mattone* – metaforico per casa

○ *recupero* – il rivalorizzare posti o edifici in cattive condizioni

○ *a mano a mano* – di volta in volta, gradatamente

○ *inagibile* – si dice di un edificio o locale pubblico dove non è possibile abitare o restare perché manca dei requisiti necessari al quale è destinato.

○ *abbattere* – far cadere, demolire, distruggere

○ *ridurre* - diminuire

○ *intasato* – pieno di macchine, ostruito da un ingorgo di macchine

○ *privo (di)* – senza, che manca di qualcosa

○ *emergente* – che comincia ad imporsi, che comincia ad avere una certa importanza

○ *angolo cottura* – piccolo spazio per sistemare una cucina in un salone o in un soggiorno

○ *squallido* – misero, triste, senza ornamenti

PER LA COMPRENSIONE
Le seguenti affermazioni si riferiscono al testo A o B?

1. Al posto delle vecchie case si costruiscono moderne abitazioni
2. Il single è la figura sociale oggi più comune
3. Cresce la domanda di case di due camere, ma con tutte le comodità
4. Il centro continua ad essere abbandonato dai vecchi abitanti
5. Non importa se dovranno fare i pendolari
6. Durante l'orario di lavoro è impossibile viverci
7. Non sceglie mai l'ambiente squallido dell'hinterland
8. Bisogna recuperare le vecchie case

BREVE SINTESI

PER LA DISCUSSIONE
1. Nel tuo paese si tende ad abbattere le vecchie abitazioni od a recuperarle?
2. Qual è l'appartamento tipico di una famiglia nel tuo paese?
3. Potresti descrivere la tua abitazione ideale?
4. Quali tipi di investimento sono più comuni nel tuo paese?
5. Preferisci avere una camera o addirittura una casa tutta per te?
6. Qual è lo stile di arredamento che ti piace di più?
7. Le abitazioni di una volta in che cosa erano differenti da quelle di oggi?
8. Nel tuo paese è facile o difficile trovare un alloggio (sia da comprare che da affittare)?

ESERCIZIO LESSICALE
Completa le seguenti frasi con le parole sottostanti

villa / cascinale / roulotte / caserma / monolocale / albergo / condominio / ospizio / prefabbricato

1. È un'abitazione dove abita una sola persona: _____
2. Ci abita chi vive lontano dal caotico centro in una località residenziale: _____
3. È una tipica costruzione delle zone rurali della pianura padana: _____
4. La maggioranza di noi abita in un edificio multipiano, detto: _____
5. Durante l'estate o quando viaggi, la porti con te, tirata dalla tua macchina: _____
6. Vi ci abitano i soldati: _____
7. È un posto un po' triste, pieno di persone anziane: _____
8. È bell'e pronto, fabbricato in un posto diverso da quello in cui verrà sistemato: _____
9. Quando uno è in vacanza può restarci per un periodo più o meno lungo: _____

PER LA PRODUZIONE SCRITTA

Hai deciso di comprare un monolocale in Italia tutto per te. Avendo letto su un giornale un annuncio, hai deciso di chiedere ulteriori informazioni. Poiché sull'annuncio ci sono solo nome, cognome ed indirizzo del venditore (o perché il telefono non ce l'ha o perché non vuole essere disturbato), gli scrivi una lettera per
- sapere dove precisamente si trova questo piccolo appartamento (a che piano è, se è luminoso ecc.)
- dare le tue generalità onde fissare un appuntamento per vederlo da vicino

SITUAZIONE

La tua camera che è in stile con il resto della casa non ti piace più: i mobili scelti dai tuoi genitori sono scuri, i quadri troppo classici e via dicendo. Allora comunichi a tuo/a padre/madre la tua decisione di cambiare arredamento. Desideri essere circondato dai poster più cari e dai cd più amati e vuoi mobili modernissimi. Apriti cielo!! Dopo un litigio "all'ultimo sangue", alla fine trovate una via di mezzo.

INTERVALLO – RELAX

Potresti abbinare ogni foto – barzelletta alla battuta giusta?

- *Insomma, Beppe, almeno un paio di giorni possiamo o no andare al mare?*

- *È inutile, Amalia: per quest'anno, te l'ho già detto, niente vacanze al mare!*

- *Miraggio o no, io provo a seguirlo…*

- *Non fai in tempo a nascere che subito rompi qualcosa…*

- *Il giornale dice: "Quaranta all'ombra"… Altro che quaranta: qui saremo almeno in duecento…*

da *Famiglia Cristiana*

LA FUGA DI PULCINELLA

Gianni Rodari (Omegna, Novara 1920 – Roma 1980) Ha scritto tantissimi libri per l'infanzia tra cui "Favole al telefono". La cornice che unisce le favole è tenerissima. Un papà, che è costretto a viaggiare, ogni sera telefona alla sua bambina per raccontarle una favola prima di dormire.

Pulcinella era la marionetta più irrequieta di tutto il vecchio teatrino. Aveva sempre da protestare, o perché all'ora della recita avrebbe preferito andare a spasso, o perché il burattinaio gli assegnava una parte buffa, mentre lui avrebbe preferito una parte drammatica.

- Un giorno o l'altro, - lui confidava ad Arlecchino, - taglio la corda. E così fece, ma non fu di giorno. Una notte lui riuscì a impadronirsi di un paio di forbici dimenticate dal burattinaio, tagliò uno dopo l'altro i fili che gli legavano la testa, le mani e i piedi e si gettò coraggiosamente a terra e via, gambe in spalla.

"Che bellezza, - pensava correndo, - non sentirsi più tirare da tutte le parti da quei maledetti fili. Che bellezza mettere il piede proprio nel punto dove si vuole".

Il mondo, per una marionetta solitaria, è grande e terribile, e perciò si rifugiò in un giardino, contro un muricciolo e si addormentò.

Allo spuntare del sole si svegliò e aveva fame. Ma intorno a lui non c'erano che garofani, zinnie e ortensie.

- Pazienza, - si disse Pulcinella e, colto un garofano, cominciò a mangiarne i petali. Non era come mangiare una bistecca ai ferri o un filetto di pesce: i fiori hanno molto profumo e poco sapore. Ma a Pulcinella quello sembrò il sapore della libertà, e al secondo boccone era sicuro di non avere mai gustato cibo più delizioso. Decise di rimanere per sempre in quel giardino, e così fece. Dormiva al riparo di una grande magnolia le cui dure foglie non temevano pioggia né grandine e si nutriva di fiori: oggi un garofano, domani una rosa. Pulcinella sognava montagne di spaghetti e pianure di mozzarella, ma non si arrendeva. Era diventato secco secco, ma tanto profumato.

Venne l'inverno. Il giardino, ormai senza fiori, aspettava la prima neve e la povera marionetta non aveva più nulla da mangiare. Non dite che avrebbe potuto riprendere il viaggio: le sue povere gambe di legno non lo avrebbero portato lontano.

"Pazienza, - si disse Pulcinella,- morirò qui. Non è un brutto posto per morire. Inoltre, morirò libero: nessuno potrà più legare un filo alla mia testa, per farmi dire di sì o di no".

La prima neve lo seppellì sotto una morbida coperta bianca.

In primavera, proprio in quel punto, crebbe un garofano. Sottoterra, calmo e felice, Pulcinella pensava: "Ecco, sulla mia testa è cresciuto un fiore. C'è qualcuno più felice di me?"

ridotto e adattato da "Favole al telefono" di G. Rodari

LESSICO

- *irrequieto* – chi non trova mai tranquillità ed è vivace
- *recita* – rappresentazione di un'opera teatrale
- *andare a spasso* – fare una passeggiata
- *burattinaio* – chi manovra burattini e marionette
- *assegnare una parte* – affidare un ruolo
- *tagliare la corda* – è un idiomatismo per dire "me ne vado"
- *impadronirsi* – diventare padrone, appropriarsi, fare proprio qualcosa che appartiene ad un'altra persona
- *lo spuntare del sole* – l'alba
- *boccone* – la quantità di cibo che si può mettere in bocca in una sola volta
- *grandine* – pioggia in forma di chicchi di ghiaccio
- *pianura* – vasta zona pianeggiante
- *arrendersi* – darsi per vinto
- *seppellire* – nascondere sotto terra, sotterrare

PER LA COMPRENSIONE

Scegli l'affermazione corretta tra le quattro proposte

1. Pulcinella era una marionetta
   - ❏ a. tranquilla
   - ❏ b. silenziosa
   - ❏ c. ribelle
   - ❏ d. drammatica

2. "Taglio la corda" significa
   - ❏ a. me ne vado dopo aver salutato tutti
   - ❏ b. scappo senza dir niente a nessuno
   - ❏ c. parto per un lungo viaggio
   - ❏ d. prendo le forbici e taglio le corde delle marionette

3. Mentre correva si sentiva
   - ❏ a. stanco e nervoso
   - ❏ b. impaurito e scoraggiato
   - ❏ c. irrequieto e triste
   - ❏ d. libero e felice

4. Pulcinella si nutrì di
   - ❏ a. fiori
   - ❏ b. mozzarella

❑ c. spaghetti
❑ d. frutta

5. Quando arrivò l'inverno
      ❑ a. pensò di ritornare dal burattinaio
      ❑ b. si comprò una coperta
      ❑ c. restò sotto la neve
      ❑ d. si sentì infelice perché sapeva che sarebbe morto

BREVE SINTESI

PER LA DISCUSSIONE
1. Questa fiaba di Rodari è veramente bellissima. Quale concetto di libertà è espresso da Pulcinella?
2. La parola "libertà" che significato ha nella tua vita? Sei ribelle e irrequieto di carattere o tranquillo e calmo?
3. Oggi si dice che i giovani fanno sempre tutto quello che vogliono. É vero?
4. Un tempo il desiderio di tutti i giovani era quello di trovarsi un lavoro ed andare via di casa. È ancora oggi un'aspirazione giovanile?
5. Come ti piacerebbe trascorrere la tua giornata (bada bene, non come la trascorri!)?
6. I mass media ed i modelli di vita imposti dalla società (come avere successo ed essere ricchi) ci rendono liberi?
7. I popoli della terra sono liberi?
8. Sai chi era Che Guevara? Il suo sogno di ricostruire una nuova società e di ribellarsi all'ingiustizia costituisce un modello di comportamento anche per te?

ESERCIZIO LESSICALE
Vediamo un po' se tu conosci il nome di alcuni fiori (per aiutarti un tantino ho cancellato solo le vocali dal nome che cerchi)

  1. È considerata la regina dei fiori   R__S__
  2. Se la sfogli, saprai se ti ama   M__RGH__R__T__
  3. È un bellissimo fiore d'acqua bianco   N__NF__ __
  4. Se sei romantico sicuramente
     ne conservi una tra i libri   V__ __ L __
  5. In Italia è un fiore di moda il 2° novembre CR__S__NT__M__
  6. È così bello che il suo omonimo si innamorò di sé N__RC__S__
  7. È profumatissimo e di vario colore   G__R__F__N__
  8. È un fiore tipico dei paesi mediterranei   G__R__N__ __
  9. Lo portò l'angelo alla Madonna   G__GL__ __
10. Nei campi in primavera si distingue
     per il suo colore rosso fuoco   P__P__V__R__

11. Gira come gira il sole   G__R__S__L__
12. È il fiore che tu preferisci   _____

PER LA PRODUZIONE SCRITTA

Potresti costruire una storia passando da questi punti (è la trama di un racconto di un noto scrittore italiano, Dino Buzzati)?

Un giorno – uomo – mercato – pesce rosso – casa – vaso di vetro – il vaso stretto e angusto – comprò una vasca grandissima – il vaso nella vasca – pesce nel vaso – perché? – la risposta del pesce – essere libero – per lui la possibilità di libertà

Il racconto da te costruito potrebbe terminare con questa morale, pronunciata dal pesce:

"Se io corressi in lungo e largo, presto sarei sazio e desidererei ancora più spazio e tornerei ad essere infelice come quando ero nella prigione del mio vaso. L'idea di poter evadere dal mio carcere quando voglio è invece quella che mi rende felice".

SITUAZIONE

Il/la tuo/a amico/a sostiene di essere libero/a perché dice che può fare sempre quello che vuole. Tu, invece, ritieni che oggi noi tutti siamo un po' schiavi di qualcosa (come fumare, comprare, vedere la tv…). Lo/la convinci quando riesci a trovare ciò di cui lui/lei è schiavo/a (la sua moto…).

MA LO SPORT FA MALE AL SESSO?

Gli atleti sono campioni in pista, ma deludenti a letto. Lo sostiene un'inchiesta che, sfatando l'idea dello sportivo don giovanni, svela le basse prestazioni tra le lenzuola dei professionisti dello sport. La fatica uccide la libido e i campioni, che devono sostenere sforzi ricorrenti e prolungati nel tempo, lascerebbero al sesso solo lo spazio di qualche carezza furtiva, tra una gara e un allenamento. "Non si può generalizzare", spiega l'andrologo Fabrizio Menchini Fabris, docente all'Università di Pisa. "Mi è capitato di curare atleti di body building che rischiavano l'impotenza. Ma erano casi particolari. Avevano assunto sostanze per aumentare la prestazione dei loro muscoli". E allora non c'è niente di vero? "Un grosso sforzo prolungato nel tempo, come

Il numero uno del motociclismo mondiale, Max Biagi, ha "ipnotizzato" la ragazza più sognata dagli italiani, Jennifer Driver, la modella che interpreta la pubblicità della birra Peroni

quello sostenuto dai campioni" aggiunge l'andrologo "può far diminuire i livelli di testosterone, l'ormone che regola il desiderio sessuale. Ma ogni fisico reagisce in modo diverso. E poi non dimentichiamo che le prestazioni sessuali sono il risultato di un complicato mix. L'eros dipende da tanti fattori, dal metabolismo, dall'età e anche dalle condizioni psicologiche". E i diretti interessati cosa ne pensano? Ecco le risposte di tre sportivi che a ogni gara fanno strage non solo di avversari, ma anche di cuori.

Max Biagi: 26 anni, ha appena vinto per la quarta volta il campionato mondiale di motociclismo. Con il suo pizzetto sbarazzino ha già conquistato molti cuori. "Questa inchiesta dice che gli sportivi non sono buoni amanti? Mi sembra l'ultima trovata per stupire e attirare l'attenzione del pubblico. Io non ci credo. E comunque non mi sento toccato dalle accuse. Ho fiducia nelle mie capacità, soprattutto in questo campo. La mia fama di latin lover? Non è soltanto fama. Quando finisco una gara non ho certo voglia di chiudermi in casa, da solo".

Jury Chechi: 28 anni. È il ginnasta più famoso d'Italia. Con i suoi muscoli ha vinto le medaglia d'oro agli anelli alle Olimpiadi di Atlanta. Oggi si dichiara felicemente fidanzato. "Io non ho mai avuto problemi né agli anelli né tra le lenzuola. Sì, è vero, lo sport obbliga a mantenere una grande concentrazione e a rispettare abitudini ben precise. Ma questo non significa essere meno interessati al sesso. Il momento in cui faccio meglio l'amore è proprio dopo una gara o una seduta di allenamento. Per i colleghi non posso garantire, ma per quanto mi riguarda vi assicuro che nessuna partner si è mai lamentata".

Antonio Rossi: 28 anni, ha vinto la medaglia d'oro di canoa alle Olimpiadi di Atlanta e quella ai mondiali di canoa 1997. È sposato con un'atleta, Lucia. Le sue imprese e i suoi occhi blu hanno fatto innamorare migliaia di fan. "L'inchiesta dice che sono i ciclisti ad avere più pro-

blemi in camera da letto. Credo sia normale aver voglia di riposare dopo le faticose salite del Tour de France. Però non esageriamo, non penso che i campioni del pedale siano così disinteressati al sesso. Nel mio sport comunque questi problemi non ci sono. Una gara dura un'ora e mezzo, poi c'è tutto il tempo per recuperare la fatica".

adattato da Donna Moderna

LESSICO

○ *sfatare* – demitizzare, dimostrare falsa o inattendibile una notizia
○ *svelare* – rivelare, rendere manifesto
○ *prestazione* – rendimento
○ *lenzuola* (le) – i teli di stoffa che si stendono sul letto
○ *sforzo* – particolare impegno che costa fatica
○ *furtivo* – che si fa di nascosto
○ *impotenza* – impossibilità di una persona a compiere l'atto sessuale

○ *strage* – uccisione violenta. Qui è metaforico.
○ *pizzetto sbarazzino* – barba solo sulla punta del mento, da ragazzo con aria vivace
○ *trovata* – espediente per risolvere una situazione difficile
○ *lamentarsi* – esprimere la propria scontentezza
○ *esagerare* – superare i limiti
○ *recuperare* – rifarsi di qualcosa di svantaggioso

PER LA COMPRENSIONE
Completa la tabella sottostante

	nome dell'atleta	età	stato civile	sport praticati	segni particolari	cosa pensa sul tema
I						
II						
III						

BREVE SINTESI

PER LA DISCUSSIONE
1. Cosa pensi delle inchieste e dei sondaggi in generale?
2. Se ti fosse chiesto di fare un'inchiesta su un tema, su cosa la faresti? Perché?
3. Hai mai sentito parlare di atleti che per migliorare le loro prestazioni prendono sostanze?

4. Potere, denaro e droga sono gli unici interessi degli atleti oggi?

5. Qual è l'atleta più noto nel tuo paese? Di che sport si occupa?

6. Come risponderesti alla domanda "Ma secondo te lo sport fa male al sesso?"

7. Ti piacerebbe diventare un atleta professionista? Come sarebbe in tal caso la tua giornata-tipo per mantenerti in forma?

ESERCIZIO LESSICALE

Qual è il contrario delle seguenti parole?

1. deludente
2. basso
3. professionista
4. impotenza
5. aumentare
6. niente

7. vero
8. diverso
9. dimenticarsi
10. sposato
11. famoso
12. preciso

PER LA PRODUZIONE SCRITTA

Nell'antica Grecia, durante il periodo in cui si svolgevano i giochi Olimpici, era proibita la guerra. Ancora oggi lo sport funziona da livellatore sociale perché cancella tutte le differenze, da quelle della razza a quelle della religione. Esprimi la tua opinione su questa considerazione.

SITUAZIONE

Un tuo amico ha deciso di iscriversi ad una palestra e di praticare uno sport. Ti telefona per comunicartelo e ti chiede dei consigli per scegliere la palestra più adatta. Tu gli dici di stare ben attento…

UN CAPPUCCINO A MISS ITALIA
Un frate come capo della giuria nella selezione di Catanzaro

CATANZARO – Le ragazze sfilano in passerella in una piazza gremita, procurando ansie ed emozioni a parenti giunti da tutta la Calabria. Quella che si è svolta domenica sera a Cropani, nel Catanzarese, sarebbe stata una delle tante selezioni regionali per il concorso di Miss Italia se a presiedere la giuria non fosse stato un frate cappuccino, padre Francesco Critelli. E anche la foto-ricordo della vincitrice, una diciannovenne di Montaldo Uffugo, in provincia di Cosenza, non avrebbe avuto, gioia a parte, grande particolarità, se non fosse che a porgere la fascia da prima classificata è stato padre Francesco, con addosso il saio del suo Ordine.

"Nessun imbarazzo", dice il frate, parroco a Cropani da un anno e mezzo, incredulo per il fatto che la sua partecipazione allo spettacolo come presidente di giuria possa tanto incuriosire. "Me lo ha chiesto l'assessore comunale alla Cultura, Rosario Stanizzi, e ho accettato – racconta il prete – convinto, e lo sono ancora oggi, che si trattasse solo di un gioco. Eppoi – sottolinea padre Francesco – con la mia presenza è come se avesse preso parte alla manifestazione tutta la mia comunità".
Sulla scelta della vincitrice della selezione, Barbara Cortese, padre Francesco preferisce, diplomaticamente, evitare di far commenti. "Il voto era segreto – dice il parroco – nessuna discriminazione, quindi". E anche sul fatto che un prete abbia dovuto decidere sulla base della bellezza delle partecipanti, padre Francesco Critelli non ha esitazioni. "Quando uno è formato spiritualmente – osserva – attraverso la bellezza femminile si raggiunge senz'altro l'opera del Creatore, è un lodare il Signore per tutta la bellezza che ha creato". Una partecipazione "sociale", dunque, quella di padre Francesco, al concorso di bellezza. "Non l'ho fatto – insiste – come persona, ma come parroco, come coinvolgimento e partecipazione di tutta la comunità di Cropani".
Una chiave di lettura che lo stesso organizzatore delle selezioni calabresi e lucane per Miss Italia, Beniamino Chiapetta, dice di condividere: "Per noi è stato un fatto importante perché la presenza del parroco nella giuria ha riempito di contenuti sociali la manifestazione. D'altra parte questo fatto rientra nel tentativo che stiamo facendo per rendere Miss Italia qualcosa di diverso dal semplice concorso di bellezza, tanto che quest'anno è stata abbinata una campagna di sensibilizzazione contro l'anoressia".

adattato da *"Il Corriere della Sera"*

LESSICO

- *gremito* – pieno di gente
- *presiedere* – dirigere con la funzione di presidente
- *porgere* – dare, offrire
- *fascia* – striscia, nastro
- *classificato* – colui che ottiene un posto in un elenco di partecipanti ad una gara, secondo il punteggio riportato
- *addosso* – sulla persona, sul corpo
- *saio* – la tonaca del monaco fatta di panno

grezzo
- *imbarazzo* – impaccio, stato di disagio
- *giuria* – commissione di una gara, di un concorso
- *assessore* – chi fa parte di una giunta comunale, provinciale o regionale
- *esitazione* – indecisione, incertezza
- *lodare* – esaltare con parole di merito una persona
- *coinvolgimento* – il trascinare persone a prendere parte ad un' iniziativa qualsiasi

PER LA COMPRENSIONE
Scegli l'affermazione corretta tra le quattro proposte

1. Il fatto strano di questo concorso di Miss Italia era che
   - ❏ a. tutte le concorrenti erano bellissime
   - ❏ b. la passerella si è svolta in piazza
   - ❏ c. erano venuti molti parenti delle partecipanti
   - ❏ d. il capo della giuria era un prete

2. Nella foto-ricordo, scattata al momento della premiazione
   - ❏ a. era presente solo Miss Italia
   - ❏ b. erano ritratti Miss Italia con padre Francesco
   - ❏ c. veniva fotografato solo padre Francesco
   - ❏ d. si vedevano tutte le candidate

3. Il prete era
   - ❏ a. imbarazzato
   - ❏ b. a suo agio
   - ❏ c. incuriosito
   - ❏ d. felice

4. Questo avvenimento significa che il concorso per l'elezione di Miss Italia è
   - ❏ a. una manifestazione stupida
   - ❏ b. una semplice selezione della ragazza più bella
   - ❏ c. uno spettacolo con un contenuto sociale
   - ❏ d. un tipo di campagna a favore delle anoressiche

BREVE SINTESI

PER LA DISCUSSIONE
1. Vincere il titolo di "più bella" è ancora il sogno di molte ragazze. Cosa si aspettano dalla vittoria? Non credi che sia giunto il momento di porre fine a questi spettacoli?

2. Nella nostra società l'ideale del bello, dell'apparire sta prendendo il posto dell'impegno e della professionalità (specialmente nel campo dello spettacolo)?

3. Ci sono concorsi di bellezza anche per uomini?

4. Quale è il tipo ideale di uomo o donna proposto dal mondo dello spettacolo ed oggi considerato "in"?

5. Come si sentono tutte le persone che vogliono somigliare, ma invano, al re ed alle reginette della bellezza?

6. Pensi che la bellezza sia un requisito importante per avere successo? In quali campi?

7. Leggiamo su molti periodici di persone che, pur di apparire perfette, non esitano a sottoporsi ad interventi di chirurgia plastica. Quál è la tua opinione su questo argomento?

ESERCIZIO LESSICALE

Puoi completare le similitudini con le parole date?

1. bella come…	a. una gallina
2. stupida come…	b. un adone
3. felice come…	c. una rosa
4. bello come…	d. il fuoco
5. rosso come…	e. un peperone
6. brutto come…	f. il pane
7. buono come…	g. la volpe
8. velenosa come…	h. una pasqua
9. furbo come…	i. la fame
10. passionale come…	l. una serpe
11. magra come…	m. uno stuzzicadenti

PER LA PRODUZIONE SCRITTA

Rispondi ad Annalisa incoraggiandola, o scoraggiandola, a realizzare il suo sogno

Quel sogno nel cassetto che non potrò realizzare

Ho 16 anni. Iscrivermi a un concorso di bellezza è sempre stato il mio più grande desiderio. Circa un anno fa mi era capitata l'opportunità di partecipare a un provino fotografico per la pubblicità. Ebbene, mia madre me lo ha impedito, facendo naufragare tutti i miei sogni. Chi mi conosce dice che sono una ragazza molto carina. Ma nessuno si preoccupa realmente di me, di sapere che cosa provo o quali siano le mie aspettative per il futuro.

Annalisa

SITUAZIONE

Sei stata chiamata a far parte di una giuria per l'elezione del "più bello" d'Italia. Tu pensi che un candidato, oltre ad avere le "misure" giuste, debba essere dotato di intelligenza e cultura. Allora poni delle domande al ragazzo che ritieni più bello. Lui mostrerà di essere non solo bellissimo, ma anche un genio incompreso!!

VA' DOVE TI PORTA IL CUORE

Susanna Tamaro (Trieste 1957) ha scritto un libro, tradotto in moltissime lingue, dall'originale titolo "Va dove ti porta il cuore". Un'anziana nonna, temendo di non aver più molto tempo da vivere, decide di scrivere una lunga lettera, sotto forma di diario, alla sua nipote lontana...

21 dicembre

Dalla soffitta ieri alla fine ho portato giù soltanto lo stampo da torta. Questo stampo apparteneva a mia nonna, cioè alla tua trisavola ed è l'unico oggetto rimasto di tutta la storia femminile della nostra famiglia. Con la lunga permanenza in soffitta si è molto arrugginito, l'ho portato subito in cucina e ho cercato di pulirlo. Pensa quante volte nella sua esistenza è entrato e uscito dal forno, quanti forni diversi e sempre più moderni ha visto, quante mani diverse, eppure simili, l'hanno riempito con l'impasto. L'ho portato giù per farlo vivere ancora, perché tu lo usi e magari, a tua volta, lo lasci in uso alle tue figlie, perché nella sua storia di oggetto umile riassuma e ricordi la storia delle nostre generazioni.

Susanna Tamaro, la scrittrice che ha "sfondato" seguendo solo la voce dei sentimenti

Appena l'ho visto in fondo al baule, mi è tornata in mente l'ultima volta che siamo state bene assieme. Quand'era? Un anno fa, forse un po' più di un anno fa. Nel primo pomeriggio eri venuta senza bussare nella mia stanza, io stavo riposando e tu, vedendomi, eri scoppiata a piangere. I tuoi singhiozzi mi hanno svegliata. "Cosa c'è?" ti ho chiesto, mettendomi a sedere. "Cos'è successo?" "C'è che presto morirai", mi hai risposto, piangendo ancora più forte. "Oddio, tanto presto speriamo di no", ti ho detto ridendo e poi ho aggiunto: "Sai cosa? Ti insegno qualcosa che io so fare e tu no, così, quando non ci sarò più, la farai e ti ricorderai di me". Mi sono alzata e mi hai buttato le braccia al collo. "Allora" ti ho detto "cosa vuoi che ti insegni a fare?" Asciugandoti le lacrime, ci hai pensato un po' e poi hai detto: "Una torta". Così siamo andate in cucina e abbiamo iniziato una lunga battaglia. Prima di tutto non volevi infilarti il grembiule, dicevi: "Se me lo metto poi dovrò mettere anche i bigodini e le pantofole, che orrore!". Nel leccare il mestolo con cui avevo sciolto la cioccolata, il naso mi si è tinto di marrone. Vedendomi, sei scoppiata a ridere. "Alla tua età", dicevi, "non ti vergogni? Hai il naso marrone come quello di un cane!"

Per fare quel semplice dolce abbiamo impiegato un pomeriggio intero, riducendo la cucina in uno stato pietoso. All'improvviso tra noi era nata una grande leggerezza, un'allegria fondata sulla complicità. "È vero che me ne andrò prima di te", ti ho detto, " ma, quando non ci sarò più, ci sarò ancora, vivrò nella tua memoria con i bei ricordi: vedrai gli alberi, il giardino e ti verranno in mente tutti i momenti felici che abbiamo passato insieme. La stessa cosa ti succederà se ti siederai sulla mia poltrona, se farai la torta che oggi ti ho insegnato a fare e mi vedrai davanti a te con il naso color marrone."

ridotto e adattato da *"Va' dove ti porta il cuore"* di *S. Tamaro*

LESSICO

- *soffitta* – vano che si trova tra l'ultimo piano di un edificio ed il tetto
- *stampo da torta* – recipiente dove si versa l'impasto che, con il calore del forno, si indurisce e ne acquista la forma
- *trisavolo* – il padre del padre del padre
- *arrugginito* – coperto di ruggine (sostanza rossiccia che si forma sui metalli esposti all'aria e all'umido)
- *umile* – modesto
- *singhiozzo* – il tipico suono di chi piange

disperatamente
- *buttare le braccia al collo* – abbracciare
- *infilarsi il grembiule* – mettersi un indumento che copre la parte anteriore del vestito per non sporcarsi mentre si cucina
- *leccare* – ripulire con la lingua
- *mestolo* – arnese usato per mescolare i cibi che si stanno cuocendo
- *ridurre in stato pietoso* – trasformare, mettendo in cattive condizioni
- *complicità* – intesa segreta tra due persone

PER LA COMPRENSIONE
Rispondi alle domande

1. Perché la nonna ha portato giù dalla soffitta solo lo stampo della torta?
2. Che avvenimento le fa ricordare oggi che la nipote è lontana?
3. È stato facile preparare una torta?
4. Perché la nipotina è scoppiata a ridere?
5. In che condizioni si è ridotta la cucina?
6. Qual è la "morale" che la nonna ci aiuta a trarre dalla storia?

BREVE SINTESI

PER LA DISCUSSIONE
1. Spesso oggi le mamme sono costrette ad essere sempre più assenti nell'educazione dei figli. La figura dei nonni è stata dunque rivalutata. Anche per te vale lo stesso discorso?
2. A quale dei nonni sei più legato? Perché? Hai un ricordo particolarmente caro di lui/lei/loro? Puoi immaginare te stesso all'età di 70 anni?
3. Una delle caratteristiche del mondo occidentale è l'aumento fortissimo degli ultrasessantacinquenni e la diminuzione dei bambini. Come mai? Quali ne sono le conseguenze?

4. I tuoi nonni ti hanno un po' viziato/a? Forse abitano con te?

5. Molti anziani si iscrivono all'Università dove possono essere impegnati, sia per recuperare il folclore domestico (antiche ricette e tradizioni), sia per scrivere libri di storia (di una storia particolare, fatta dei loro avvenimenti quotidiani), sia per "ricostruire" l'arte e l'antica cultura dei quartieri della loro città. Non ti sembra un ottimo modo di utilizzare i nonni come "educatori sociali"?

6. Moschino, noto stilista italiano, in una pubblicità mostra un vecchio triste e solo, seduto su una panchina. Per ovviare alla solitudine, qualcuno ha pensato di lanciare un'altra campagna pubblicitaria il cui slogan è "adotta un nonno". Nelle case moderne, insomma, secondo te, c'è posto per chi ha tanti anni, ma una magra pensione?

ESERCIZIO LESSICALE

Tutti sappiamo quanto sia importante "la famiglia", specialmente per un italiano. Se troverai la parola giusta, anche tu, prima o poi, farai parte della "famiglia".

> *padre / mamma, sorella / fratello, cugino/a, zio/a,*
> *nonno/a, cognato/a, genero / nuora, suocero/a*

1. Il padre di mio marito, cioè mio _____, è molto vecchio.
2. Il marito di mia sorella, cioè mio _____, è partito per l'Argentina.
3. La sorella del mio sposo, cioè mia _____, è proprio una sciocca.
4. Lui è il fratello di mia madre, cioè mio _____.
5. La sorella di mia madre ha una figlia. Lei è mia _____.
6. La mamma di mia madre, cioè mia _____, preferisce vivere da sola.
7. La mamma di mio marito, cioè mia _____, è insopportabile.
8. Il figlio di mio nonno è mio _____.
9. Il marito di mia figlia, cioè mio _____, si chiama Mario.
10. La moglie di mio figlio, cioè mia _____, è antipatica.
11. Io ed il figlio di mia madre, cioè mio _____, siamo amici.
12. La figlia di mio padre, cioè mia _____, abita in Italia a Napoli.
13. Di _____ ce n'è una sola!

PER LA PRODUZIONE SCRITTA

In ogni casa o baule, c'è sempre un oggetto caro e umile che riassume e ricorda la storia di una generazione. Anche nella tua famiglia ne conservate qualcuno? Quando lo guardi cosa ti torna in mente?

SITUAZIONE

Un giorno, parlando con tuo/a nonno/a, lui/lei ti ha detto che i tempi oggi sono molto cambiati. Ai suoi tempi si respirava aria pulita, ma la vita non era tanto facile per un giovane come oggi. Tu, gli/le spieghi che è vero che i tempi sono cambiati; infatti oggi puoi facilmente divertirti, comprare prodotti, mangiare bene… ma la vita odierna non è affatto semplice per un giovane tormentato dalla disoccupazione, criminalità, droga, Aids e via dicendo. Alla fine riesci a convincerlo/la.

ATTENTI: ARRIVA L'ESTATE!

LADRI IN VILLA: SCARSO BOTTINO

ROMA – Un trucco vecchio, ma che spesso funziona ancora. Spacciandosi per tecnici della Telecom, hanno convinto la cameriera ad aprire la porta. Quindi, con le pistole in pugno, probabilmente finte, hanno razziato in pochi minuti quel che hanno trovato in casa. Compresi i gioielli della domestica filippina.

Ieri mattina, verso le 11, due uomini hanno suonato alla porta dell'appartamento di Piera Salabè, 37 anni, in via San Pietro e Paolo 44, all'Eur. La padrona di casa, figlia dell'architetto Adolfo Salabè, era assente. Ha risposto la cameriera filippina Saturnina Pinto,

alla quale i banditi hanno detto di essere due operai della Telecom e di dover controllare i telefoni. La donna ci ha creduto e ha aperto. Ma si è trovata davanti a due rapinatori armati di pistole (dalla descrizione forse erano armi giocattolo) che l'hanno costretta a sfilarsi due anelli e un bracciale d'oro.

Quindi hanno messo a soqquadro l'appartamento in cerca di soldi che non hanno trovato. Sono fuggiti con qualche oggetto d'argento, dopo aver chiuso la domestica nel bagno, senza girare la chiave, intimandole semplicemente di non

muoversi per qualche minuto.

adattato da *"Il Corriere della Sera"*

CASE CHIUSE PER FERIE

Finalmente si parte per le vacanze. Vacanze, quindi, ma anche poco tranquille. Perché chi parte per le ferie potrebbe trovare una sgradita sorpresa al rientro in città. Porte blindate e sistemi d'allarme servono a evitare brutte sorprese? "In molti casi sì" risponde Francesco Zerilli, commissario della Squadra Mobile di Roma. "Molti furti sono opera di ladruncoli improvvisati che cercano case non protette. Perché non sanno aprire una porta blindata o disinnescare un allarme. E, anche tra i professionisti, non tutti sono in grado di neutralizzare i sistemi di sicurezza sempre più sofisticati che si trovano in commercio".

Per partire più tranquilli, quindi, sì a porte blindate, serrature speciali e allarmi. Ma a scoraggiare i topi d'appartamento non sono solo le sirene e le serrature. "Per sapere se la casa è vuota, i malviventi controllano anche le cassette della posta" spiega Zerilli. "Ecco perché prima di partire bisognerebbe trovare un vicino o un parente disponibili a ritirare la corrispondenza". Attenzione anche alla segreteria telefonica. Un messaggio come: "Siamo partiti per le vacanze, richiamate tra due settimane" è un vero invito al furto. Un'ingenuità che può costare cara. "Bisognerebbe anche fare una specie di patto di solidarietà" aggiunge il commissario. "Impegnarsi cioè a telefonare a Polizia (113) o Carabinieri (112) non appena scatta l'allarme del vicino o si sentono dei rumori sospetti sulle scale".

adattato da *Donna Moderna*

LESSICO

- *scarso* - insufficiente
- *bottino* – il frutto di una rapina
- *spacciarsi* – far credere di essere quello che non si è
- *razziare* – svaligiare, rubare
- *domestica* - cameriera
- *sfilarsi* – togliersi
- *a soqquadro* – sottosopra, in disordine (è l'unica parola che si scrive con doppia q)
- *intimare* – ordinare con un tono di voce tale da intimidire l'altra persona
- *blindato* – rivestito con corazza protettiva
- *disinnescare* – togliere a un congegno la potenzialità di provocare qualcosa di nocivo
- *topo d'appartamento* – ladro
- *malvivente* – delinquente, chi appartiene alla malavita
- *ingenuità* – l'essere senza malizia, sprovvedutezza, innocenza, candore
- *patto di solidarietà* – accordo di assistenza reciproca

PER LA COMPRENSIONE

1. Completa la sintesi con le parole mancanti

Alcuni ladri, spacciandosi (1)____ tecnici della Telecom, hanno (2)_____ alla porta di un appartamento romano. La (3)_____ filippina ha aperto la porta e così i ladri con (4)____ pistole in pugno (5)___ hanno prima costretta a consegnargli due (6)_____ e un bracciale (7)____ oro che portava; poi hanno frugato dappertutto in cerca di soldi (8)_____ non hanno trovato. Sono (9)_____ fuggiti, lasciando la cameriera nel (10)_____.

2. Nel secondo branetto ci vengono dati alcuni consigli per evitare che i ladri "facciano il pieno" durante la nostra assenza. Elencali, indicando e spiegando perché sono considerati buoni sistemi antifurto.

BREVE SINTESI

PER LA DISCUSSIONE

1. Purtroppo oggi, sempre più frequentemente, si sente parlare di furti e rapine. A cosa pensi debba attribuirsi la diffusione di tale fenomeno? Hai mai ascoltato la storia di qualcuno che ha subito un furto un po' strano? E a te hanno mai rubato niente?

2. Rapinatori, ladri, ladruncoli, scippatori: chi sono e dove "operano" di solito? Lo sai che in Italia esistono delle scuole per ladri? Che ne pensi?

3. Prima di aprire la porta, domandi "Chi è?". Prendi delle precauzioni per evitare brutte sorprese?

4. Nel testo appena letto si parla di un messaggio telefonico che "invita" i ladri a rubare. Hai mai lasciato un "messaggio" del genere?

5. Cosa consiglieresti ad un tuo amico che sta per aprire un negozio per evitare che i ladri "facciano il pieno"?

ESERCIZIO LESSICALE
Qual è il diminutivo (o vezzeggiativo)?
es. ladro – ladruncolo

1. bracciale –	8. oggetto –
2. vento –	9. albero –
3. cane –	10. bacio –
4. anello –	11. minuto –
5. gioiello –	12. borsa –
6. treno –	13. finestra –
7. casa –	14. topo –

PER LA PRODUZIONE SCRITTA
Un noto proverbio italiano dice che "l'occasione fa l'uomo ladro". Sei d'accordo?

SITUAZIONE
Su un autobus ti sei accorto/a che ti hanno rubato il portafoglio. Cominci a urlare! Fortunatamente sull'autobus c'è un poliziotto, il quale, avendo sentito il tuo urlo, ti fa delle domande per scoprire l'autore del furto.

CAPITOLO BARZELLETTE
La sai l'ultima? Le ultime parole famose

1. Due amanti sono al lavoro a casa di lei. Improvvisamente:
- Driiiiiin –
- Mio marito – esclama lei. Svelto, salta dalla finestra!
- Ma … siamo al tredicesimo piano!
- E cazzo! Non è il momento di essere superstiziosi! Buttati…

2. Istruzioni per i mariti.
Registrate la voce di vostra moglie. Premete il tasto di ascolto e, immediatamente dopo, spegnete il magnetofono. Vi sarete finalmente tolti la soddisfazione di… farla tacere!

3. Una signora molto ricca che ha una decina di cani in casa, sta prendendo una nuova domestica di colore, arrivata fresca fresca dall'Africa. La signora le mostra la casa, e alla fine le chiede:
- Le piacciono i miei cani?
Al che la domestica:
- Sì, signora, ma non deve preoccuparsi, io mangio di tutto…

4. La fatica che si fa per conquistare una donna non è nulla in confronto a quella che si deve fare per liberarsene!

5. L'infermiera tutta curve riferisce al medico che il paziente ha la febbre molto alta.
- Ogni volta che mi chino per tastargli il polso, le pulsazioni aumentano. Posso fare qualcosa?
- Sì, - risponde il medico – si abbottoni il camice!

6. Una vecchietta venne affrontata da un rapinatore mascherato in un vicolo:
- Fuori i soldi!
- Ma non ho niente – piagnucolò la vecchietta – ho la borsa vuota.
- Bada che ti frugo – minacciò il rapinatore.
- Giuro che non ho un soldo.
Allora il rapinatore cominciò a frugarla dappertutto, ma dopo un po' disse:
- Avevi ragione non hai un soldo addosso. E la vecchia con un sospiro:
- Non ti fermare proprio ora, ti farò un assegno…

7. Scrittore e suo editore si incontrano ad un party. Lo scrittore si lamenta:
- Mi è capitato un grosso guaio. Mio figlio ha gettato nel caminetto il dattiloscritto del romanzo che avevo appena terminato. Sono disperato perché ne avevo una copia sola.
- Ma quanti anni ha suo figlio? – fa l'editore.
- Quattro, perché?
- Cazzo! E sa già leggere?

tratto da un libro di Barzellette

LESSICO
- *registrare* – "scrivere" suoni su un apparecchio per ascoltarli
- *premere il tasto* – esercitare pressione su un pulsante
- *immediatamente* – subito

- *togliersi la soddisfazione* – soddisfare un capriccio, un desiderio
- *tacere* – star zitto, in silenzio
- *domestica* – cameriera
- *tutta curve* – si dice per una donna molto sensuale e formosa
- *chinarsi* – piegarsi
- *tastare il polso* – misurare la frequenza dei battiti di quella parte del corpo in cui la mano si unisce al braccio
- *pulsazione* – battito ritmico
- *abbottonare* – chiudere un capo d'abbigliamento indossato per mezzo di bottoni
- *badare* – stare attento
- *frugare* – cercare, rovistare insistentemente
- *lamentarsi* – esprimere disappunto, scontentezza, insoddisfazione
- *guaio* – problema

PER LA COMPRENSIONE
Scegli l'affermazione corretta tra le quattro proposte

1. La signora della barzelletta è
   - ❏ a. superstiziosa perché abita al 13° piano
   - ❏ b. innamorata cotta
   - ❏ c. un'amante un po' "pazza"
   - ❏ d. una moglie modello

2. Se un marito vuole liberarsi della voce di sua moglie
   - ❏ a. deve soffocarla con un cuscino
   - ❏ b. deve comprare un magnetofono
   - ❏ c. deve andare via di casa
   - ❏ d. deve uccidere la sua dolce metà

3. La domestica africana
   - ❏ a. ha un problema con i cani della signora
   - ❏ b. trova che la casa della padrona è troppo colorata
   - ❏ c. ama i cani
   - ❏ d. non ha problema a mangiare un cane (puah!!)

4. Ci vuole più fatica per
   - ❏ a. conquistare una donna
   - ❏ b. sposarla
   - ❏ c. lasciarla
   - ❏ d. liberarsene

5. Il paziente in ospedale ha la febbre
   - ❏ a. a causa della sua malattia
   - ❏ b. perché vede il petto del medico
   - ❏ c. non c'è perché
   - ❏ d. perché vede il seno dell'infermiera

6. La povera vecchietta (si fa per dire!!)
   - ❑ a. ha soldi nella borsa
   - ❑ b. fruga il ladro
   - ❑ c. ha paura del ladro
   - ❑ d. vuole essere "frugata" dal ladro

7. Il figlio dello scrittore secondo l'editore
   - ❑ a. ha talento critico
   - ❑ b. è troppo piccolo
   - ❑ c. è terribile
   - ❑ d. è stupido

BREVE SINTESI
(Cerca di raccontare in sintesi quella che ti è piaciuta di più).

PER LA DISCUSSIONE
1. Ti piacciono le barzellette? Puoi raccontarne qualcuna (con l'aiuto del tuo insegnante)?
2. In Italia il protagonista di molte barzellette è un ragazzo "particolare", un po' stupido ed un po' saggio, dal nome Pierino. Esiste un personaggio simile nelle barzellette che si raccontano nel tuo paese?
3. Si raccontano molte barzellette sulle bionde. Come mai?
4. Hai qualche amico veramente bravo nel raccontare barzellette?
5. C'è differenza tra barzelletta e caricatura?
6. Sai cos'è una barzelletta "spinta"?
7. Di solito parole crociate, rebus, enigmi, barzellette ecc. aiutano a trascorrere un po' di tempo. A te piace passare in questo modo il tuo tempo libero? In cosa sei bravo/a?

ESERCIZIO LESSICALE
Trova le parole usate nelle barzellette di cui quelle qui sotto riportate non ne sono che la spiegazione o il sinonimo

1. chi crede nelle magie	6. problema
2. gettarsi giù	7. finire
3. subito	8. piegarsi
4. stare senza parlare	9. stradetta stretta
5. da poco	10. cercare dappertutto con furia

PER LA PRODUZIONE SCRITTA
Come credi finirà "l'avventura" della signora Lorini? Continuala per iscritto, raccontandola come una storia (cioè cominciando così: un giorno…)

SITUAZIONE

Oggi è sabato. Nonostante questo, hai deciso di restare in casa, perché muori dalla voglia di studiare. All'improvviso squilla il telefono. É un/una bellissimo/a ragazzo/a con cui speravi di uscire da tempo. Lui/lei ha capito di provare qualcosa per te e te lo dice quasi chiaramente, ma tu, duro/a, preferisci restare in casa a studiare (Non avere paura! Non sei impazzito/a! È solo un role-play/barzelletta!).

IL PRESEPE NELLE "BOTTEGHE" NAPOLETANE

Mentre per gli italiani del Nord Natale significa "albero", più o meno riccamente addobbato, per gli italiani del Sud, Natale è sinonimo di "presepe". Il presepe compare, infatti, in tutte le chiese ed anche in tutte le case, sia aristocratiche che popolari. Ma cos'è il presepe? Per chi non lo sa, si tratta di una "composizione" che nella sua forma essenziale rappresenta i principali personaggi che, secondo la tradizione evangelica, erano i protagonisti dell'evento più importante nella storia del cristianesimo: la nascita di Gesù. Tutte le figurine (Giuseppe, Maria, i re magi, Gesù bambino e gli angeli) vengono sistemate su una base in legno, in sughero o in cartapesta, che è poi arricchita di vari elementi architettonici, come ponti, case, laghetti e via dicendo. Bisogna dire, però, che nei presepi più belli, oltre ai personaggi tipici della natività, spesso compaiono anche altre figure caratteristiche: suonatori di banda, avventori di taverne, e specialmente moltissimi venditori ambulanti. Un vero e proprio microcosmo colorito e festoso che ci ricorda vecchi mestieri ormai del tutto scomparsi. Il maccaronaro, il mellonaro, il sorbettaro, il castagnaro e tanti altri venditori ambulanti sembrano gridare e con canzoni, colori e gesti attirare il passante per costringerlo a comprare la merce esposta. Queste "figurine", indicate generalmente con il nome "pastori", vengono ancora oggi create da alcuni "presepianti" le cui botteghe nel periodo natalizio si trasformano in veri "centri di esposizione". Tali botteghe (che si trovano specialmente a Napoli dove si è formata addirittura una scuola) offrono all'intenditore d'arte,

Un presepiante che, come uno scultore, lavora l'argilla con le mani e con rapidi tocchi di stecca

come pure al turista frettoloso, statuine rifatte con una tecnica che solo in parte si è adeguata ai ritmi moderni.

Pur essendo artefici modesti, i "figurari", infatti, sono in grado non certo di creare, ma sicuramente di copiare le opere di famosi scultori ed artisti del '700, riproducendo in serie. Così, abbandonandosi al proprio estro e sentimento, riescono efficacissimi per la freschezza e semplicità dei loro gusti nel colorare e costruire statuine con le loro mani.

Attualmente con gli stampi i presepianti possono riprodurre perfino una cinquantina di pastori che, successivamente, colorano in modo differente, abbelliscono di vari accessori e diversificano nei gesti delle mani, in modo che ogni esemplare possa interpretare molteplici ruoli.

Eppure, quelle modeste statuine, tanto pittoresche, benché tanto semplici e di poco prezzo, testimoniano non solo forme di artigianato non ancora del tutto scomparse, ma il desiderio di far rivivere un'antica tradizione ed una cultura che, a dispetto di tutto (smog, traffico, computer e modernismo) sono ancora tangibili e vive.

adattato da *"Il presepe napoletano"*

LESSICO

○ *bottega* – locale che dà su una strada dove si espongono e si vendono merci

○ *addobbato* – adornato, ornato, decorato

○ *evento* – ciò che è accaduto o potrà accadere

○ *figurina* – statuetta dipinta

○ *avventore* – cliente di una taverna o locale pubblico

○ *ambulante* – chi si sposta di continuo, senza una sede fissa

○ *presepiante* – il "costruttore" di presepi

○ *stampo* – matrice usata per fare pezzi di serie

○ *esemplare* – che serve come modello

○ *a dispetto di tutto* – nonostante gli impedimenti e le difficoltà

○ *tangibile* – subito evidente, manifesto

PER LA COMPRENSIONE
Completa le seguenti frasi

1. Per gli italiani del Sud Natale significa _____

2. Il presepe è _____

3. Nei presepi più belli _____

4. I pastori sono creati da _____

5. Le botteghe napoletane _____

6. Attualmente _____

7. Le statuine testimoniano _____

BREVE SINTESI

PER LA DISCUSSIONE
1. Ci sono nel tuo paese "botteghe"? Cosa vendono?

2. Ti piacerebbe andare in Italia per vedere "i presepi"? Come te li immagini? Sai cosa sono i presepi viventi?

3. Secondo te queste forme di tradizioni come mai continuano a sopravvivere ancora oggi nella civiltà dei computer e della tecnologia?

4. Quali sono i "vecchi mestieri" che oggi non ci sono più?

5. Preferisci vivere nel tuo "tempo" o ti piacerebbe essere nato/a in un'epoca passata

(o futura)?

6. Quale pensi che sia il più grande evento del passato di cui ancora si conserva il ricordo?

7. Se ti fosse chiesto di fare qualche oggetto "con le mani", cosa ti piacerebbe creare (marionette, dipingere,...)?

ESERCIZIO LESSICALE
Sottolinea e correggi gli errori

Quando sono stata piccola aspetavo la notte di Natale con il cuore a gola e non ho veduto l'ora a aprire i pachetti. Adesso, invece, sotto l'albero non c'è piu nesuna sorpresa: solo reggali già annunciati. E la festa più bella del anno si è trasformato in una specie di mercatino dove nessuno sa già quello che troverà. Dov'è, allora, la magia delle feste?

PER LA PRODUZIONE SCRITTA
Oggi molti "mestieri" scompaiono perché non sono redditizi. Secondo te lo stato dovrebbe intervenire per "salvarli", sovvenzionandoli, o spingere i giovani ad abbandonarli perché ormai appartengono ad un passato che "fu"? Esprimi la tua opinione in proposito.

SITUAZIONE
Natale è alle porte e tu hai speso tutti i tuoi risparmi. Non sai come fare. Mentre cammini per strada, leggi su un cartello "se siete simpatici ed estroversi, potete travestirvi da Babbo Natale o improvvisarvi come attori ed attrici per "presepi viventi". Sicuro di aver trovato un sistema per guadagnare, entri nell'agenzia per contattare. Il compenso è buono, ma il lavoro non tanto facile. Poiché sei proprio con l'acqua alla gola, però, accetti tutte le condizioni!!

ECO: "NON FARÒ L'UOMO SANDWICH"

Umberto Eco (Alessandria 1932) è l'intellettuale italiano sicuramente più conosciuto oggi in tutto il mondo. È un "semiologo", cioè uno studioso del linguaggio dei segni (visivi, gestuali ecc.), ma anche uno scrittore di sociologia, di estetica, di parodie letterarie e di costume, collaboratore del setti-manale "Espresso", romanziere. Insomma è un personaggio particolarissimo ed unico.

ANCONA. Uno spot d'autore con un testimone prestigioso. Un uomo di cultura che ami le Marche e che le conosca fin nelle pieghe più nascoste. Ma soprattutto un uomo credibile. Niente proclami, né slogan gridati, nulla da vendere, nessun pacchetto turistico. Per questo Umberto Eco ha accettato di rendere testimonianza delle bellezze della regione, "qualsiasi simpatica testimonianza sulle bellezze delle Marche", spiega lo stesso scrittore. Ma per carità non chiamatelo "testimonial": "Se testimonial vuol dire uno che si fa pagare per pubblicizzare qualcosa, io non ho mai fatto il testimonial per nessuno. E certo non sono disposto a fare l'uomo sandwich. Mi

U. Eco è "il" semiologo-scrittore le cui opere sono indispensabili classici per ogni lettore che si rispetti

hanno semplicemente chiesto se volessi mai dare qualche testimonianza della bellezza delle Marche, e io ho risposto che lo farei ben volentieri. Tutto qui". Era stata un'idea buttata là, agli inizi di settembre, durante il "Gradara Ludens", una manifestazione, organizzata attorno al castello, dedicata al divertimento intelligente, alla semiologia del gioco, ai misteri dell'informatica. Umberto Eco, marchigiano d'adozione, ne era stato il "padrino". "Da tempo avevamo in mente di fargli questa proposta" continua Silenzi, "e in quell'occasione gli ho chiesto se poteva almeno pensarci". Del resto, chi meglio di lui? Eco ormai nel Montefeltro è di casa e, ha acquistato un casolare, il suo "buen ritiro". Ed è anche il presidente del centro studi di semiologia di Urbino.

"Si può fare" aveva risposto a sorpresa lo scrittore, e ha anche aggiunto qualche idea: questa regione è talmente bella e misteriosa, aveva detto, che deve essere solo mostrata, presentata, perché il vero problema è che è ancora troppo sconosciuta. Ecco allora la proposta di fare un film sugli angoli più nascosti e suggestivi, sui suoi teatri, le biblioteche, le chiese e i monumenti. Insomma una promozione tutta culturale, che si chiamerà "Vivere le Marche", già cominciata con la collaborazione del pittore Tullio Pericoli e giustificata da quel più 4 per cento di arrivi e presenze dell'estate scorsa. "Abbiamo verificato – aggiunge l'assessore al Turismo Giulio Silenzi – che questo aumento di turisti è dovuto alla voglia d'arte, in tutte le sue forme. Qui c'è il mare più pulito d'Italia, è vero, ma anche un patrimonio storico non valorizzato. Lo conoscono poco gli stessi marchigiani, figuriamoci gli italiani. Ecco cosa chiediamo ad Eco, la sua immagine può aiutarci: conosce bene questa regione, sa viverla e apprezzarla". Quello che gli ammi-nistratori marchigiani hanno in testa comunque è già chiaro: uno spot, sullo sfondo "i gioielli della regione" ed Eco che li racconta e che racconta se stesso, il motivo del suo amore.

adattato da *"La Repubblica"*

LESSICO

- *conoscere fin nelle pieghe più nascoste* – conoscere nei minimi particolari, anche nella parte intima e nascosta
- *proclama* – dichiarazione solenne fatta da persona autorevole
- *testimonianza* – la dichiarazione di una persona che può provare la validità di qualcosa
- *per carità!* – esclamazione per esprimere preghiera o rifiuto ironico
- *uomo sandwich* – uomo che gira per le strade con un cartellone pubblicitario davanti ed uno dietro
- *casolare* – casa rustica, spesso isolata
- *buen ritiro* – è un'espressione spagnola per indicare un posto appartato dove vivere tranquillamente in solitudine
- *suggestivo* – che provoca, evoca emozioni
- *verificare* – accertare la verità di qualcosa
- *figurarsi* - immaginarsi

PER LA COMPRENSIONE
Scegli l'affermazione corretta tra le quattro proposte

1. <u>Umberto Eco ha deciso di</u>
   - ❏ a. accettare di fare uno spot sulle Marche
   - ❏ b. accettare di fare l'uomo sandwich
   - ❏ c. parlare in uno spot della bellezza dell'Umbria
   - ❏ d. partecipare ad uno spot sulla bellezza della Campania
2. <u>Questa idea è nata</u>
   - ❏ a. per caso
   - ❏ b. nel corso di una manifestazione artistica
   - ❏ c. durante un concorso musicale
   - ❏ d. a settembre
3. <u>Umberto Eco, infatti</u>
   - ❏ a. è nato nelle Marche
   - ❏ b. è diventato il "padrino" mafioso di questa regione
   - ❏ c. ha comprato un'abitazione in quella regione
   - ❏ d. è direttore del centro giochi ad Urbino
4. <u>La verità è che le Marche sono</u>
   - ❏ a. una regione conosciutissima
   - ❏ b. una regione bella ma sconosciuta
   - ❏ c. una regione misteriosa e molto conosciuta
   - ❏ d. una regione brutta e sconosciuta

BREVE SINTESI

PER LA DISCUSSIONE

1. Hai mai sentito parlare di Umberto Eco? Puoi dire qualcosa su di lui?
2. Oggi siamo invasi dalle pubblicità. Qual è lo scopo della pubblicità? Ce n'è qualcuna che ti entusiasma particolarmente? E qualcuna che, al contrario, ti dà ai nervi?
3. Ti lasci influenzare dalla pubblicità televisiva o di più da quella stampata sulle riviste o sui cartelloni? In una pubblicità ti colpisce di più l'immagine o lo slogan?
4. Quali prodotti secondo te non dovrebbero essere reclamizzati?
5. Cosa puoi dire sulle immagini-scandalo utilizzate dalla Benetton per pubblicizzare i suoi prodotti? Si tratta di un messaggio di rottura?
6. Secondo te, è utile pubblicizzare una regione per farla conoscere ai turisti?

ESERCIZIO LESSICALE

Completa il testo inserendo al posto giusto le seguenti parole

*fotografica / destino / crea / raccolte / cavalli / slogan /
pubblicitarie / lavorare / collaborazione / stile*

La provocazione è il mio mestiere

Figlio d'arte (suo padre era fotogiornalista), Oliviero Toscani, ha capito da bambino quale sarebbe stato il suo (1)_____: come primo regalo ha ricevuto una macchina (2)_____. Dopo aver studiato fotografia a Zurigo, nel '65 inizia a (3)_____ per le più importanti riviste internazionali di moda. Negli anni Settanta incomincia anche a ideare foto (4)_____ di grande successo, come quella per la campagna di jeans Jesus: campagna che suscitò le ire del Vaticano per lo (5)_____ "Chi mi ama mi segua". Dopo Jesus arrivano le foto per Prenatal, Valentino, Fiorucci, Esprit. Nei primi anni Ottanta incomincia la (6)_____ con il gruppo Benetton, per il quale oggi (7)_____ e coordina tutta l'immagine internazionale. I manifesti-scandalo hanno fatto il giro del mondo. Le risposte del pubblico a questo (8)_____ di comunicazione sono adesso (9)_____ nel libro "Cosa c'entra l'Aids con i maglioni?" (Mondadori) curato da Laura Pollini e Pasquale Landi.

Oliviero Toscani vive con la moglie Kirsti e i tre figli in Maremma dove produce olio e vino e alleva (10)_____ Appaloosa.

PER LA PRODUZIONE SCRITTA

Se tu, come U. Eco, volessi pubblicizzare il tuo paese, per attirare turisti, che tipo di campagna pubblicitaria organizzeresti?

SITUAZIONE

Hai deciso di allontanarti per un po' dalla tua città perché sei stanchissimo/a del solito trantran quotidiano. Vai in un'agenzia turistica. Mentre attendi pazientemente il tuo turno, leggi che per reclamizzare il tuo paese vengono utilizzati "richiami" poco rispettosi. Ti rivolgi allora al direttore dell'agenzia per protestare e ti arrabbi quando lui insiste che quello è l'unico modo di promuovere il turismo. Tu, allora, gli mostri altri modi senz'altro più efficaci e suggestivi.

QUANDO L'APPARENZA INGANNA

A. Caro Diego

"L'abito fa il monaco, d'accordo. Ma si parla dell' "abito buono" quando una persona si veste bene, secondo i canoni e le regole degli altri, secondo criteri che non devono disturbare gli altri. Chi li infrange, diventa subito "a rischio" e vestito male. Io, che mi vesto di nero e sono più zingara che borghese, anche se ho una famiglia benestante alle spalle, provo irritazione quando leggo certe descrizioni sui giornali per definire l'aspetto di sbandati, delinquenti o sequestratori. Sono gli anelli in più alle mani e qualche pendaglio alle caviglie a rendere emarginabili le persone? Sono giovane e forse inesperta, ma questa regola non la condivido".

Adriana Venturelli, Casale Monferrato

B. Risponde: Diego della Palma

E fai bene a non condividerla. Ho qualche anno sulle spalle, oramai, e ho visto gente di ogni ceto sociale e di ogni professione vestirsi secondo le regole "degli altri". E se quelle regole fossero sbagliate? Vogliamo credere veramente che un impiegato di banca in giacca e cravatta sia meglio di uno che, nello stesso posto di lavoro, indossa un pullover? Ma via, su: non facciamo ridere i polli. Penso, invece, Adriana, che un po' di creatività ed estro aiutino a vivere meglio e ci aiutino, soprattutto, a sviluppare e a focalizzare la personalità e i lati del nostro carattere. Nella mia esistenza, ho dovuto occuparmi di vestire i personaggi per alcuni sceneggiati. E ho potuto constatare, in verità, che le tue osservazioni sono, ahimè,

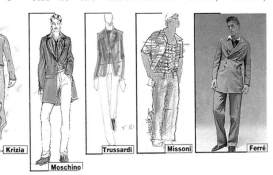

reali e radicate nella società di scimmiette in cui viviamo. Ricordo che, allora come ora, portare una giacca blu, per un uomo significava rispettabilità; indossare un abito traforato, per una donna, voleva dire, essere una "poco di buono" o nella migliore delle ipotesi, "un'estrosa". Questi luoghi comuni mi disturbano come disturbano te. E sono contento che, per voi giovani, le catene della banalità siano diventate insopportabili. Sono anche convinto che, con il tempo, qualcosa potrà cambiare. Non è forse vero che il mostro di Milwaukee, Jeffrey Dahmer, prima di uscire per trovare i suoi soggetti da squartare, amava vestirsi con giacche, camicie e cravatte impeccabili?

adattato da *Donna moderna*

LESSICO

- *l'apparenza inganna* – l'aspetto esteriore può indurre in errore
- *infrangere* – violare, non osservare
- *benestante* – che sta economicamente bene
- *irritazione* – rabbia
- *sbandato* – colui che è disordinato e confuso ideologicamente
- *pendaglio* – oggetto ornamentale che pende
- *caviglia* – la parte della gamba immediatamente al di sopra del piede
- *emarginabile* – che si deve mettere al margine, isolare
- *ceto* – classe
- *far ridere i polli* – un'espressione per dire che non bisogna essere sciocchi o ridicoli
- *sceneggiato* – un "racconto" televisivo
- *traforato* – a fori, bucherellato
- *poco di buono* – persona di dubbia onestà
- *estroso* – eccentrico e stravagante
- *squartare* – uccidere facendo a pezzi la vittima, (tagliare in quattro parti)
- *impeccabile* – perfetto

PER LA COMPRENSIONE

Le seguenti frasi si riferiscono al testo A o al testo B?

	A	B
1. Chi si veste un po' più eccentricamente è considerato "a rischio"	❑	❑
2. Sono d'accordo con te	❑	❑
3. Molti per vestirsi seguono le regole degli altri	❑	❑
4. Amo vestirmi di nero	❑	❑
5. Non sono più tanto giovane	❑	❑
6. Una giacca blu per un uomo era simbolo di serietà	❑	❑
7. Sono giovane	❑	❑
8. Con il tempo qualcosa cambierà	❑	❑
9. Provengo da una famiglia un po' borghese	❑	❑

BREVE SINTESI

PER LA DISCUSSIONE

1. Secondo te "l'abito fa il monaco"? Ci sono abiti "professionali"?
2. Conosci qualche creatore di moda italiano?
3. La moda è un tema che riguarda solo il mondo femminile?
4. Quali sono le tendenze della moda di quest'anno?
5. La mattina, quando ti alzi, in base a che cosa scegli che cosa indosserai?
6. Sai in quali città italiane avvengono le più importanti sfilate di moda? Ne hai mai vista qualcuna (seppure in tv)?
7. Che ne pensi dell'"alta moda"?

ESERCIZIO LESSICALE

Indica a quale categoria del settore moda (maschile o femminile) appartengono gli oggetti sottoindicati

1. stivali, scarpe, pantofole
2. cravatta, sciarpa, guanti
3. orecchini, anelli, bracciali
4. pantaloni, giacca, camicia
5. camicetta, maglietta, gonna
6. rossetto, matita, ombretto
7. tuta, scarponi, giacca a vento
8. cappotto, giaccone, impermeabile
9. calzini, collant, calzettoni
10. bottoni, cerniere, spillini

PER LA PRODUZIONE SCRITTA
Passando da questi punti, "costruisci" una storia

> *Milano / sfilata / prêt-à-porter / collezione maschile / titolo: "uomo scopri te stesso" / primavera-estate / Krizia / uomo / professionista di successo / romantico / vestiti sportivi e comodi / attori del cinema*

SITUAZIONE
È domenica. Sei uscita con tuo marito per andare ad una festa. Lui ha cominciato a guardare le altre donne con la minigonna. Arrabbiatissima, gli dici che, se le cose stanno così, appena apriranno i negozi (l'indomani), acquisterai anche tu una minigonna cortissima e di colore rosso... Lui, però, ti spiega che, se ti vestirai eccentricamente, non uscirà con te. Decisamente occorre litigare per "mettere ordine" nelle idee di lui. Alla fine troverete un accordo. (Non vogliamo dividere coppie!).

Una psicologa le ha contate: noi vi insegniamo come smascherarle

Uomini italiani: **100** e una bugia

Bugie, bugie, bugie. Soltanto bugie. Dice: "Ti telefono", "Ti amo", "Stasera devo fermarmi in ufficio sino a tardi", "Ti giuro, fra noi non è cambiato nulla". Sappiatelo: lo fa soltanto per sedurvi, imbrogliarvi. Sono ben 101 le bugie su cui i maschi basano il loro rapporto con l'altro sesso.

Il fatto preoccupante? È che le donne, per quanto intelligenti, cadano regolarmente nella rete. Che fare? Cominciate ad ascoltare meglio i bugiardi.

Bugie galanti

"Ho capito di amarti appena ti ho incontrata", "Come te non c'è nessuna". Cioè tutte quelle banalità che fanno parte del vocabolario galante usato lungo i secoli dal maschio per conquistare la femmina. Insomma, bugie a prima vista. Ricordate il mitico "Vorrebbe salire un attimo a vedere la mia collezione di farfalle?". È diventato "Vieni su da me a vedere la finale della Coppa dei Campioni?". Anche i bugiardi si aggiornano.

LA TOP DELLE TOP: *"Sono sposato, ma mi è bastato guardarti per capire che ho fatto uno sbaglio".*

Bugie sociali

"Sono direttore di una rivista", in realtà è solo un collaboratore saltuario. "Mio padre ha una grande proprietà in campagna", ed è figlio di un contadino. Si definiscono "bugie sociali" o, semplicemente, "balle".

LA TOP DELLE TOP: *"Che importanza ha il mio lavoro? Da quando ti*

conosco sono un poeta".

Bugie generose

"Ti amo così come sei, un po' in carne: detesto le donne grissino". L'adorabile furfante è pronto a tutto quello, cioè, che può servire a un corteggiamento. Allora, benvenute bugie: le donne sono felici di sentirsele dire e ci credono ciecamente. Perché non dovrebbero? Tanto, i bugiardi capitano solo alle altre.

LA TOP DELLE TOP: *"Sono assolutamente convinto che le donne invecchiando migliorino".*

Bugie leggere

"Ti chiamo presto". "Ti telefonerò" per la maggioranza degli uomini equivale a un "Ciao", è un modo di dire che non significa niente. Ma la poveretta passa le giornate accanto al maledetto apparecchio in attesa di uno squillo.

LA TOP DELLE TOP: *"Ho frainteso, credevo che avresti chiamato tu..."*.

Bugie pesanti

"Certo che ti amo ancora", "Ti giuro che non è cambiato niente", e sta mettendo su casa con un'altra. "No, non sto uscendo con nessuna", e si sta barcamenando tra due donne diverse: finirà per sceglierne una terza. È un modo per prendere le distanze, ma soprattutto allontanare le scenate.

LA TOP DELLE TOP: *"Se tu te ne andassi, non mi risposerei mai"*.

Bugie da salotto

"A letto sei uno schianto", è stato come violentare un pesce surgelato. Sono bugie sociali correct, insomma, fanno parte della buona educazione. Nessuno sa essere più ipocrita di un compitissimo gentiluomo.

LA TOP DELLE TOP: In caso di ritardo: *"Allora ti sono mancato! Non sai quanto mi fai felice"*.

Bugie in libertà

"Stasera rimango sino a tardi in ufficio", "Starò via tutta la settimana per un congresso". Sono bugie che il maschio dice per avere un angolo di libertà. Che poi le usi per un incontro galante o per andarsene tranquillamente alla partita, sono fatti suoi. Per una sera, un giorno, una settimana. Per sempre.

LA TOP DELLE TOP: *"Ho mentito per non ferire i tuoi sentimenti"*.

adattato da *Anna*

LESSICO

○ *giurare* – dichiarare solennemente di affermare la verità su una cosa o la sincerità di una promessa
○ *sedurre* – far innamorare qualcuno con lusinghe e promesse false
○ *imbrogliare* – far credere a qualcuno ciò che non è, truffare
○ *mentire* – raccontare bugie
○ *essere in carne* – essere robusto, florido, un po' grasso
○ *detestare* – odiare
○ *donna grissino* – donna molto magra
○ *fraintendere* – capire una cosa per un'altra
○ *scenata* – litigio violento
○ *essere uno schianto* – essere una persona molto bella
○ *compìto* – educato, cortese, di buone maniere
○ *ferire* – provocare un'offesa o un dolore

PER LA COMPRENSIONE
Completa la griglia

TIPI DI BUGIE	LA TOP DELLE TOP	CARATTERISTICA	LA "TUA" DEL GENERE
Bugia galante	*"Sono sposato, ma dopo averti incontrata, ho capito il mio errore.*	*"La galanteria e le buone maniere.*	*Lei ha i più begli occhi che abbia visto.*

TIPI DI BUGIE	LA TOP DELLE TOP	CARATTERISTICA	LA "TUA" DEL GENERE

BREVE SINTESI

PER LA DISCUSSIONE

1. Dici delle bugie? In quali occasioni?
2. Mentire è uno stile di vita? Che "requisiti" deve avere un bugiardo?
3. Come è possibile smascherare chi dice "balle"?
4. Racconta la tua "bugia" preferita o parlaci di quella volta che avevi raccontato una bugia.
5. Sono più bugiardi gli uomini o le donne?
6. Chi racconta "bugie" per non pagare le tasse è un bugiardo?
7. Gli attori teatrali sono degli "ipocriti"?

ESERCIZIO LESSICALE
Cancella la parola estranea

1. bugia / menzogna / verità / balla / frottola
2. appassionato / passionale / freddo / focoso / ardente
3. intelligente / astuto / stupido / scaltro / sveglio
4. rivista / periodico / quotidiano / settimanale / mensile
5. saltuario / stabile / stagionale / instabile / periodico

PER LA PRODUZIONE SCRITTA
La nostra è un epoca in cui la verità è passata di moda perché troppo dura da sopportare. Sei d'accordo con questa affermazione? Esprimi la tua verità.

SITUAZIONE
Sei arrivato/a in ritardo ad un appuntamento con la tua dolce metà. Sapendo che lui/lei si arrabbia moltissimo se deve aspettare da solo/a al tavolino di un bar, trovi una scusa che è una vera e propria menzogna…

LA CERIMONIA DELLE NOZZE PRESSO I ROMANI

Il rito nuziale

La cerimonia delle nozze era l'avvenimento più importante della vita familiare dei romani. Alla vigilia delle nozze la sposa consacrava a una divinità i giocattoli della sua infanzia; poi, vestito fin dalla sera l'abito nuziale al posto dell'abito da ragazza e posta in capo una cuffia di colore arancione, andava a dormire. Il giorno delle nozze la casa era addobbata a festa; dalla porta pendevano corone di fiori, rami di alberi sempre verdi; sull'ingresso si stendevano dei tappeti. Le maggiori cure erano dedicate, naturalmente, alla sposa, che si faceva bella per la cerimonia; dell'abbigliamento nuziale erano caratteristiche l'acconciatura dei capelli e il vestito col velo. Per la prima volta la sposa veniva pettinata in un modo speciale, detto *sex crines,* per cui i capelli erano divisi in vari gruppi…

In tutti gli atti del rito la sposa era assistita dalla pronuba, una donna che, per poter essere onorata di tale ufficio, doveva avere avuto un solo marito. Il rito cominciava con un sacrificio augurale; se il sacrificio avveniva regolarmente, era segno che gli dei non erano contrari alla nuova unione.

Terminato il sacrificio, seguiva, di regola, il contratto di matrimonio, in presenza di dieci testimoni; quindi la pronuba prendeva le destre degli sposi, ponendole l'una nell'altra. Era questo il momento più solenne della cerimonia: i giovani sposi si promettevano reciproco amore e fedeltà. Subito dopo aveva luogo il banchetto e poi, verso sera, cominciava la cerimonia dell'accompagnamento nella casa del marito: lo sposo, all'improvviso, faceva finta di strappare la giovane moglie impaurita dalle braccia della madre: era una pura formalità. Si formava, poi, un corteo diretto alla casa del marito. La sposa avanzava (portando il fuso e la conocchia, simboli della nuova attività di madre di famiglia) ed era accompagnata da tre giovanetti: due ne teneva per mano, un terzo la precedeva agitando una fiaccola, accesa nel focolare della casa della sposa…

La cerimonia dell'entrata in casa avveniva così. Il marito, che aveva preceduto la moglie, stando sulla soglia, le domandava come si chiamasse, ed essa rispondeva amabilmente: *"ubi tu Gaius ego Gaia"* ("dove sei tu Gaio, anch'io sono Gaia", cioè dove tu sei felice, anch'io lo sono); allora quelli che l'accompagnavano la sollevavano di peso perché non toccasse la soglia col piede, e la facevano entrare in casa. Quindi la pronuba faceva sedere la sposa sul letto di fronte alla porta, dov'essa pronunziava le preghiere di rito alle divinità della nuova casa. Con ciò la festa era finita; il corteo nuziale si scioglieva e gli invitati tornavano alle loro case.

adattato dalla *"Vita dei romani"* di *E. Paoli*

LESSICO

- *consacrare* – dedicare, offrire ad una divinità
- *reciproco* – l'un l'altro, a vicenda
- *banchetto* – pranzo (di nozze)
- *far finta* – comportarsi in modo tale da far intendere il contrario di quello che si pensa
- *strappare dalle braccia* – portar via qualcuno con la forza
- *corteo* – insieme di persone che accompagnano qualcuno durante una cerimonia

- *fiaccola* – un tipo di fiamma che brucia lentamente (a forma di bastone); è tipica delle Olimpiadi
- *focolare* – è la parte inferiore del camino formata da un piano sul quale si accende il fuoco
- *gaio* – felice, contento, soddisfatto, allegro
- *sollevare* – alzare di peso
- *soglia* – lastra di pietra o tavola di marmo che limita inferiormente il vano della porta

PER LA COMPRENSIONE
Completa le frasi, sintesi del brano letto

1. Presso i romani la cerimonia delle nozze _____
2. Alla vigilia del matrimonio la sposa consacrava _____
3. Indossava l'abito nuziale e la cuffia e così _____
4. La casa era addobbata_____
5. La donna che curava la sposa doveva _____
6. Se il sacrificio augurale avveniva regolarmente, significava che _____
7. Nel momento in cui la pronuba congiungeva le destre degli sposi i giovani

_____
8. Dopo il banchetto lo sposo _____
9. La sposa avanzava _____
10. Davanti alla soglia _____
11. Così _____
12. Con ciò la festa era finita e gli invitati _____

BREVE SINTESI

PER LA DISCUSSIONE

1. Credi che anche oggi il matrimonio sia considerato il momento più importante della nostra vita?

2. Per le nozze si arriva a spendere un capitale tra abiti, inviti, banchetto, bomboniere, e via dicendo; come spieghi tanta voglia di sfoggiare?

3. Quale è il periodo in cui vengono celebrati il maggior numero di matrimoni?

4. Pensi che le ragazze di oggi vogliano vivere quel momento come le protagoniste di una fiaba?

5. Oggi si parla addirittura di sostituire gli album delle foto matrimoniali con cd-rom senza badare a spese. Che te ne pare?

6. Per evitare di avere dei regali inutili gli sposi preparano una "lista di nozze" in cui si trova di tutto. Non ti sembra di essere costretto/a in questo modo a "spendere" più di quanto tu voglia, volendo e dovendo partecipare ad un matrimonio a cui sei stato/a invitato/a?

7. Viaggio di nozze! Dove ti piacerebbe andare in luna di miele? (Se già sei sposato/a, raccontaci dove sei stato e come hai scelto quel posto).

ESERCIZIO LESSICALE

Dì che cosa auguri a qualcuno che ti dice...

1. Andrò a fare un esame: _____ !
2. Mi sposerò: _____ !
3. Ho preso la laurea: _____ !
4. Domani partirò: _____ !
5. Questi maccheroni sono proprio appetitosi: _____ !
6. Sono appena arrivato dall'Italia: _____ !
7. Oggi è il 31 Dicembre: _____ !
8. È il mio compleanno: _____ !
9. Resterò in questo paese almeno un mese: _____ !
10. Ciao! Che bella serata!: _____ !

PER LA PRODUZIONE SCRITTA

Un/un' amico/a ti scrive che ha deciso di sposarsi e vuole invitarti al suo matrimonio. Siccome tu sei un po' innamorato/a del ragazzo/a con cui si sposerà non vuoi partecipare alle nozze. Rispondi allora all'invito con una lettera in cui
- ti giustifichi per la tua sicura assenza in quel giorno
- auguri ogni felicità alla coppia
- dici che qualche giorno andrai a casa loro e potrete vedere insieme il filmino delle nozze (che è chiaramente una bugia).

SITUAZIONE

Un/un' amico/a ti dice che ha deciso di sposarsi con un/una ragazzo/a italiano/a. Tu cerchi di dissuaderlo/la in tutti i modi perché secondo te vale il proverbio "donne e buoi dei paesi tuoi".

PARTIRE È UN PO' RISCHIARE
Nuovi miti: il viaggio avventura da raccontare agli amici

L'avventura da raccontare agli amici? C'è chi non la cerca, ma ci finisce dentro per fatalità.

C'è chi, invece, l'avventura la cerca e la prenota a caro prezzo: volando verso l'imprevisto nei Paesi in guerra per la foto mitica da mostrare agli amici, tra sparatorie e bombardamenti. E anche chi, più cautamente, evita le guerre ma si lancia verso mete insolite: Cordigliera delle Ande, Mato Grosso, Amazzonia… Strani viaggiatori, gli italiani. Spesso incauti e pasticcioni. Si fanno arrestare in viaggio di nozze, con l'hashish in tasca, alle Maldive… O catturare da guerriglieri etiopi (come è successo qualche anno fa a una comitiva di veneti appassionati di vacanze estreme, fatti prigionieri dalla temibile tribù Damboida). Più spesso, sfortunati. E, quasi sempre, disinformati. Il governo li mette in guardia da settimane con uno spot in tivù: "Attenzione, prima di partire, informatevi. E telefonate al numero: O6-491115, al "Servizio informazioni sui Paesi a rischio", istituito dall'Aci con i ministeri degli Esteri e del Turismo". Ma loro non lo fanno! Gruppi sempre più numerosi di liberi professionisti, insegnanti, impiegati di alto livello, bancari

continuano a preferire foreste e deserti. Per qualcuno il viaggio "da infarto" è un antidoto alla routine. Per altri, un modo di evadere dal grigiore della città e di ritornare alla natura selvaggia. E poi c'è chi ha un bisogno cronico di dimenticare un anno vissuto noiosamente dietro la scrivania. Ma per più di mille, ogni anno, il brivido si trasforma in incubo: tante sono le richieste di aiuto di clienti in crisi perché scippati, hanno perso una valigia, la carta di credito, o la fidanzata.

Le agenzie specializzate schizzano così l'identikit del cliente tipo: un italiano che guadagna bene, età media dai 35 ai 45 anni (i viaggi avventurosi costano, e i giovanissimi non possono permetterseli). E sempre più numerose le presenze femminili, tanto che i gruppi sono composti al 60 per cento da donne, molte delle quali single. Ma cosa cercano i clienti delle agenzie turistiche in questi viaggi? Racconta Pradella: "La vacanza tranquilla in spiaggia, sotto l'ombrellone, non riposa. Chi sta fermo tutto il giorno davanti al mare ha più tempo per pensare alla sua vita e al suo lavoro. Una vacanza avventurosa ti costringe a concentrarti esclusivamente su quanto stai facendo, e sugli scenari che hai intorno: coccodrilli a due passi, ana-conde lunghe dodici metri, uccelli e giaguari, montagne e vallate… Sembra più stressante, ma non lo è: perché cancelli dalla mente le piccole, solite, ossessioni della vita quotidiana".

adattato da *Anna*

LESSICO

- *fatalità* – un fatto che è destinato succeda, destino
- *sparatoria* – scambio di colpi di arma da fuoco
- *cautamente* – con prudenza, attenzione
- *pasticcione* – confusionario
- *catturare* – far prigioniero
- *guerrigliero* – una persona che appartiene ad un gruppo estremistico che combatte una guerra autonoma, non dichiarata dallo stato
- *comitiva* – gruppo, compagnia
- *mettere in guardia* – avvertire dei pericoli
- *viaggio da infarto* – è un modo di dire per indicare un viaggio pericoloso e rischioso
- *brivido* – metaforicamente indica un'intensa emozione
- *scippare* – rubare
- *identikit* – ritratto psicosomatico

PER LA COMPRENSIONE
Scegli l'affermazione corretta tra le quattro proposte

1. Gli italiani quando viaggiano sono
   - ❑ a. prudenti e ordinati
   - ❑ b. confusionari e imprudenti
   - ❑ c. come tutti gli altri viaggiatori
   - ❑ d. fortunati e informati
2. Il cliente tipo è un italiano
   - ❑ a. che ha più di 50 anni
   - ❑ b. che ha uno stipendio basso
   - ❑ c. che guadagna bene
   - ❑ d. giovanissimo
3. Questi clienti cercano vacanze
   - ❑ a. tranquille
   - ❑ b. avventurose
   - ❑ c. da incubo
   - ❑ d. stressanti

BREVE SINTESI

PER LA DISCUSSIONE
1. Vacanze, vacanze! Che ne pensi delle vacanze "estreme"? Le consideri pericolose o eccitanti?
2. Faresti una vacanza di questo tipo? Se sì, dove ti piacerebbe andare? Se no, per quale motivo?
3. Il nuovo tipo di vacanza scelto dagli italiani è il viaggio–avventura. Nel tuo paese

esiste questo mito?

4. Trovi che l'iniziativa proposta dal governo italiano per informare i cittadini sui pericoli che eventualmente i turisti potrebbero incontrare nei paesi meta dei loro viaggi sia brillante e intelligente?

5. Quando vuoi dimenticare il grigiore della routine cosa fai?

6. Nel testo si dice che il 60% delle donne che partono alla ricerca di un'avventura sono single, come mai?

ESERCIZIO LESSICALE
Completa la griglia

nome	aggettivo/participio	verbo
	ricercato	
		prenotare
volo		
	arrestato	
cattura		
	istituito	
		evadere

PER LA PRODUZIONE SCRITTA
Durante le vacanze avrai sicuramente vissuto un'avventura o una disavventura. Al tuo ritorno decidi di scrivere una lettera al/alla tuo/a amico/a per raccontargliela, affinché capiti o non capiti anche a lui/lei qualcosa del genere.

SITUAZIONE
Hai perso l'aereo che ti doveva riportare nel tuo paese dopo una vacanza piuttosto avventurosa. La signorina della compagnia aerea a cui ti rivolgi per informazioni ti dice che il prossimo aereo c'è dopo un'ora, mentre un altro cinque ore dopo. Purtroppo sul primo aereo c'è solo un posto libero e c'è già un altro passeggero in lista. Tu allora cerchi di convincerla a preferire te poiché…

CURIOSITÀ
Quel "mafia-tour" nella terra di Pirandello

In vacanza con il "mafia-tour" e con un finto attentato compreso nel prezzo. L'idea è di un'agenzia turistica di Catania che, su richiesta di un tour-operator tedesco alla ricerca di "emozioni-forti", si sarebbe rivolta ad imprenditori agrigentini per organizzare un tour sui luoghi legati alla mafia. Gli interessati dicono che non è vero, ma il segretario regionale di Rifondazione comunista, Francesco Forgione, ha denunciato il caso e l'ha definito "una vergogna, una cosa terribilmente seria e tragica". Una specie di voyerismo mafioso. I turisti nell'Agrigentino vogliono vedere il covo del boss Giovanni Brusca più che la casa natale di Pirandello, e che una delle richieste più frequenti è la "visita e spiegazione sul luogo dell'attentato al giudice Livatino".

DOLCE PER SÉ

La sua vita è un romanzo e lei, **Dacia Maraini**, *nata a Firenze nel 1936, da quasi trent'anni la sta scrivendo nei suoi libri. Da bambina, visse gli orrori del campo di concentramento in Giappone: conobbe la sofferenza, la fame, la paura della morte. Poi ci fu il grande amore per Alberto Moravia, durato 18 anni. E ancora: la Sicilia, il paese di sua madre, raccontato in Bagherìa. Oggi, è considerata la maggiore scrittrice italiana, conosciuta in tutto il mondo. Molti suoi romanzi sono diventati film, come Storia di Piera, di Marco Ferreri, o La lunga vita di Marianna Ucrìa, di Roberto Faenza. Nel suo romanzo, Dolce per sé, rievoca l'amore con un uomo più giovane di lei di vent'anni e corrisponde con la nipote di lui.*

21 ottobre 1988

Cara Flavia,

una donna di cinquant'anni e una bambina di sei, che strana combinazione di età! generalmente si considerano estranee e lontanissime come due comete lanciate in due cieli diversi che non si conoscono e sono destinate a non incontrarsi mai…

Cara Flavia che non mi sei parente, che non mi sei coetanea, che nonostante questo mi sei vicina, come è possibile che ti scelga come confidente quasi fossi una donna fatta con tanto di passato alle spalle?

Sono qui per parlarti di tuo zio Edoardo, come al solito. Ma non posso parlare di lui senza parlare di te; ti ricordi quella sera al concerto di Castelrotto?…

Tuo padre Arduino e tuo zio Edoardo suonavano insieme con un pianista e un violista il Quartetto in sol minore di Mozart…

Anche tua madre suona bene il pianoforte, avrebbe potuto fare la concertista…

È un peccato, perciò, che lei abbia rinunciato a fare la concertista… "Nessuno mi ha costretta a rinunciare" mi ha detto una volta "so che non ho abbastanza talento per farmi un nome. E poi c'è troppa concorrenza nel mondo dei pianisti, non basta essere bravi, bisogna essere geniali e avere una determinazione che, io decisamente non ho. E poi chi si occuperebbe di Arduino e di Flavia?" Certo è vero che, se anche lei facesse la concertista, qualcun altro dovrebbe cucinare per te. Chi ti sveglierebbe la mattina, chi ti preparerebbe la colazione, chi ti porterebbe a scuola, chi ti metterebbe a letto, chi ti racconterebbe le favole per addormentarti?

Le mamme fanno le mamme, tu dici. Quindi niente concerti, niente viaggi all'estero. Il marito, i parenti, la gente intorno avranno davvero riconoscenza per queste rinunce professionali? O non sarà che, dopo averla costretta a scegliere fra professione amata e maternità, la tratteranno con sufficienza dicendo: "In fondo le donne sono poco portate per l'arte"...

Ma torniamo a quella sera a Castelrotto quando noi due ci siamo sedute davanti al palco e abbiamo "bevuto" la musica... Nell'entusiasmo ti ho preso una mano e mi sono accorta che dormivi, una volta tanto avevi ceduto ai sonni della tua età. Al tocco delle mie dita, hai aperto gli occhi e mi hai sorriso. "Stavo sognando di suonare" mi hai sussurrato all'orecchio. Così il circolo si era chiuso. Tuo padre suonava sognando di essere te che lo guardavi e tu lo guardavi, sognando di essere lui che suonava.

Ti mando un bacio

tua

Vera

ridotto e adattato da *"Dolce per sé"* di *D. Maraini*

LESSICO

○ *combinazione* – coincidenza, caso

○ *confidente* – persona a cui si raccontano i propri segreti

○ *donna fatta* – donna matura

○ *rinunciare* – dover rifiutare

○ *determinazione* – decisione, forza d'animo

○ *riconoscenza* – sentimento di chi mostra gratitudine per il bene ricevuto

○ *trattare con sufficienza* – comportarsi con qualcuno come per dirgli "non sei capace"

○ *essere portato* – avere inclinazione, talento

○ *cedere* – fare un compromesso, non opporre più resistenza

○ *tocco* – atto dello sfiorare, toccare leggermente

○ *sussurrare* – parlare a bassa voce

○ *circolo* – cerchio

PER LA COMPRENSIONE
Completa le seguenti frasi

1. Flavia è una _____ di sei anni.

2. A lei _____ l'autrice della lettera per parlarle di una serata _____ durante la quale suo padre e suo zio avevano partecipato ad un _____ come concertisti.

3. Questo ricordo offre alla scrittrice _____ di fare delle considerazioni sulla madre della bambina.

4. Anche la mamma di Flavia avrebbe potuto fare _____, ma ha dovuto _____ alla sua carriera per dedicarsi a quella di _____ e moglie.

BREVE SINTESI

PER LA DISCUSSIONE
1. L'amicizia tra persone di diverso sesso o di differente età o estrazione sociale, secondo te, è destinata a durare a lungo?
2. Sai o ti piacerebbe suonare qualche strumento musicale?
3. Credi che una donna, che voglia fare l'artista per professione, debba abbandonare tale attività se si sposa o diventa mamma?
4. Generalmente cosa pensi di una donna che antepone la sua carriera alla famiglia?
5. Che posto occupa oggi la donna nella società? E l'uomo?
6. Le donne hanno maggiori o minori possibilità di carriera di un uomo?

ESERCIZIO LESSICALE
Se vuoi trovare la parola giusta, rispondi alla domanda

1. Come è una donna che attira gli uomini
   non solo per la sua bellezza?   A_ _ R _ _ _ _ E
2. Che cos'è quella cosa che somiglia
   ad una stella ma ha la coda?   C _ M _ _ A
3. È un tipo che ha la tua età.
   Come si chiama con una parola?   C_ _ T _ _ _ O
4. Che cosa c'è oggi in abbondanza
   in ogni settore produttivo?   C _ _ C _ _ _ _ _ _ A
5. Quale verbo si usa quando, dopo un litigio,
   l'uno dei due vuol fare la pace?   C _ D _ _ E

PER LA PRODUZIONE SCRITTA
Scrivi una lettera al tuo amore in cui
- chiedi scusa per il litigio di cui sei stato causa
- prometti che non succederà più
- esprimi tutto il tuo amore e … gli dici di non dimenticarsi di quella prima volta che vi siete incontrati

SITUAZIONE
Siete due amici/che che avete un'opinione del tutto differente su cosa significa essere uomo – uomo. Tu pensi che l'uomo debba essere gentile, delicato, sensibile ecc., mentre il/la tuo/tua amico/a ritiene che un vero uomo debba essere forte, duro, aggressivo ecc. Ambedue cercate di giustificare la vostra affermazione e convincere l'altro.

I "VOLI" DI LEONARDO DA VINCI

Vicino a Firenze nel 1452 nasceva, da un notaio e da una contadina, uno dei più grandi geni che l'umanità ricordi: Leonardo Da Vinci.

La natura, che tanto lo avrebbe appassionato nel corso di tutta la sua vita, si mostrò generosa con lui, dotandolo non solo di una bellezza formidabile, ma anche di un'intelligenza suprema. Leonardo si dedicò a tutti i campi dello scibile umano, dalla scienza alla musica, dall'arte alla fisica, mostrandosi abilissimo in tutte le discipline e superando la maggior parte dei grandi uomini del Rinascimento.

La sua inquietudine e il suo desiderio di conoscenza lo spinsero a ribaltare tutti i principi medioevali ed a concepire una teoria rivoluzionaria per l'epoca. Una teoria che considerava l'uomo al centro della storia e della creazione e la natura madre di ogni conoscenza. Secondo il grande genio, la natura era un libro aperto che bisognava studiare attentamente per scoprire le leggi universali e meccaniche che la regolano. Pensò, perciò, che fosse possibile rubare agli uccelli il segreto del volo e insegnarlo agli uomini. Per realizzare questo sogno, Leonardo si mise a studiare gli uccelli come mai nessuno aveva fatto prima di lui. Li osservava con scrupolosità scientifica, ma anche con una sensibilità poetica straordinaria.

Dopo aver studiato il volo degli uccelli per oltre vent'anni, il grande artista fiorentino, Leonardo, disegnò il primo modello di aeroplano. Era il 1505.

Ancora oggi nella biblioteca reale di Torino si conserva il suo manoscritto di diciotto pagine, piene di note e disegni, comunemente conosciuto come "codice sul volo degli uccelli". Qui si trovano due disegni famosissimi. Nel primo sono raffigurati sei uccelli in volo che, schizzati con pochi tratti di penna, sembrano l'apoteosi del miracolo di una creatura che con un piccolo corpo e grandissime ali riesce a "navigare" nel vento. Anche l'altro disegno non si può guardare senza commozione. È, infatti, la prima rappresentazione moderna della macchina volante. Per la prima volta il mito di Icaro, da fantasia poetica, si trasformava in progetto tecnologico. Se questo era il sogno di Leonardo, il genio fu costretto ad ammettere che la questione dell'energia motrice restava un ostacolo insuperabile.

Eppure alla sua "impossibile macchina" l'artista scienziato dedicò le ricerche più appassionate ed i disegni più belli, che sono quanto di più affascinante sia mai uscito dalle mani di un uomo.

Il modello era sempre la meravigliosa e misteriosa natura, unica custode di tutti i saperi, sintesi di funzionalità e bellezza.

adattato da *Ulisse 2000*

LESSICO

○ *dotare* – fornire di dote. Qui è usato in senso figurato per fornire di qualità

○ *scibile* – tutto ciò che la mente umana può conoscere

○ *inquietudine* – condizione di agitazione, ansia, incapacità di stare tranquillo

○ *ribaltare* – capovolgere, modificare completamente

○ *scrupolosità* – l'essere diligente, meticoloso, coscienzioso

○ *manoscritto* – testo o documento scritto a mano

○ *energia motrice* – energia atta a far muovere un macchinario

PER LA COMPRENSIONE

Rispondi alle domande

1. In che modo la natura si mostrò generosa con Leonardo?
2. A quale teoria si ispirò il grande genio?
3. Perché decise di studiare gli uccelli?
4. Quali disegni contenuti nel "Codice sul volo degli uccelli" sono riportati nel testo letto?
5. Come mai il sogno di Leonardo naufragò?

BREVE SINTESI

PER LA DISCUSSIONE

1. Quale opinione ti sei fatto di Leonardo Da Vinci?
2. Il sogno di Leonardo di imparare a volare naufragò. Non pensi che alcune volte sia più da premiare lo sforzo piuttosto che il successo?
3. Hai mai visto la Gioconda? Puoi descriverla? Perché è divenuta tanto famosa?
4. Quale persona ritieni "il più grande genio dell'umanità"? Come mai?
5. Leonardo sosteneva che "la sapienza è figlia dell'esperienza". Potresti spiegare cosa significa questa frase? Per te "fare esperienze" è importante? In che campo?
6. Ti piace viaggiare in aereo? Quale è il più lungo viaggio che hai fatto? Potresti descrivercelo?
7. Gli incidenti aerei diventano sempre più frequenti. Come mai?

ESERCIZIO LESSICALE

a. Completa con il nome o il verbo che manca

nome	verbo
nascita	
passione	
	dotare
creazione	

	aprire
	rubare
insegnamento	
	disegnare
	dipingere
commozione	
	dedicare

b. Qual è il superlativo "irregolare" assoluto degli aggettivi riportati nella colonna a sinistra? Fa' il giusto abbinamento e lo troverai

1. alto	a. ottimo
2. basso	b. bellissimo (meraviglioso)
3. buono	c. infimo
4. cattivo	d. massimo
5. famoso	e. minimo
6. grande	f. intelligentissimo (genio)
7. piccolo	g. pessimo
8. intelligente	h. supremo / sommo
9. bello	i. famosissimo

PER LA PRODUZIONE SCRITTA

Inventa una storia che abbia come protagonisti dei dirottatori che seminano il terrore fra i passeggeri.

SITUAZIONE

Lavori da poco presso una grande ditta italiana nel tuo paese (tipo Fiat). Per il prossimo fine settimana il tuo direttore ha deciso di mandarti in Italia, a Roma, per discutere da vicino di un certo affare, importantissimo, con il responsabile italiano della società. Il tuo direttore non sa che tu hai un vero e proprio terrore degli aerei... Non vuoi partire, ma non sai che giustificazione inventare per evitare il viaggio. Alla fine ti viene in mente un'idea che accontenterà un po' tutti.

L'AIDS: SE LO CONOSCI NON TI UCCIDE

Essere informati è il primo passo per affrontare in maniera adeguata il problema. Sei sicuro/a di saperne abbastanza? (Dopo controlla le tue risposte con quelle della pagina seguente)

	vero	falso	non so
1. La maggior parte delle persone che può trasmettere il virus dell'AIDS mostra segni di malattia			
2. Il rapporto sessuale è un comportamento ad alto rischio per la trasmissione del virus dell'AIDS			
3. È sempre pericoloso toccare una persona con l'AIDS			
4. Il preservativo rende il rapporto sessuale completamente sicuro			
5. Le persone che s'iniettano droghe in vena sono a rischio di contagio da virus quando si scambiano le siringhe			
6. Di solito le persone portatrici del virus dell'AIDS hanno dei sintomi e si sentono male			
7. Anche il rapporto sessuale normale tra uomo e donna può trasmettere facilmente il virus dell'AIDS indifferentemente dall'uno all'altro			
8. Le persone che hanno comportamenti a rischio per l'AIDS non dovrebbero donare il sangue			
9. Una dieta sana e un periodo di sonno regolare eliminano la possibilità di venire infettati dal virus dell'AIDS			
10. La maggior parte delle persone che sono state contagiate dal virus dell'AIDS sanno di esserlo			
11. Attualmente è ben conosciuto il modo in cui viene trasmesso il virus dell'AIDS			
12. Le donazioni di sangue non comportano rischi per i donatori			
13. Le persone già esposte al virus dell'AIDS, attraverso lo scambio di siringhe, possono trasmettere il virus alle persone con cui hanno, occasionalmente o abitualmente, rapporti sessuali			
14. Il test HIV si può effettuare, in Italia, solo negli ospedali e nelle strutture sanitarie delle grandi città			
15. Un risultato di sieronegatività ottenuto con gli appositi esami informa che di sicuro non si è stati contagiati			
16. La ricerca scientifica sta facendo grandi passi avanti rispetto alle possibilità di curare le persone sieropositive o malate di AIDS			

tratto da *Donna Moderna*

LESSICO

○ *toccare* – venire a contatto con qualcuno o qualcosa

○ *iniettarsi* – introdurre nelle vene una sostanza con una siringa

○ *vena* – vaso o canale che porta il sangue da tutto il corpo al cuore

○ *contagio* – trasmissione di una malattia ad una persona sana

○ *scambiarsi* – dare l'un all'altro qualcosa

○ *donare il sangue* – regalare il proprio sangue senza ricompensa (donatore)

○ *infettare* – contagiare, provocare l'ingresso di un virus in un organismo

○ *strutture sanitarie* – insieme dei rapporti di base che caratterizzano un sistema che riguarda la salute e l'igiene

○ *apposito* – fatto chiaramente per uno scopo

PER LA DISCUSSIONE

1. Ogni anno molti giovani muoiono a causa dell'AIDS. Perché? Quali sono le categorie più a rischio?

2. Come viene affrontata dalla società e da te una persona sieropositiva? Hai mai letto, sentito, visto in TV o al cinema una storia che aveva per protagonista un sieropositivo?

3. Cosa consiglieresti ad un/una amico/a che si vanta di avere tante relazioni sessuali?

4. Bastano le campagne pubblicitarie per lottare contro l'AIDS o si può fare di più?

5. Una persona contagiata o malata di AIDS può essere licenziata dal suo lavoro?

6. Al minimo dubbio è bene sottoporsi ad un test? Nel tuo paese è facile eseguire accertamenti? A che punto è oggi la medicina?

ESERCIZIO LESSICALE

Inserisci nella pubblicità lanciata dal ministero della Sanità le parole che mancano, scegliendole tra quelle sottoindicate

sintomo / test / infezione / sieropositiva / anticorpi / emarginazione / virus / diagnosi / medicina

Una persona è sieropositiva, anche se non ha alcun (1)_____, quando dal (2)_____ risulta che il suo organismo ha sviluppato anticorpi contro il (3)_____ dell'AIDS. Questi (4)_____, utili per la (5)_____, purtroppo non hanno alcun valore protettivo. Una persona (6)_____ può condurre una normale vita sociale.

D'altra parte il sieropositivo deve manifestare la propria solidarietà verso gli altri, a cominciare dal proprio partner, evitando di trasmettere l'(7)_____.

L'AIDS non si trasmette dividendo lo stesso luogo di lavoro, mangiando insieme, bevendo nello stesso bicchiere o usando le stesse posate, non si trasmette usufruendo degli stessi servizi igienici. Emarginare una persona sieropositiva, non è solo un'ingiustizia odiosa e inutile, è anche pericoloso perché l'(8)_____ può indurre la persona al silenzio, alla negazione del proprio stato.

La solidarietà non è solo un dovere, spesso una grande (9)_____.

PER LA PRODUZIONE SCRITTA

Il nostro sondaggio

Lei consiglia a suo figlio di usare il preservativo?   72%   SÌ

Otto ragazzi su dieci non usano il preservativo durante i rapporti sessuali. Ma le donne italiane parlano del problema con i loro figli? Consigliano l'uso del preservativo ai più giovani? Lo abbiamo chiesto a 100 madri di ragazzi fra i 15 e i 25 anni (sondaggio *Swg*).

SÌ	**69%**	**perché ho paura che prenda una malattia sessuale**
	3%	**perché rischia di diventare padre senza averlo scelto**
NO	**19%**	**perché con mio figlio non parlo mai di sesso**
	0 %	**perché sono contraria ai metodi contraccettivi non naturali**

Dopo aver letto e commentato i risultati del sondaggio che è stato effettuato in Italia, esprimi per iscritto la tua opinione su questo tema di scottante attualità.

SITUAZIONE

Hai letto su un giornale una notizia sconvolgente. Una prostituta sieropositiva di Ravenna, Giuseppina Barbieri, avrebbe contagiato "migliaia" di clienti che, terrorizzati, hanno cominciato a telefonare alla Questura dicendo: "Sono stato con lei, cosa devo fare?". Per lei si ipotizza un rinvio a giudizio per tentato omicidio. Una tua amica, siccome la ritiene un "mostro" vorrebbe che fosse condannata al carcere a vita come un'assassina qualunque. Tu, invece, sostieni che la colpa di tutto è dell'irresponsabilità di coloro che amano il gusto del rischio.

VIVA LE VACANZE

Molti italiani, specialmente durante le feste natalizie, decidono di regalarsi un cane (quasi sempre un cucciolo) come un'automobile. Come un'automobile usata, il cucciolo, diventato cane al sopraggiungere dell'estate, viene abbandonato senza troppo rimorso, nonostante le varie campagne estive antiabbandono. "A raccontare queste cose ai nostri colleghi inglesi, svizzeri o francesi si rischia di passare per un popolo di selvaggi", dice Silvia Gasbarra, veterinario, addetta alla sezione italiana del Centro di collaborazione veterinaria dell'Organizzazione mondiale della Sanità "al fenomeno non si mette fine con le indignazioni, ma con lo studio della storia e delle tradizioni dell'Italia, quinta potenza industriale, Paese ricco e grasso, di cultura però ancora contadina nel rapporto con gli animali. E il mondo contadino, com'è noto, è pieno di cani randagi, di gatti selvatici, di animali che entrano ed escono dalla comunità degli uomini senza traumi e senza danni".

Ecco perché l'Italia grassa delle vacanze, con mogli, figli e suoceri sulla station wagon turbo metallizzata, non sente il minimo senso di colpa quando scarica il cane ai bordi dell'Autostrada del sole o in una curva della Domiziana. L'Italia ricca e grassa del Duemila conosce per storia, verrebbe da dire "biologica", l'arte di arrangiarsi e quindi per quale ragione il cagnone di casa non dovrebbe riuscire a cavarsela una volta sulla strada? È finita, caro, la pacchia della ciotola sicura, ora il cibo dovrai conquistartelo da solo e, se sei in gamba, ce la farai. È questo il ragionamento degli italiani odierni "ricchi e grassi". Con qualche aggiunta del tipo "Qualcuno prima o poi lo raccoglierà" e una comoda avversione per le istituzioni: "Meglio libero e randagio che rinchiuso in quel lager del canile municipale" e così si mette a tacere anche la coscienza.
Volete sapere come va a finire? Otto su dieci cani muoiono travolti.

adattato da *Quattro Zampe*

LESSICO

- *al sopraggiungere dell'estate* – quando arriva l'estate
- *rimorso* – sentimento di dolore che si prova per una colpa commessa
- *addetto* – persona competente incaricata di un lavoro
- *indignazione* – risentimento, rabbia, sdegno

- *randagio* – si dice per un animale senza padrone
- *senso di colpa* – sentimento di rimorso o di colpevolezza
- *l'arte di arrangiarsi* – tipica arte "italiana" di sistemarsi alla meglio
- *cavarsela* – riuscire a superare una situazione difficile
- *pacchia* – condizione di vita facile
- *ciotola* – una specie di tazza bassa senza manico, il piatto tipico del cane
- *essere in gamba* – essere una persona valente, piena di qualità
- *canile* – luogo in cui si custodiscono i cani per un dato periodo
- *avversione* – forte antipatia, disposizione ostile
- *mettere a tacere la coscienza* – reprimere i sentimenti dei propri valori morali
- *travolto* – trascinato con furia (dalle macchine)

PER LA COMPRENSIONE
Scegli l'affermazione corretta tra le quattro proposte

1. Gli italiani
   - ❏ a. quando comprano un cane comprano anche un'automobile
   - ❏ b. preferiscono comprare un cane piuttosto che un'automobile
   - ❏ c. preferiscono comprare un'automobile al posto di un cane
   - ❏ d. pensano del cane quello che pensano dell'automobile
2. Quando il cucciolo diventa cane durante le vacanze
   - ❏ a. viene abbandonato sulla strada
   - ❏ b. va in vacanza con il suo padrone
   - ❏ c. resta nell'appartamento in attesa che il padrone ritorni
   - ❏ d. è rinchiuso in un canile municipale
3. Questo succede perché molti italiani pensano
   - ❏ a. che un cane sicuramente potrà sopravvivere sulla strada
   - ❏ b. che un cane deve essere libero di andare dove vuole
   - ❏ c. che è meglio per lui vivere da solo che con la suocera del padrone
   - ❏ d. che, in fin dei conti, chi se ne importa del cane?
4. Purtroppo la maggior parte dei cani
   - ❏ a. sopravvivono
   - ❏ b. vengono raccolti
   - ❏ c. si arrangiano
   - ❏ d. muoiono

BREVE SINTESI

PER LA DISCUSSIONE
1. Hai mai posseduto un cane o un altro animale? Potresti raccontarci qualche fatto curioso di cronaca o una tua storia personale a proposito di questo tema?
2. Parla di feste e sagre popolari che si svolgono in varie parti del mondo a scapito di animali (per esempio, potresti parlare della corrida in Spagna).

3. La vivisezione è un crimine o la sperimentazione di farmaci e cosmetici sugli animali ha portato dei benefici all'umanità?

4. Oggi esistono molti animali in via d'estinzione? Quali conosci e come mai alcune specie di animali sono in pericolo?

5. Esistono parchi nazionali nel tuo paese per la difesa degli animali rari?

6. Cosa pensi delle persone che si "sbarazzano" di un animale come di un giocattolo vecchio?

7. Pellicce di visone, oggetti d'avorio ricavati dalle zanne degli elefanti, pelle di foca per fare delle scarpe resistenti: ma insomma non si dovrebbe fare qualcosa?

ESERCIZIO LESSICALE

A proposito di cani esistono tantissime espressioni e proverbi a loro dedicati. Potresti spiegare che significano?

1. Ma è un tema fatto da cane!
2. Lavorare da cani non fa bene alla salute.
3. "Cane che abbaia non morde" dice un famoso proverbio.
4. Che vita da cani! Sempre problemi!
5. Non c'era un cane a quella festa, che noia!
6. Un single è solo come un cane.
7. Mi ha trattato come un cane ed io mi sono offeso.
8. Con Maria siamo proprio come cani e gatti!
9. Dopo quella storia con Nadia, suo marito e l'amante si guardavano in cagnesco.

PER LA PRODUZIONE SCRITTA

Hai letto su un periodico questo annuncio

La LADA (Lega Amici degli Animali) ha un rifugio a Bari e ha bisogno di aiuti. Ospita infatti molti cani e gatti, in attesa di trovare per loro una sistemazione. I costi del mantenimento sono alti e comunque superiori alle possibilità dell'associazione. Sono utili cibo, medicinali, garze, collarini, guinzagli, coperte…
Anche un piccolo aiuto, unito agli altri, può essere utile!
     LADA, Via Manzoni 5, 70122 Bari

Decidi di rispondere per spiegare che il tuo amore per gli animali è molto grande e vuoi anche tu contribuire in qualche modo alla loro protezione. Per di più preghi la LADA di pubblicare un annuncio perché la tua bellissima cagnetta "Lou" va alla ricerca di un partner.

SITUAZIONE

Per strada un gruppo di "amici degli animali" invita i passanti ad accogliere in casa un animale. Anche tu sei incuriosito/a e ti avvicini per chiedere informazioni. Sei un po' esitante a ospitare un cane, ma alla fine ti lasci convincere. Così ritorni a casa con un bel cucciolo dagli occhi languidi.

MASCHERE E COMMEDIA DELL'ARTE

La maschera (dall'arabo "maschara" – satira) è sempre stata uno degli elementi caratteristici e indispensabili nel costume degli attori. Nell'antichità era costituita da una faccia deformata e dall'aspetto grottesco e mostruoso, indossata nel corso di cerimonie religiose od orgiastiche, per nascondere l'identità ed allontanare gli spiriti maligni.

In seguito nel teatro greco e successivamente, in quello romano, venne usata regolarmente dagli "attori" per sottolineare un carattere messo in scena. Comunque l'uso della maschera che ci interessa più da vicino si riferisce a quel fenomeno teatrale, fiorito in Italia nel corso del XVI secolo ed affermatosi nel Seicento, noto come "commedia dell'arte". Fu chiamata "dell'arte" perché si trattava di una commedia recitata non da dilettanti, ma da professionisti che, riuniti in "compagnie", si spostavano da una città all'altra con un carrozzone per portare in giro il loro spettacolo. Uno dei temi più comuni, molto elementare e naturale, era la "beffa" del servo, una specie di ingenua rivincita che la fantasia popolare dell'umile si permetteva nei confronti del potente. Innumerevoli erano le rappresentazioni (specialmente sul palcoscenico della repubblica veneziana) che avevano come tema il contrasto tra il servo furbo o sciocco, lo "zanni", ed il

padrone, vecchio e ricco ma bacucco e stupido. La fortuna del contrasto spiega la presenza, nella tradizione giunta fino a noi, di tante maschere nei panni di servitori (tra tutte la più nota è sicuramente quella di Arlecchino). Ogni attore nella commedia dell'arte recitava sempre lo stesso ruolo, si specializzava, cioè tutta la vita nell'interpretazione di un personaggio particolare. Non bisogna pensare che il repertorio delle commedie fosse complicato dallo studio dei costumi, di passioni o caratteri. Di solito ogni spettacolo era solo ricco d'avventure, di storie, d'amori che si confondevano ed "imbrogliavano" l'azione. Storie naturalmente a lieto fine che garantivano gli applausi di spettatori analfabeti. Inoltre va detto che il testo della commedia non era scritto per intero, ma sostituito da un "canovaccio", una specie di trama, in cui erano indicati solo i personaggi che dovevano prendere parte alla scena e c'era un riassunto del dialogo. Spettava all'attore "improvvisare", scegliendo tra le battute che conosceva a memoria quella che più avrebbe colpito il suo pubblico in quel momento.

Il maggior fascino della commedia, come è facile comprendere, era insomma offerto dai comici stessi, dalla loro abilità nel provocare il riso del pubblico con la mimica, le battute (sempre più volgari), cioè soprattutto con la loro "maschera" – "personaggio fisso" con caratteristiche e carattere ben precisi e immutabili.

Quanti di questi personaggi sono sopravvissuti alla commedia dell'arte per rivivere una nuova esistenza nel mondo delle maschere carnevalesche? Una passeggiata a Venezia o a Viareggio nei giorni di Carnevale, tra balli mascherati e sfilate di carri allegorici costituiranno la più esauriente risposta.

adattato da *Maschere Italiane*

LESSICO

- *grottesco* – tragicocomico
- *mostruoso* – brutto come di un mostro, dalle forme e aspetto innaturali
- *dilettante* – chi svolge un'attività per piacere e non da professionista
- *beffa* – burla, parole o gesto per prendersi gioco di qualcuno
- *spirito maligno* – diavolo, lo spirito del male
- *ingenuo* – innocente, senza malizia
- *rivincita* – rivalsa, successo riportato dopo una vittoria di un altro
- *bacucco* – rincitrullito, istupidito, rimbambito
- *nei panni di...* – si dice di chi indossa i vestiti di un'altra persona
- *imbrogliare* – confondere, mettere in disordine e mischiare tanti elementi
- *improvvisare* – fare qualcosa sul momento davanti ad altri, senza essersi preparati prima
- *battuta* – in un dialogo teatrale sono le frasi pronunciate da ogni attore
- *immutabile* – che non cambia, non muta
- *esauriente* – che tratta un argomento in modo compiuto, completo

PER LA COMPRENSIONE

Le seguenti affermazioni sono vere o false?

	V	F
1. La maschera nell'antichità serviva per tenere lontano gli spiriti maligni.	❑	❑
2. La commedia dell'arte si affermò nel Quattrocento.	❑	❑
3. Si chiamò dell'arte perché gli attori erano dilettanti.	❑	❑
4. Gli attori si riunivano in compagnie.	❑	❑
5. Il tema più comune delle commedie erano le beffe di uno zanni.	❑	❑
6. Tra le maschere la più nota è quella di Arlecchino.	❑	❑
7. L'attore, commediante dell'arte, recitava ogni sera ruoli diversi.	❑	❑
8. Il "canovaccio" era la trama della commedia scritta scena per scena.	❑	❑
9. I carnevali più famosi in Italia si festeggiano a Venezia e Viareggio.	❑	❑

BREVE SINTESI

PER LA DISCUSSIONE

1. Il Carnevale viene festeggiato nel tuo paese? Quali sono le città più note per il loro Carnevale?

2. Di solito a Carnevale come ti vesti? Hai mai messo un costume? Racconta.

3. Sai cos'è il giovedì grasso? Cosa si mangia di particolare?

4. In Italia, a Viareggio, sfilano i carri di cartapesta più grandi del mondo (40 tonnellate, 200 maschere) che prendono di mira uomini politici, ma ce n'è anche per attori, mass media. Nel tuo paese c'è questa abitudine?

5. Veglioni, rassegne di musica, serate gastronomiche. Puoi dire qual è il Carnevale più scatenato del mondo?

6. Se ti fosse chiesto di quale fatto o personaggio ti piacerebbe fare la "satira", cosa diresti?

7. Sai come e quando si concludono di solito le grandi feste del Carnevale italiano? E nel tuo paese?

8. Cosa rappresenta il Carnevale? La scelta di indossare "una maschera" non mostra la necessità, una volta all'anno, di essere quella parte di noi che teniamo in disparte e segreta?

ESERCIZIO LESSICALE

Collega gli aggettivi di significato contrario

1. mostruoso	a. generale
2. religioso	b. giovane
3. maligno	c. bellissimo
4. ingenuo	d. colto
5. debole	e. buono
6. sciocco	f. povero
7. vecchio	g. furbo
8. ricco	h. triste
9. particolare	i. potente
10. lieto	l. ateo
11. analfabeta	m. intelligente
12. fisso	n. mobile

PRODUZIONE SCRITTA

Hai trovato una vecchia fotografia. Sei travestito/a con una maschera da fiaba! Allora ricordi di quella volta che…

SITUAZIONE

Sei stato/a invitato/a ad una festa in maschera a casa di un amico. Nell'invito si dice che per i partecipanti è obbligatorio portare la maschera. Tu e il/la tuo/a amico/a (la tua dolce metà) avete deciso di indossare degli "abiti un po' strani", ma tali da formare una coppia di… Discuti con il/la tuo/a amico/a cosa potreste mettervi per divertirvi e non farvi riconoscere.

COME CI VEDONO GLI STRANIERI

Superstiziosi, mammoni, furbi, disorganizzati… I pregiudizi sugli italiani si sprecano e se tanti luoghi comuni hanno resistito così a lungo, qualcosa di vero ci deve pur essere. Ma chi sono davvero questi italiani? Quelli dei film, tutti pizza e mandolino, sempre pronti ad arrangiarsi e a convivere con il loro qualunquismo? Oppure quelli di oggi, privi di valori, spesso arroganti, interessati solo alla carriera e al successo economico? Lo abbiamo chiesto ad alcuni stranieri che hanno scelto di vivere in Italia.

a. Il triste trionfo della marca da bollo

Alice Lin Lin, taiwanese, 30 anni, architetto

"La burocrazia e la lungaggine degli enti pubblici è esasperante. Non si possono perdere giornate intere, pellegrinando tra un ufficio e l'altro, solo perché manca su un foglio un timbro, una marca da bollo, o la firma di qualche funzionario introvabile!"

Alberto Sordi in molti film ha interpretato il tipico italiano, stile "pizza e mandolino".

b. Non conosciamo le mezze misure

Tomas do Amaral, brasiliano, 49 anni, traduttore

"Giudicate dividendo tutto in buono e cattivo, senza mezze misure. Basta guardare l'atteggiamento che avete verso gli stranieri. Chi lo dice che tutti i brasiliani, solo perché provengono da una nazione piena di fascino che ricorda le vacanze, siano brave persone e, per esempio, gli albanesi tutti delinquenti?".

c. Politica: è proprio un grande mistero

Liza Le Van Kim, vietnamita, 45 anni, artista

"Non è difficile per uno straniero ambientarsi in Italia. Una cosa, però, rimane astrusa per tutti, forse anche per voi: la politica, impossibile seguirla: cambiate opinione su tutto e tutti ogni giorno".

d. Siamo tutti piloti di Formula Uno

Richard Yeats, statunitense, 44 anni, pilota

"Guidare, in Italia, è un vero incubo: sembra che tutti stiano partecipando a un gran premio. Lasciatevelo dire da uno che se ne intende: in Italia attraversare la strada è una prova di estremo coraggio. Mi sento molto più sicuro in volo su un elicottero che non per le strade di Milano o della capitale".

e. Marciapiedi liberi, un lusso raro

Cecile Martin, svizzera, 28 anni, casalinga

"C'è forse qualche premio, in Italia, per chi parcheggia sui marciapiedi, intralciando i pedoni e le mamme come me, costrette a veri e propri slalom per andare in giro con il passeggino?"

f. Un popolo che vive al telefono

Marie Becard, francese, 35 anni, architetto
"Se i telefoni non esistessero, bisognerebbe inventarli apposta per gli italiani. Tutti ne hanno uno e lo usano continuamente: per strada, nei negozi, al ristorante… facendo sempre e solo una domanda: "Novità?"."

g. Città pulite: un sogno impossibile

Ellen Conlon, irlandese, 38 anni, ingegnere
"Gli italiani sono terribilmente individualisti: quando per strada buttano via un biglietto del tram o un pacchetto di sigarette vuoto pensano sicuramente: "Tanto non è casa mia!"."

h. Il caffè? Sempre in piedi!

N. Formès, spagnola, 27 anni, imprenditrice
"Correte sempre, fate trenta cose contemporaneamente e anche una colazione deve per forza essere consumata in piedi. Il mio consiglio? Imparate a fare le cose con un po' più di calma".

i. Fare la fila proprio non ci va giù

Danny Drake, inglese, 45 anni, decoratrice
"Quello a cui non riesco proprio ad abituarmi è l'incapacità di fare la fila e, in generale, la mancanza di rispetto per gli altri. In compenso gli uomini hanno verso le donne tante piccole attenzioni che gli inglesi non hanno".

adattato da *Bella*

LESSICO

○ *sprecare* – usare male ed in grandi quantità

○ *arrangiarsi*- darsi da fare come si può, sistemarsi alla meglio

○ *qualunquismo* – atteggiamento di indifferenza e di critica superficiale nei confronti della politica e della vita civile e sociale

○ *marca da bollo* – una specie di francobollo che si mette su un foglio di carta per ufficializzarlo ed attestare l'avvenuto pagamento di un tributo

○ *lungaggine* – il tirare in lungo nel dire o fare qualcosa, lentezza, ritardo

○ *esasperante* – che irrita ed innervosisce fino alla punta di capelli

○ *pellegrinare* – andare da un posto ad un altro come un pellegrino

○ *astruso* – che è difficile a capirsi perché troppo complicato

○ *intralciare* – ostacolare, impedire

○ *passeggino* – specie di sedia a ruote su cui si porta a passeggio un bambino

○ *in compenso* – in cambio, per equilibrare le cose

PER LA COMPRENSIONE

Chi degli intervistati lo ha detto, o avrebbe potuto dirlo? (anche più di uno)

1. Gli italiani sono impazienti
2. Gli italiani hanno dei pregiudizi
3. Gli italiani amano il cellulare
4. Gli italiani guidano pericolosamente
5. Gli italiani cambiano governo e sono politicamente instabili
6. I maschi italiani ci sanno fare con le donne
7. Gli italiani sono dei maleducati perché intralciano i pedoni
8. Gli italiani bevono il caffè sempre in piedi perché sono frettolosi
9. Gli italiani non rispettano le loro città

BREVE SINTESI

PER LA DISCUSSIONE

1. Nel testo sono riportate alcune caratteristiche degli italiani. Puoi indicarne almeno dieci? Quale dei difetti riportati è quello che ritieni più "fastidioso"?
2. Quale idea ti sei fatto tu degli italiani? Come li "vedi"?
3. In che cosa l'Italia somiglia al tuo paese?
4. Quale motivo ti potrebbe spingere a vivere in Italia? (amore, lavoro, ecc.)
5. Hai mai visto qualche film "tipicamente" italiano?
6. Se tu decidessi di fare un viaggio in Italia, dove ti piacerebbe andare?
7. A cosa ti fa pensare l'Italia? (mafia, moda, macchine, arte, vino, canzoni, pizza, mandolino ecc.)

ESERCIZIO LESSICALE

Qual è il significato delle parole sottostanti se da maschili diventano femminili o viceversa?

1. il foglio	7. la moda
2. il fascio	8. la colpa
3. la capitale	9. la casa
4. la fila	10. il porto
5. la cosa	11. il pasto
6. il fine	12. il cappello

PER LA PRODUZIONE SCRITTA

Sicuramente si dicono molte cose sul tuo popolo. Riferisci i vostri più comuni pregi e difetti e poi di' se tu ne sei più o meno "vittima".

SITUAZIONE

Hai confessato a tua madre di esserti innamorato/a di uno/a straniero/a. Apriti cielo! Essendo figlio/a unico/a i tuoi genitori vivono per te, ma tu vuoi andare a vivere nel paese del tuo partner. Alla fine tua madre ti convince a… lasciar perdere.

ER BUFFONE

Trilussa (Roma 1871-1950) trasforma i fatti di cronaca in una satira poetica, raccontata dagli animali come una fiaba, in dialetto romanesco.

TESTO ORIGINALE

Anticamente, quanno li regnanti
ciaveveno er Buffone incaricato
de falli ride', – come adesso cianno
li ministri de Stato
che li fanno sta'seri, che li fanno –
puro er Leone, re de la Foresta,
se mésse in testa de volè' er Buffone.
Tutte le bestie
agnederoar concorso:
l'Orso je fece un
ballo,
er Papagallo spiferò
un discorso,
e la Scimmia, la
Pecora, er Cavallo…
Ogni animale, insom-
ma, je faceva
tutto quer che poteva
pe' fallo ride' e
guadambiasse er
posto.
però er Leone, tosto,
restava indifferente:
nu'rideva, finché,
scocciato, disse
chiaramente:
– Lasciamo annà: nun è pe' cattiveria,
ma l'omo solo è bono a fa' er buffone,
Nojantri nun ciavemo vocazione.
nojantri semo gente troppo seria!

SPIEGAZIONE IN ITALIANO

Anticamente quando i regnanti
avevano un Buffone con l'incarico
di farli ridere – come ora ce l'
hanno i ministri dello Stato
che li fanno restare seri, che li fanno –
anche il Leone, re della foresta,
si era messo in testa di volere il buffone.
Tutti gli animali parte-
ciparono al concorso:
l'Orso ballò,
il Pappagallo fece un
discorso,
e così la Scimmia, la
Pecora, il Cavallo…
Ogni animale, insom-
ma, faceva
tutto ciò che poteva
per farlo ridere e così
vincere il posto.
Però il Leone, nono-
stante tutto,
restava indifferente e
non rideva,
finché, evidentemente
annoiato, disse:
– Lasciamo stare: non
è per cattiveria,
ma solo l'uomo è capace di fare il buffone.
Noi altri non ci abbiamo la vocazione;
noi altri siamo gente troppo seria!

dalle *Favole Romanesche* di *Trilussa*

LESSICO

- *buffone* – nelle corti medioevali o rinascimentali era colui che aveva il compito di rallegrare il signore
- *incarico* – compito
- *foresta* – grande estensione di terreno coperta da alberi
- *concorso* – gara, selezione
- *vocazione* – talento, inclinazione

PER LA COMPRENSIONE
Completa il riassunto

Un tempo i regnanti disponevano di un (1)_____ incaricato di farli (2)_____. Il buffone, secondo Trilussa, somiglia un po' ad un (3)_____ di uno Stato odierno, con la sola differenza che quest'ultimo non fa ridere (4)_____; al contrario, con le sue parole e di più con le sue azioni fa restare tutti i regnanti (5)_____.
Ora accade che un giorno anche il Leone si mise in (6)_____ di volere nel suo reame un buffone. Tutti gli animali perciò decisero di (7)_____ al concorso per coprire il (8)_____ disponibile. Ogni animale faceva il possibile per far ridere il Leone, ma (9)_____. Allora il re della foresta, un po' (10)_____, disse chiaramente che era meglio finirla perché nessun (11)_____ aveva lo stesso talento dell' (12)_____, essendo "gente" troppo seria.

BREVE SINTESI

PER LA DISCUSSIONE
1. Che vuol dire secondo te questa favola poetica di Trilussa?
2. Anche nel passato il greco Esopo ed il latino Fedro facevano parlare gli animali. A quale scopo?
3. Oggi pensi che "Paperino" e "Topolino" diano degli insegnamenti "morali" come gli animali di Esopo o Fedro?
4. Credi che l'essere umano sia da ammirare per le sue capacità o da denigrare per la sua cattiveria?
5. La storia ci insegna che l'uomo con i suoi ideali, i suoi gusti e le sue abitudini è un prodotto del suo tempo. Quale tipo di "essere umano" è di moda oggi?
6. Questa poesia è scritta in dialetto romanesco. Nel tuo paese esistono dialetti tanto differenti dalla lingua standard parlata? Dove si parlano? Potresti portare qualche esempio di parola dialettale completamente diversa dalla lingua?

ESERCIZIO LESSICALE
Alcune volte gli animali vengono utilizzati per caratterizzare una persona. Scegli l'animale adatto tra quelli indicati per ogni caso (metti l'articolo indeterminativo adatto)

> *tartaruga / coniglio / gattina / oca / pappagallo /asino / civetta / volpe / vipera / cervo / orso*

1. Una persona che è furba è _____
2. Una donna che è stupida è _____
3. Una persona che è ignorante è _____
4. Una persona che è paurosa è _____
5. Una donna che non è molto seria con gli uomini è _____
6. Un uomo che è cornuto è _____
7. Una persona che cammina piano è _____
8. Una persona che è scontrosa e scorbutica è _____
9. Una donna che è perversa e cattiva è _____
10. Una donna che "fa le fusa" ad un uomo è _____
11. Una persona che ripete sempre quello che si dice è _____

PER LA PRODUZIONE SCRITTA
Dopo aver letto il seguente fumetto, esprimi le tue considerazioni

SITUAZIONE
Leggendo alcune riviste italiane, ti è capitato sotto gli occhi un articolo, intitolato "Vita da cani". Fai delle domande al/alla tuo/a professore/essa per conoscere che significa questa espressione e dopo trai delle conclusioni. Per te significa "imparare" e "dover studiare". Il professore non è d'accordo...

INTERROGATI A SCUOLA SU MATISSE, DAI CARABINIERI

ROMA – Li hanno interrogati a scuola, tra una lezione e l'altra, nell'Istituto tecnico professionale Vallauri, alla periferia sud di Roma. Ma non erano professori. Erano uomini della polizia e dei carabinieri che cercavano di cavare da questi ragazzi di 16, 17, 18 anni, la verità sugli sfregi ai tre Matisse.

Mentre la National Gallery si riporta a casa la "Pianista con giocatori di dama", rifiutando l'offerta di restauro dell'Istituto centrale, nel mirino degli investigatori restano la terza e la quarta C, le due classi che giovedì mattina, poco prima della scoperta dei buchi nelle tele, stavano attraversando le sale dei Musei Capitolini in visita scolastica. Venticinque allievi della terza, diciotto della quarta, che ora sono al centro dei sospetti. L'atto vandalico sarebbe avvenuto dopo una lite con i custodi che li richiamavano all'ordine. Ad accompagnare gli studenti nella visita, tre professoresse attualmente soggette a un'inchiesta interna, disposta dal Provveditore agli Studi di Roma.

Dice M.A., 17 anni, uno dei ragazzi della quarta C che ieri mattina sono stati interrogati: "Quelli della polizia mi hanno tenuto dentro per più di un'ora. Mi chiedevano anche cose stupide, tanto per farmi parlare. Ma io non credo che sia stato qualcuno della nostra scuola. Se uno fa una cosa del genere – spiega – lo fa per farsi notare dagli altri. Almeno tra noi la storia sarebbe venuta fuori. Invece niente". Il ragazzo punta l'indice sui custodi: "Ne ho visto uno che leggeva il giornale. Altri che se ne stavano seduti. Con quella folla non potevano controllare un bel niente".

Un altro dei ragazzi interrogati, Andrea Fabi, 18 anni, anche lui di quarta C, conferma che nelle sale della mostra c'era molta confusione: "Le maestre facevano fatica a tenere a posto i bambini delle elementari. Non è vero che abbiamo fatto casino".

Andrea racconta della lite con i custodi: "È stato solo uno scherzo, che li ha fatti pure ridere. C'era un nostro compagno che chiedeva di fotografare i quadri. E quelli sempre a dire non si può, non con il flash. Allora lui a un certo punto ha tirato fuori una merendina dalla tasca, l'ha puntata verso il quadro, come fosse una macchina fotografica, e ha fatto

sabato 24 gennaio

Chi ha danneggiato i quadri di Matisse, esposti a Roma nei Musei Capitolini?

"pof". Il custode è rimasto a bocca aperta".

E un altro, con occhialetti neri: "Se la prendono con noi perché siamo di periferia. Quelli delle scuole buone li lasciano in pace".

In difesa degli studenti Del Vallauri interviene il preside, E.T.: "Questa è una scuola tranquilla, non ci sono mai stati episodi di vandalismo. Gli insegnanti che accompagnavano i ragazzi sono molto esperti e affidabili. L'autore del gesto vandalico può essere chiunque".

adattato da *"Il Corriere della Sera"*

LESSICO

- ○ *cavare* – tirar fuori
- ○ *sfregio* – taglio, graffio, macchia, fatti su un'opera d'arte
- ○ *restauro* – il rimettere a nuovo opere d'arte rovinate
- ○ *mirino* – dispositivo posto all'estremità di un'arma da fuoco per inquadrare qualcosa da lontano
- ○ *custode* – la persona che deve vigilare e proteggere
- ○ *Provveditore agli studi* – titolo di chi è a capo di un ente dipendente dal ministero della pubblica istruzione che coordina i vari istituti scolastici
- ○ *puntare l'indice* – accusare (fig.)
- ○ *fare casino* – fare chiasso, confusione
- ○ *merendina* – spuntino dolce confezionato
- ○ *preside* – capo di un istituto scolastico di istruzione secondaria (ginnasio, liceo)

PER LA COMPRENSIONE

Scegli l'affermazione corretta tra le quattro proposte

1. I ragazzi dell'istituto tecnico Vallauri sono stati interrogati
   - ❑ a. dai genitori
   - ❑ b. dai professori
   - ❑ c. dagli uomini della polizia
   - ❑ d. dal Provveditore agli Studi

2. I ragazzi sono stati sospettati
   - ❑ a. di aver litigato con il custode
   - ❑ b. di aver rubato i quadri di Matisse
   - ❑ c. di aver rovinato le tele di Matisse
   - ❑ d. di aver fatto casino

3. M.A., 17 anni, sostiene che
   - ❑ a. se uno fa un'azione del genere, non si fa notare
   - ❑ b. la polizia gli ha fatto domande non troppo intelligenti
   - ❑ c. il colpevole è uno della sua scuola
   - ❑ d. i custodi controllavano attentamente tutti i visitatori del museo

4. <u>Andrea Fabi, 18 anni, dice che</u>
- ❑ a. le sale erano vuote
- ❑ b. nelle sale c'era una terribile confusione
- ❑ c. le maestre tenevano i bambini tranquilli
- ❑ d. la lite con il custode era uno scherzo

5. <u>Il preside</u>
- ❑ a. si è offerto di pagare le spese per il restauro
- ❑ b. sostiene che il colpevole possa essere chiunque
- ❑ c. vorrebbe punire gli studenti
- ❑ d. ha visto gli studenti che rovinavano i quadri

BREVE SINTESI

PER LA DISCUSSIONE
1. Ti capita di pensare con nostalgia agli anni scolastici? Qual è il ricordo (bello o brutto) che è rimasto più vivo nella tua mente?
2. Come si chiamava il tuo più caro compagno di banco? Vi vedete ancora o ognuno se n'è andato per la sua strada?
3. C'è stato un insegnante che ha avuto per te un'importanza particolare? Perché?
4. Racconta se ti è successo di innamorarti per la prima volta tra i banchi di scuola.
5. Secondo te gli studenti hanno avuto/hanno un ruolo nelle riforme universitarie? (partecipazione all'elaborazione dei piani di studio – università private – laurea breve). Quali sono le carenze più evidenti del sistema scolastico del tuo paese?
6. Quali tipi di attività parascolastiche o ricreative vengono proposte dagli insegnanti nel tuo paese? Dopo il caso Matisse, pensi che bisogni vietare l'ingresso nei musei alle scolaresche?

ESERCIZIO LESSICALE
Completa il branetto sottostante, scegliendo la parola adatta tra le seguenti

risulta, qualsiasi, condizioni, perfino, aule, protesta, liceale, diritto

Ma cosa vogliono questi liceali. Basta andare in una (1)_____ scuola italiana per rendersene conto, basta sfogliare la cronaca dei giornali per capire. Ecco un esempio, viene da Roma. Da un rapporto dei carabinieri (2)_____ che su venti scuole soltanto tre sono in regola. Nel resto le (3)_____ sono sovraffollate e malridotte, i bagni una schifezza, i sistemi di sicurezza inesistenti, gli edifici rovinati. Come può un ragazzo accettare la scuola in queste (4)_____ ? Per uno studente gran parte del suo mondo è rappresentato dalla scuola: allora quale futuro si può aspettare un (5)_____, se il presente è tanto nero? Per quale ragione devono sedere su banchi che cadono a pezzi e in aule dove "passeggiano" (6)_____ i topi? Come non capire che gli studenti scesi in piazza non vogliono la luna, ma rivendicano semplicemente un (7)_____, il diritto allo studio?

Siamo alle prime manifestazioni. Ma gli studenti hanno lanciato i segnali di una (8)_____ che potrà allargarsi, la loro voce tornerà a farsi sentire. Sarebbe un errore lasciar soli questi ragazzi. Anche perché, almeno per il momento, non chiedono l'impossibile.

PER LA PRODUZIONE SCRITTA

Scrivi una lettera al direttore della National Gallery per protestare contro gli atti vandalici commessi dagli studenti a causa dell'incuria dei custodi del museo.

SITUAZIONE

Sei andato/a ad una mostra insieme ad un amico. A te piace molto l'arte moderna, ma a lui per niente. Cominci allora una discussione con lui poiché ritieni che un artista lavora per sé e non ha importanza se sarà o no compreso dagli altri. Lui, invece, sostiene che, se un artista non intende lanciare un messaggio, dovrebbe tenersi le sue opere per sé.

LINGUA ITALIANA

IERI...

ORIGINE DELLA LINGUA ITALIANA

Al tempo dell'antico Impero, a Roma e nei territori da essa conquistati si parlava il latino. A questa lingua ufficiale si mescolarono via via numerosi vocaboli appartenenti alla lingua delle popolazioni che vivevano nelle diverse regioni e di quelle che in seguito le invasero. Dopo la caduta dell'Impero romano, il latino rimase la lingua delle persone colte, mentre il popolo (volgo) usava il volgare locale (cioè un latino misto a parole ed espressioni straniere). All'epoca dei Comuni si cominciò ad usare il volgare locale, invece del latino, anche nelle opere scritte.

Nel 1300 alcuni scrittori toscani, tra cui **Dante**, scrissero le loro opere nel volgare parlato a Firenze. Questi capolavori si diffusero in tutta l'Italia, suscitando in altri scrittori il desiderio di usare il fiorentino. Così, un po' alla volta, il volgare parlato a Firenze fu conosciuto e usato in tutte le regioni italiane; divenne cioè la lingua nazionale.

L'elaborazione elettronica di un ritratto di Dante, eseguito dal Botticelli. Sembra esclamare adirato "Ma come cavolo parli?"

adattato da *un libro delle elementari*

E OGGI...

L'UNITÀ LINGUISTICA È MERITO DELLA TELEVISIONE

A Unità avvenuta (1861), l'italiano restava comunque una lingua letteraria che soltanto il 2,5% della popolazione era in grado di parlare e comprendere. Oggi sfiora il 90% - "La vera unificazione linguistica l'hanno fatta la scuola, ma soprattutto la televisione" conferma Tullio De Mauro, uno dei maggiori linguisti italiani.

Le parole più usate? Fare, sentire, dire, problema, lavorare, mangiare.

L'INGLESE È UNA BRUTTA MALATTIA

L'inglese è la lingua universale della civiltà tecnologica. Resistere è sempre più difficile. Ci sono parole inglesi che i linguisti chiamano prestiti di necessità (come per esempio rock) e poi ci sono termini "in sovrappiù" che indicano oggetti e concetti per cui già esistono termini italiani: sono i cosiddetti prestiti di lusso (come per esempio drink). Da quest'ultima mania meglio tenersi alla larga!

E ADESSO DECADE ANCHE LA GRAMMATICA

Era inevitabile: diventata una lingua viva, anche l'italiano ha cominciato a modificarsi. Il passato remoto è praticamente scomparso e la stessa sorte pare toccherà al congiuntivo. La vera novità è che si nota una tendenza alla paratassi non solo nella lingua parlata, da sempre più "sciolta", ma anche nell'italiano scritto. Che sia effetto della prosa dei giornali?

I DIALETTI NON STANNO SCOMPARENDO

I dati dell'ultima ricerca ISTAT smentiscono la credenza diffusa che i dialetti si stiano estinguendo, poiché è risultato che il 40,6% della popolazione nazionale oggi parla italiano e dialetto. Prevale invece nettamente l'italiano (64%) nella conversazione con gli estranei.

QUELLI CHE PARLANO IN GERGO

Il destino del linguaggio giovanile non ha vie di mezzo, o scompare o viene promosso nell'italiano comune. Così si nota la tendenza alla diffusione nell'italiano contemporaneo di suffissi in –oso (palloso) o in –aro (casinaro) anch'essi prediletti dai più giovani.

CAPITOLO PAROLACCE

Le maleparole (questa è una conclusione del già citato Tullio De Mauro) sono le stesse dappertutto. "Leader" fra le maleparole è ovviamente "cazzo" in espressioni esclamative o interrogative: "Non hai fatto un "cazzo"!" "Ma che cazzo vuoi?". L'uso proprio di tale parola è viceversa molto raro. Un'ultima curiosità! Il massimo della volgarità non è stato registrato nelle conversazioni faccia a faccia, ma al telefono!!!

adattato da *Focus*

LESSICO

- *mescolare* – unire due o più componenti diversi in modo da formare un nuovo insieme
- *invadere* – occupare con violenza un territorio, dilagare
- *colto* – istruito
- *suscitare* – provocare
- *sfiorare* – toccare in superficie
- *tenersi alla larga* – stare lontano
- *paratassi (la)* – coordinazione di due frasi principali (si contrappone all'ipotassi)
- *smentire* – negare, ritrattare
- *prevalere* – dominare, essere superiore, primeggiare
- *nettamente* – in modo più preciso e chiaro, esplicito
- *suffisso* – elemento linguistico che posposto alla radice concorre alla formazione di una parola (es. –oso)
- *prediletto* – che è preferito

PER LA COMPRENSIONE

Le seguenti affermazioni sono vere o false?

	V	F
1. Ai tempi dell'Impero romano a Roma si parlava in latino	☐	☐
2. Al latino si mescolarono altri idiomi	☐	☐
3. Dopo la caduta dell'impero romano, il latino veniva parlato solo dal popolo	☐	☐
4. Il "volgare" si cominciò ad usare negli scritti all'epoca dell'Impero romano	☐	☐
5. La TV è responsabile delle differenze linguistiche	☐	☐
6. Parole inglesi vengono ampiamente usate nella lingua italiana	☐	☐
7. La grammatica si trasforma	☐	☐
8. Nessuno parla più in dialetto	☐	☐
9. I giovani si esprimono in gergo	☐	☐
10. La maleparola più diffusa è stronzo	☐	☐

BREVE SINTESI

PER LA DISCUSSIONE
1. Sai come è nata la tua lingua? Nel tuo paese parlano tutti la stessa lingua? C'è differenza tra la lingua che si parlava in passato e quella di oggi?
2. Nella tua lingua si usano spesso parole straniere? Da dove derivano?
3. Che ne pensi del linguaggio dei giovani? E della loro mania dei neologismi?
4. Pensi che le brutte parole siano solo volgari o necessarie per esprimere sentimenti particolari?
5. A volte risulta difficile per uno straniero imparare l'italiano. Per te l'italiano si è rivelato come una lingua semplice o complicata?
6. Qualcuno ha detto che l'essenza della parola è il silenzio. Puoi spiegare che significa questa affermazione?
7. L'esperando potrebbe essere la lingua ideale?
8. Conosci maleparole in italiano? Quali?

ESERCIZIO LESSICALE
Potresti tradurre in italiano le espressioni sottoindicate specificando da quale lingua derivano?

1. leader	12. sui generis
2. drink	13. star
3. los dineros	14. gratis
4. out	15. réclame
5. pullover	16. party
6. alibi	17. chèque
7. in	18. bouquet
8. mania	19. terapia
9. boutique	20. tema
10. o.k.	21. dossier
11. chic	

PER LA PRODUZIONE SCRITTA
Scrivi una relazione per il tuo professore d'italiano in cui dai un giudizio sulla lingua italiana, illustri le difficoltà grammaticali o linguistiche che affronti, commenti il materiale didattico usato e dai altre informazioni utili per migliorare l'insegnamento della lingua.

SITUAZIONE
Hai una vivace discussione con un tuo amico. Lui sostiene che è giusto che la lingua ufficiale usata nell'unità europea sia quella inglese. Tu, invece, sostieni che sarebbe preferibile che venisse parlata quella greca, perché più antica e con una tradizione.

MA QUESTA TELEVISIONE ITALIANA È DA BUTTARE?

SÌ: GIÒRGIO BOCCA, *giornalista*
Io la butterei volentieri. Non se ne può fare a meno per abitudine: è lì, a portata di mano, come l'acqua potabile. Ma lo spettacolo che offre è desolante. Ci sono serate in cui non l'accendo per disperazione. Il problema della nostra tivù è di non sapersi dare dei limiti: si offre di tutto e di più, senza "selezionare" con un minimo di intelligenza. E se un filone funziona, per quanto di basso valore sia, si insiste fino alla noia più totale. Il mercato ha preso il posto della cultura.

NO: ENZA SAMPÒ, *conduttrice*
Ma perché ci si stupisce tanto? Per una come me che lavora in televisione da 40 anni, non è proprio una novità sentir parlare di crisi del piccolo schermo. Piuttosto è un allarme che si ripete ciclicamente: per questo non riesco più a dargli un gran significato. E anche i motivi sono sempre gli stessi: un cambiamento nei gusti del pubblico o, al contrario, programmazioni in anticipo rispetto alle esigenze e alle aspettative dei telespettatori.

Da qui a dire che è ora di fare a meno del piccolo schermo, però, ce ne corre.

LA PAROLA
A LETTORI E LETTRICI
Prima regola: saper scegliere
Sonia De Giuli, Ancona
Se si subisce passivamente tutto quello che passa si finisce per morire di noia. Dalla spazzatura televisiva ci si può salvare facendo una specie di "raccolta differenziata".
L'informazione e lo sport, per esempio, si possono guardare.

Più mi sento giù, più mi tira su
Stefania Forte, Napoli
Dopo il lavoro, dopo la spesa, dopo la ninna nanna ai bambini, mi regalo una pausa: mi sdraio sul divano davanti alla televisione. E mi rilasso. Non sarà trendy, ma mi aiuta a liberare la testa dai problemi.

Io, appassionata telespettatrice
Teresa Bellati, Sondrio
Capisco che non guardare la tv è snob. E parlarne male ancora di più. Ma a noi esseri umani normali la televisione diverte. Sarà perché vivo da sola e quindi

la televisione mi fa compagnia, sarà che mi adatto, ma non trovo così orribili nemmeno gli spettacoli del sabato sera.

Non adattiamoci, spegniamo
Aldo Bruni, Casorate Primo (Milano)
La televisione italiana: programmi sempre uguali, presentatori insopportabili, ballerine seminude. In un tripudio di canzoni e giochetti al telefono. Poi c'è anche il comico. Che non fa ridere nessuno. I film? Li hanno già trasmessi almeno dieci volte. E non c'è differenza tra privato e pubblico, Rai, Mediaset e quel poco altro che esiste ancora. Davanti a questa roba o spegni o passi la serata a fare zapping. Meglio spegnere.

adattato da *Anna*

LESSICO

○ *essere a portata di mano* – essere in un posto dove facilmente qualcosa si può prendere ed usare

○ *acqua potabile* – acqua che si può bere

○ *desolante* – che è triste e scoraggiante

○ *filone* – linea di sviluppo di una serie (dello stesso tipo)

○ *aspettativa* – attesa, speranza, previsione

○ *ce ne corre* – è una frase idiomatica per dire che c'è una grande differenza

○ *subire* – essere costretto a sopportare qualcosa di spiacevole

○ *spazzatura* – rifiuti, immondizia

○ *ninna nanna* – cantilena per far addormentare i bambini

○ *sdraiarsi* – coricarsi, stendersi

○ *adattarsi* – adeguarsi, conformarsi

○ *seminudo* – quasi nudo

○ *tripudio* – aspetto festoso e gioioso

PER LA COMPRENSIONE
Scegli l'affermazione corretta tra le quattro proposte

1. Secondo il giornalista, G. Bocca,
   ❏ a. la TV è pessima
   ❏ b. in TV ci sono spettacoli interessanti
   ❏ c. bisogna accendere ogni sera la TV
   ❏ d. i programmi televisivi vengono sempre selezionati

2. Secondo la conduttrice, Enza Sampò,
   ❏ a. tutti i programmi piacciono ai telespettatori
   ❏ b. l'apparecchio televisivo è da buttare
   ❏ c. la TV non può essere migliorata
   ❏ d. parlare di crisi in TV è molto consueto

3. Secondo la lettrice S. De Giuli l'importante è
   ❏ a. fare zapping
   ❏ b. scegliere
   ❏ c. buttare la TV nella spazzatura
   ❏ d. guardare passivamente tutto

4. Secondo la napoletana S. Forte la TV
- ❑ a. l'aiuta a rilassarsi
- ❑ b. fa addormentare i suoi bambini
- ❑ c. la fa sentire giù
- ❑ d. per lei è come una dolce ninna nanna

5. La telespettatrice T. Bellati, siccome è sola, ritiene che la TV
- ❑ a. non sia divertente
- ❑ b. sia una compagnia
- ❑ c. sia noiosa
- ❑ d. sia orribile

6. Infine, secondo A. Bruni, sarebbe meglio
- ❑ a. adattarsi
- ❑ b. guardare solo gli spettacoli comici
- ❑ c. spegnere
- ❑ d. seguire solo i canali privati

BREVE SINTESI

PER LA DISCUSSIONE
1. Perché, secondo te, la gente segue la TV, non ha niente di meglio da fare?
2. La TV trasmette troppi film americani. Non sei d'accordo?
3. Ritieni che la TV in genere sia da buttare o solo quella del tuo paese debba essere considerata scadente?
4. Ti arrendi all'idea di passare da un canale all'altro?
5. Potresti fare a meno del piccolo schermo (anche per informarti)? Non pensi che il teledipendente abbia dei problemi di personalità? (si sente poco amato, non riesce a provare emozioni ...)
6. Pensi che la TV sia specchio dei cambiamenti culturali ed economici di un paese?
7. Spettatori e spettatrici hanno diversi gusti? È possibile che un programma che lei ritiene bellissimo, possa essere considerato "spazzatura" da lui?

ESERCIZIO LESSICALE
Il verbo "fare" è usato in molte espressioni idiomatiche. Abbina la frase della colonna A con il significato espresso nella colonna B (naturalmente il verbo è all'infinito!)

A	B
1. "Chi <u>la fa</u>, l'aspetti". È proprio un bellissimo proverbio.	**a.** rinunciare
2. Non posso <u>fare a meno</u> di te perché ti amo tanto.	**b.** notare

3. <u>Ce la fai</u> a seguire tutti gli spot in TV?
Sei davvero paziente!

c. uccidere

4. Che tu ti arrabbi tanto con me
<u>non mi fa né caldo né freddo</u>!

d. comportarsi da stupido
(è un sistema per fare la corte!)

5. Secondo te perché Michele
<u>fa il cretino</u> con Alessandra?

e. commettere una cattiva azione

6. Quando hanno sentito quel rumore
nella notte buia e silenziosa,
i ragazzi <u>se la sono fatta addosso</u>!

f. riuscire

7. Ti sei fatto un tatuaggio!
Non <u>ci avevo fatto caso</u>!

g. avere paura

8. Quel giudice è stato <u>fatto fuori</u>
dalla mafia!

h. adoperarsi

9. Ti <u>dai tanto da fare</u> ma non riesci
ad ottenere niente.

i. essere indifferente

PER LA PRODUZIONE SCRITTA
Si dice che i bambini vengano "rapiti" dal video e che, a causa della TV, diventano violenti. Non credi che, invece, proprio, grazie alla TV, oggi siano tanto informati ed abbiano la possibilità di imparare tante cose?

SITUAZIONE
È domenica. Una coppia sta guardando la TV insieme. Su un canale è trasmessa una partita, sull'altro c'è un film conosciutissimo che è già stato proiettato almeno dieci volte. Lui vuole vedere il film e lei la partita di calcio. Cominciano a litigare.

CURIOSITÀ
Una TV che non piace all'estero
Che cosa pensano all'estero della nostra TV? In verità ne parlano poco: la ricerca Nathan il Saggio rivela che le notizie che la riguardano occupano lo 0,9% delle informazioni sull'Italia in generale. Oltre confine è considerato eccessivo il tempo che passiamo davanti al piccolo schermo, e i programmi sono giudicati scadenti. Un esempio molto citato? Sanremo.

QUESTA PAZZA, PAZZA VOGLIA DI BENE

Che cosa fa la differenza tra l'Italia di ieri e quella di oggi? Cos'è successo? Che l'Italia, e se ne accorgono anche all'estero, si sta scoprendo addosso una grande voglia di bontà. Un nuovo desiderio di eliminare le diseguaglianze, di schierarsi a favore del prossimo con piccoli e grandi gesti. "In Italia cresce il bisogno di condividere la propria sorte con quella degli altri" spiega Gianfranco Garancini, docente di storia del diritto. "C'è una forte spinta a prendere posizione nei confronti dei problemi di chi ci circonda". È questo il punto: ogni giorno che passa sentiamo che il nostro destino è legato a quello degli altri. Che la nostra vita non può essere piena senza che lo sia anche quella altrui. E questo spiega il boom del volontariato: sono più di 500 mila i "cuori d'oro" che ogni settimana spendono almeno cinque ore in attività di utilità sociale. E 8.803 le associazioni che assistono malati, anziani, immigrati extracomunitari. Eccone alcune.

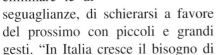

a. Per ripulire la terra

Alla fine degli anni Sessanta, negli Stati Uniti, ho visto un lago sulle cui acque inquinate galleggiavano decine di pesci morti. "La Terra è la nostra casa" mi sono detta. "Perché ridurla a una pattumiera?". Una constatazione che ha spinto Grazia Francescato a battersi per l'ecologia. Nel 1971 è entrata come volontaria nel WWF Italia e nel 1992 ne è diventata presidente.

L'associazione ha sedi in tutta Italia e conta 5 mila volontari.

b. Per assistere gli anziani

"Il 33 per cento della popolazione italiana è composta da persone che hanno più di 65 anni" spiega Alberto Milani, 60 anni, presidente dell'Auser Filo d'argento di Bologna, un'associazione che lavora a fianco degli anziani ed è presente in 130 città con 70 mila volontari. "I vecchi sono le nostre radici e la nostra memoria. È nostro dovere aiutarli, far in modo che non si sentano soli, e se le condizioni fisiche lo permettono, offrire loro un lavoro che li faccia sentire utili".

c. Per sostenere gli extracomunitari

Fisico nucleare "pentito", Walter Izzo, 52 anni, è il presidente del Centro di solidarietà San Martino (sede a Milano): "Con l'aiuto di 70 volontari

accogliamo extracomunitari in difficoltà. Abbiamo un ambulatorio medico che riceve 2.000 pazienti l'anno, organizziamo corsi di lingua italiana, troviamo posti di lavoro, diamo un tetto alle ragazze madri straniere". Nel 1996, l'ufficio di inserimento lavorativo del Centro ha trovato un lavoro a 274 extracomunitari.

adattato da *Donna Moderna*

LESSICO

- *schierarsi* – prendere posizione
- *altrui* – degli altri
- *galleggiare* – stare sulla superficie dell'acqua senza affondare
- *pattumiera* – recipiente in cui si raccoglie l'immondizia
- *battersi* – lottare, combattere
- *pentito* – colui che prova rimorso per aver fatto qualcosa
- *tetto* – qui sta per "casa"
- *inserimento* – introduzione, il far entrare qualcuno a far parte di qualcosa

PER LA COMPRENSIONE

A quale dei tre branetti, indicati rispettivamente con la lettera a,b,c, si riferiscono le affermazioni sottostanti?

	a	b	c
1. Ho deciso di rendermi utile perché volevo aiutare gli stranieri in difficoltà	❑	❑	❑
2. Spesso ci dimentichiamo delle persone che non sono più giovani	❑	❑	❑
3. La mia vita è cambiata quando ho visto un lago con tanti pesci morti	❑	❑	❑
4. I volontari dispongono anche di un ambulatorio medico per pazienti di colore	❑	❑	❑
5. Bisogna migliorare l'uso delle risorse ambientali	❑	❑	❑
6. È necessario offrire loro un lavoro così da farli sentire ancora utili alla società	❑	❑	❑
7. Si impegnano a salvaguardare la flora e la fauna	❑	❑	❑

BREVE SINTESI

PER LA DISCUSSIONE

1. Senza prendere una lira, i volontari dedicano il loro tempo agli altri. Li consideri dei pazzi o degli eroi? Cosa spinge, secondo te, tanta gente ad uscire dal proprio quotidiano?

2. Dare una mano ad un altro, utilizzando un po' del tempo della propria vita privata, non credi possa risultare un'esperienza interessante?

3. Se ti fosse chiesto di diventare volontario, ti piacerebbe prestare i tuoi servizi per assistere i malati e gli anziani, difendere l'ambiente e gli animali, curare i bambini e

gli extracomunitari, interessarti della promozione del patrimonio artistico od altro?

4. Alcuni pensano che per aiutare chi ha problemi è più semplice inviare denaro. Ne sei convinto/a?

5. Nel tuo paese esistono organizzazioni di volontari? Se sì, quali?

6. Quando vedi qualcuno in difficoltà preferisci spendere tempo ed energie per aiutarlo o pensi che, siccome la pazienza non è il tuo forte, è meglio lasciar perdere?

7. Ma le "buone azioni" sono passate di moda?

ESERCIZIO LESSICALE
Completa il testo inserendo al posto giusto le seguenti parole

istituto / iscrivere / bambino / bastano / chiedere / bollette / moneta / identità

Una banca per scambiarsi favori
La Banca del Tempo funziona come un (1)_____ di credito, conto corrente e libretto di assegni. Si deposita la propria disponibilità a scambiare prestazioni con gli altri aderenti usando il tempo come (2)_____. Per ogni ora impiegata, per esempio pagando le (3)_____ per un anziano o spiegando una poesia a un (4)_____, si stacca un assegno. In cambio si può (5)_____ aiuto a un altro correntista. Alla Banca del Tempo si possono (6)_____ tutti. (7)_____ la fotocopia della carta d' (8)_____ e un po' di disponibilità.

PER LA PRODUZIONE SCRITTA
Volendo diventare un/una volontario/a hai deciso di compilare la scheda che ogni settimana appare sulla rivista che leggi

- Come ti chiami? _____
- Quanti anni hai? _____
- Sei sposato/a? _____
- In quale città abiti? _____
- Che studi hai fatto? _____
- Hai mai svolto attività di volontariato o di impegno sociale? Se sì, quali? _____
- Quali pensi possano essere i tuoi punti forza e le tue attitudini? _____
- Sei occupato/a o in cerca di lavoro?
- Vorresti prestare servizio come volontario/a nel tuo paese o saresti disposto/a ad andare all'estero (se sì, dove)? _____

- Come hai deciso di svolgere attività
  di volontariato? _____
- Di quale associazione di volontari
  vorresti far parte? _____
- Sei disposto/a a seguire dei corsi di
  formazione? _____
- Quante ore alla settimana puoi dedicare
  a tale attività? _____

SITUAZIONE

Di solito dopo il lavoro con un/una tuo/a collega ritorni a casa in autobus. Lungo il
percorso vedete un'intera famiglia (padre, madre e due figli di differente età) che,
seduta sul marciapiede, chiede l'elemosina. Tu pensi che sarebbe ora di aiutare quella
povera gente non solo con qualche spicciolo, ma cercando di capire perché mai si sia
ridotta in quelle condizioni, per poter intervenire in qualche modo. Il/la tuo/a collega,
invece, ti dice che "chiedere la carità" è una moda.

DANTE E ULISSE

Dante Alighieri (Firenze 1265 – Ravenna 1321) si considera tra i più grandi geni dell'umanità. Compose un'opera, "La Divina Commedia", in cui immagina di fare un viaggio nel regno dei morti per diventare un vero "uomo". Qui è nell'Inferno insieme al suo maestro, Virgilio, che lo accompagna nel viaggio, ed incontra il noto "Ulisse".

"Maestro, dove siamo ora?" chiese Dante. "Siamo tra i cattivi consiglieri. In ognuno di quei fuochi vi è uno spirito. Guarda quella duplice fiamma: avvolge e tormenta coloro che idearono il cavallo di Troia: Ulisse e Diomede."

"Fa' che io parli con loro!" esclamò allora Dante. "Il tuo desiderio è esaudito – rispose Virgilio. – Ma lascia che parli io." E volgendosi alla duplice fiamma:

"Voi due, uniti in un solo tormento, ascoltate. Ho cantato, nella mia poesia, la caduta di Troia: se per questo vi sembra che io meriti qualcosa, parlate. Quello che di voi scomparve senza lasciar traccia di sé, mi dica come morì."

Dalla fiamma più alta, allora, uscì una voce. Era quella di Ulisse: "Quando, dopo le lunghe avventure, tornai alla mia isola, Itaca, invece di starmene in pace, mi sentii spinto a riprendere il mare, per esplorare il mondo o per conoscere ancora di più il cuore dell'uomo. Così, insieme con pochi compagni e su una piccola nave, ripartii per nuove avventure. Vedemmo nuove terre, fino a quando giungemmo alle Colonne d'Ercole, il limite estremo del mondo conosciuto. Le varcammo. Dovevamo andare avanti, esplorare il mondo. Non siamo nati per vivere come bestie, ma per cercare il bene e la verità: così dissi ai miei compagni, ed essi, vincendo ogni esitazione, fecero forza sui remi, cosicché la nostra nave iniziò un folle volo su quell'oceano ignoto. Eravamo in mare da cinque mesi, ormai, quando vedemmo all'orizzonte una montagna altissima. Cominciammo a gridare d'allegria: ma l'allegria si tramutò subito in pianto: da quella montagna si staccò un turbine che s'abbatté sulla nave, la fece girare tre volte su se stessa, e infine la sommerse."

Così detto Ulisse non parlò più.

adattato da una riduzione della "Divina Commedia" di Dante Alighieri

LESSICO

- *duplice* – che si compone di due parti
- *avvolgere* – coprire tutt'intorno
- *tormentare* – torturare
- *esaudire (un desiderio)* – soddisfare
- *meritare* – essere degno
- *traccia* – impronta, segno
- *starsene in pace* – stare quieto, tranquillo
- *varcare* – superare, oltrepassare
- *esitazione* – incertezza
- *remo* – asta di legno a forma di pala per far procedere un'imbarcazione
- *tramutare* – cambiare
- *staccare* – venir via

○ *turbine* – vortice di vento

○ *abbattersi* – cadere con violenza

○ *sommergere* – far andare sott'acqua

PER LA COMPRENSIONE
Scegli l'affermazione corretta tra le quattro proposte

1. <u>Dante, mentre cammina nell'Inferno, vede:</u>
    ❑ a. una duplice fiamma
    ❑ b. il cavallo di Troia
    ❑ c. Virgilio
    ❑ d. un cattivo consigliere

2. <u>Rivolto alla duplice fiamma, Virgilio dice che è tempo di</u>
    ❑ a. gettare acqua sul fuoco
    ❑ b. raccontare la caduta di Troia
    ❑ c. rivelare la verità sulla fine di Ulisse
    ❑ d. ricevere un premio per i suoi meriti

3. <u>Ulisse racconta</u>
    ❑ a. perché ritornò ad Itaca
    ❑ b. come morì con i suoi compagni
    ❑ c. come era il mondo che aveva visto
    ❑ d. come mai restò a casa e non andò in cerca di avventure

4. <u>La fine di Ulisse e dei suoi compagni fu causata</u>
    ❑ a. da alcune bestie
    ❑ b. da un turbine
    ❑ c. da alcuni pirati
    ❑ d. da cattivi consiglieri

BREVE SINTESI

PER LA DISCUSSIONE
1. Ulisse è un personaggio mitologico molto amato in tutti i tempi. Che cosa simboleggia?
2. Ti piace "l'avventura" o preferisci programmare tutto (dalle vacanze fino agli studi, alle tue relazioni)?
3. Nella letteratura si parla spesso di viaggi reali o metaforici. Ne ricordi qualcuno? (Se proprio non ti viene niente in mente, in alternativa, puoi parlare di un film tipo "Titanic" o "Cristoforo Colombo").
4. Pensi che l'uomo debba accontentarsi della "sua" vita o cercare di migliorarla? Per te "migliorare la propria vita" significa avere più soldi, una cultura più vasta o altro?

5 Dante è il più grande poeta italiano. Chi è il più grande poeta nel tuo paese? Hai letto qualcosa?

6. Da sempre varcare i limiti e le frontiere umane è stato il sogno dell'uomo. Secondo te, si deve insistere su questa strada anche se significa dover sfidare molti pericoli e addirittura "naufragare"?

ESERCIZIO LESSICALE

Spesso per unire le frasi si usano delle congiunzioni come (nota: sono tutte con il che e l'accento)

anziché / finché / poiché / cosicché / benché / affinché / purché

Se puoi, inseriscile nelle seguenti frasi

1. Ulisse preferiva viaggiare _____ restare nella sua casa di Itaca.
2. _____ Ulisse fosse stanco a causa delle sue avventure, preferì riprendere il mare.
3. _____ Ulisse amava la conoscenza, decise di giungere alle colonne d'Ercole.
4. Ulisse dà ordini _____ i compagni li eseguano.
5. Ti amerò _____ vivrò (promessa di Pinocchio a Penelope) disse Ulisse.
6. Il barcaiolo ad Ulisse: "Ti presterò la mia piccola nave _____ me la restituisca tutta intera.(!!!)
7. I compagni fecero forza sui remi _____ la nave iniziò a correre.

PER LA PRODUZIONE SCRITTA

Che significa per te la parola "viaggio", significa esperienza, avventura, speranza o conoscenza? Riporta un esempio per sostenere la tua opinione.

SITUAZIONE

In classe il professore vuole parlarti di letteratura. A te non piace molto, specialmente ti annoia dover parlare di persone che ormai non hanno più nessun rapporto con la realtà odierna. Ma il professore ti spiega che la letteratura è stata scritta da uomini come te, figli del loro tempo. Tu (speriamo), dopo un po', ti lascerai convincere (è utopia?).

FESTE FOLCLORISTICHE E SAGRE ESTIVE

1. Festa del vino – *Asti* (5-14 Settembre)
Alla rassegna, in piazza Cattedrale, sono presenti i migliori vini italiani selezionati a marzo dalla Camera del Commercio. Ricca la gamma di vini pregiati dell'Astigiano. Il nome della manifestazione viene dalla *douja*, la caraffa usata dai contadini per prelevare il vino dalle botti.

2. Il palio – *Siena* (16 Agosto)
La corsa che coinvolge tutte le "contrade" rappresenta un evento di richiamo internazionale. La città e le folle di visitatori si radunano in piazza del Campo. Nel pomeriggio, dopo la benedizione dei fantini, sfila il corteo storico. Alle 18.30 inizia la gara che vede confrontarsi i cavalieri delle fazioni opposte. Il giorno successivo le strade della cittadina partecipano con entusiasmo alla sfilata dei vincitori.

Gli sbandieratori di Asti aprono il corteo storico del Palio

3. Giostra della Quintana - *Foligno / Perugia* (14 Settembre)
Giostra della Quintana: la sfida. È una delle rievocazioni storiche umbre più famose, che si ispira a una sfida a cavallo risalente al 1613. I cavalieri dei dieci rioni della città devono infilare con le lance, nel minor tempo possibile, tre anelli d'acciaio nella struttura di legno del 1600 che rappresenta il dio Marte. Giochi equestri e grande festa. Nelle taverne cittadine si possono gustare fagioli, carne arrosto e antiche ricette. Il 21 settembre: la rivincita!

4. Festa di S. Gennaro – *Napoli* (19 Settembre)
Grande è la partecipazione popolare al miracolo che si attende con ansia ogni anno, e che consiste nella liquefazione del sangue del Santo, custodito nella teca. Festa molto sentita, con una processione, attraverso il centro storico, dei busti d'argento e delle statue, abitualmente conservati in Duomo. In serata tutti a Pozzuoli, dove le bancarelle invadono le strade e si assiste a spettacolari fuochi d'artificio.

5. Festa per la Madonna – *Tropea / Vibo Valentia* (15 Agosto)
Suggestiva processione in mare lungo un tratto di costa. Un'imbarcazione trasporta la statua della Vergine e viene seguita da centinaia di barche dei pescatori. Lo stesso giorno, sagra del pesce azzurro e della cipolla rossa di Tropea: negli stand si gustano specialità a base di pesce e cipolla a prezzi modici. Precede l'evento un raduno folcloristico regionale con i migliori gruppi calabri (il 10 agosto).

adattato da *Oggi*

LESSICO

○ *sagra* – festa popolare con fiera e mercato

○ *rassegna* – mostra, festival

○ *la botte* – recipiente di legno caratteristico dove si conserva il vino

○ *il palio* – drappo (tipo di tessuto prezioso) ricamato o dipinto che viene dato in premio al vincitore di una gara in manifestazioni tradizionali di alcune città italiane

○ *contrada* – quartiere

○ *radunarsi* – riunirsi, raccogliersi in uno stesso luogo

○ *fantino* – chi per professione monta i cavalli nelle corse

○ *corteo* – sfilata

○ *fazione opposta* – gruppo contrario

○ *giostra* – nel medioevo e nel rinascimento era il nome generico di vari esercizi cavallereschi

○ *rievocazione* – il ricordare, il richiamare alla memoria

○ *sfida* – competizione, invito a battersi, provocazione

○ *rione* – quartiere

○ *liquefazione* – il diventare liquido

○ *processione* – lunga fila di persone che, per motivi religiosi, percorrono le strade di una città o paese

PER LA COMPRENSIONE

Completa la tabella sottostante, dando tutte le informazioni sulle feste e sagre citate

	posto dove avviene	in quale parte dell'Italia si trova (Nord - Sud)	quando si svolge	cosa si festeggia	breve descrizione	come termina
1						
2						
3						
4						
5						

BREVE SINTESI

PER LA DISCUSSIONE

1. Ti piace assistere a sagre e feste popolari? Hai mai partecipato a qualcosa del genere? Puoi descrivere qual è l'atmosfera che domina in questi "momenti" di folclore? Quale ritieni la più interessante "festa popolare" che avviene nel mondo?

2. Perché pensi che di solito le manifestazioni folcloristiche terminino quasi sempre con una bella "abbuffata" o con fuochi d'artificio e musica?

3. Hai mai visto una sfilata in costumi d'altri tempi? Per quale motivo s'indossano tali abiti invece di quelli d'Armani o Valentino?

4. Secondo te quando tutto "il mondo diventerà un solo paese" (per esempio se il tuo paese è già parte dell'Europa unita) si perderanno tali elementi folcloristici o continueranno a resistere nei secoli?

5. Al cinema spesso vediamo dei film sui costumi e le abitudini di altri popoli, come

del Tibet, dell'India, del Giappone ecc. Ti interessa conoscere la storia di tali posti e la loro "filosofia"? C'è una differenza tra la filosofia occidentale e quella orientale?
6. Tanto per concludere potresti dire quali sono le motivazioni per cui continuano ad esistere ancora oggi tali "feste tradizionali" benché viviamo in piena tecnologia?

ESERCIZIO LESSICALE

Molto spesso gli italiani quando parlano usano delle parole un po' colorite. Non potendo in un libro riferire parole o frasi troppo spinte, posso chiederti solo se sei in grado di comprendere parolacce e imprecazioni "un po' gentili" e ormai non tanto popolari. Completa, dunque, le frasi sottostanti con l'espressione idiomatica indicata che ti sembra più adatta

> *fare un casino della Madonna / fregarsene / porco cane / figlio di buona madre / va' a quel paese / donna di facili costumi / fesso / cavolo / mi hai rotto*

1. Ma che _____ vuoi da me? Non sei mai contento!!
2. Questi studenti non studiano, parlano, ridono, gridano... Loro _____ ed io non li sopporto più!!!
3. Se supero o no gli esami per me non ha nessunissima importanza. Ma chi _____?
4. Carlo mi ha creato talmente tanti problemi che mi ha fatto proprio giungere alla conclusione che è un _____.
5. Che traffico! _____! Non arriverò mai!!
6. Quando vuoi "gentilmente" litigare con un eventuale partner italiano puoi dire: "Non ti sopporto più! _____! Ma _____!
7. Ma insomma! Lo corteggio, mi faccio vedere vestita in modo provocante, gli telefono e gli dico quanto mi piace... ma lui niente! È proprio un _____.
8. Il mestiere più antico del mondo è quello che fa la mamma di Mario. Così come si veste e comporta sembra proprio una _____.

PER LA PRODUZIONE SCRITTA
Crea un racconto che inizi con queste parole

Domenica mattina ero uscito/a per la solita passeggiata con la mia macchina un po' fuori città. Ad un certo punto, avendo visto tanto traffico, mi sono ricordato che in quel giorno era festeggiato...

SITUAZIONE

Esistono parole "buone" e parole "cattive"? È l'argomento che hai deciso di discutere con il/la tuo/a professore/ressa un po' restìo/a ad insegnarti le "parolacce" italiane. In fondo, ritieni che le parole sono fatte dagli uomini e che, pertanto, non bisogna "censurarle". Alla fine protesti vivacemente contro "i falsi pudori e moralismi" e convinci il/la tuo/a insegnante ad informarti come puoi difenderti dagli insulti in caso di attacco da parte di un/a italiano/a non troppo gentile.

LEGA SHOW
Opinioni faccia a faccia

In un'Europa che ha già visto la Cecoslovacchia spaccarsi in due, Bossi si accontenta di dare della secessione italiana una rappresentazione spettacolare, che richiama ancora una volta nel vostro paese cronisti e studiosi.

a. Roma capitale, che errore

L'Unità d'Italia è oggi messa in discussione perché nacque nel modo sbagliato. In realtà, l'Italia fu unificata dai settentrionali, che conquistarono il resto della penisola mediante azioni militari e politiche. Fin qui niente di strano: in tutto il mondo, le unificazioni nazionali si fecero quando gli uni prevalsero sugli altri. I prussiani unificarono la Germania, gli inglesi la Gran Bretagna, e in America i nordisti prevalsero sui sudisti per modellare gli Stati Uniti secondo le loro idee e i loro interessi.

Ma in Italia i settentrionali, compiuta l'unificazione, avrebbero dovuto tenere la capitale nel Nord, e conservare nelle loro mani il governo della nazione. Invece, trasferirono la capitale a Roma. La scelta di Roma fu fatale. I sognatori del Risorgimento credevano di trovare la Roma dei Cesari; invece trovarono una città arretrata e corrotta. Indietro non si torna.

(P. Ottone)

b. "Il Po si racconta"

Intanto, una prima verità: il nostro (intendo dire da un capo all'altro dello Stivale) è un paese con una forte vocazione per il teatro. Da noi, ogni problema diventa irrimediabilmente recita: farsa, dramma o tragedia va bene tutto.

Chissà se il padre della cosiddetta "Repubblica del Nord" è stato mai sfiorato da questo dubbio: voglio dire di rappresentarci tutti, dalle Alpi alla punta ovest della Sicilia; di essere insomma una maschera, un campione di italianità, che non crede, essa per prima, in quello che dice, nella convinzione che ciò che veramente conta, soprattutto in politica, è far scandalo.

(E. Rea)

c. Questione di neo-egoismo

Hans Gerg Betz, professore della University di Washington, che studia la Lega e Bossi in un'intervista ha detto:

- *Quando le chiedevano che cosa sarebbe successo il 15 settembre, primo giorno della Padania indipendente, che cosa rispondeva?*

"Che Bossi e i suoi avrebbero fatto una bella manifestazione con le loro bandiere, che ci sarebbero stati applausi per il leader, che sarebbero state pronunciate parole forti. Poi, tutti sarebbero tornati tranquillamente a casa loro".

- *Veramente, lei parla anche di neoegoismo.*

"Scusate, non è Bossi che sostiene da sempre che il Nord ha un solo problema da risolvere, cioè il Sud d'Italia?".

- *Che ne pensa delle camicie verdi? Sono solo folclore?*

"Non farei paragoni storici con le camicie nere degli squadristi di Mussolini o con quelle brune del movimento nazista. Il problema potrebbe arrivare solo se le camicie verdi dovessero trasformarsi in un movimento paramilitare".

adattato da *"L'Espresso"*

LESSICO

- *spaccarsi* – dividersi in due parti
- *secessione* – l'allontanarsi di un gruppo dall'unità politica-sociale cui appartiene
- *mediante* – per mezzo di, con l'aiuto di
- *prevalere* – avere maggior forza
- *corrotto* – viziato moralmente
- *vocazione* – inclinazione naturale, talento
- *sfiorare* – passare vicino, toccando di sfuggita

PER LA COMPRENSIONE
Chi lo ha detto?

1. Portano camicie di colore verde
2. Non si torna indietro
3. La scelta di Roma capitale fu un errore
4. Gli italiani amano la farsa
5. I Settentrionali conquistarono il Sud
6. L'Unità d'Italia è nata in modo sbagliato
7. Le camicie verdi dei sostenitori di Bossi per ora non costituiscono un pericolo
8. Bossi somiglia ad una maschera
9. Bossi è il rappresentante del neoegoismo italiano

BREVE SINTESI

PER LA DISCUSSIONE
1. In Europa in molti paesi si sono posti problemi di secessione o, al contrario, di unificazione (es. Germania e Yugoslavia). Ne sai qualcosa in proposito?
2. Nel Nord e Sud Europa ci sono le stesse possibilità economiche?
3. L'Unione Europea favorisce lo sviluppo economico dei paesi ad essa appartenenti?
4. Che ne pensi del diffondersi del "nazionalismo" in Europa?
5. Se ti fosse chiesto di parlare di un personaggio storico o della vita politica del tuo paese, di chi ti piacerebbe trattare?
6. Esiste nel tuo paese un movimento secessionista che somigli a quello di Bossi?
7. Conosci qualche personaggio della storia italiana?

ESERCIZIO LESSICALE
A volte i numeri indicano qualcosa. Inseriscili nelle frasi e spiega che significano

$3 , 2 , 4 , 3 , 2 , 100 , 4 , 48 , 7 , 1 , 33$

1. Se non si trova il colpevole, qui succede un _____ .
2. A quella manifestazione politica c'erano _____ gatti.
3. Stasera ho proprio voglia di farmi _____ passi.
4. È immortale. Ha _____ spiriti come i gatti.
5. Amo primeggiare. Voglio essere il numero _____ in tutti i campi.
6. Chi fa da sé fa per _____ dice un noto proverbio.
7. Tanti auguri per il tuo compleanno! _____ di questi giorni!
8. Il dottore dice al paziente di ripetere il numero _____ .
9. Se succede qualcosa di male due volte di seguito, la sfortuna non è finita perché non c'è due senza _____ .
10. Sono così felice che Giorgio ha chiesto di sposarmi che lo griderei ai _____ venti.
11. Fenomeni come fame e razzismo non sono che _____ facce della stessa medaglia.

PER LA PRODUZIONE SCRITTA
Lo studio della storia del proprio paese è importante per conoscere le proprie origini e per formarsi come essere sociale appartenente ad un gruppo. Esprimi la tua opinione su tale affermazione.

SITUAZIONE
Parlando di alcuni personaggi storici importanti del tuo paese, un tuo compagno ha affermato che la storia è scritta solo dagli eroi. Ti ha portato degli esempi, ma tu non sei d'accordo con lui perché ritieni che la storia è scritta principalmente dalle persone comuni di cui gli eroi non sono che i rappresentanti. Cerchi di convincerlo, ma... invano.

QUANT'È CARO

Alberto Moravia (Roma 1907 – 1990) *è tra i più grandi scrittori italiani di saggi, novelle e romanzi. Conosciutissimo all'estero, ha ottenuto vari premi letterari.*

Dicono che gli amici si vedono nelle difficoltà, quando ne hai bisogno e l'amicizia non si giudica in base al danaro. Dicono che un amico che è un amico lo vedi in un momento difficile, quando l'amico ha tutto da perdere e niente da guadagnarci a restarti amico. Sarà. Ma io penso che l'amico ci trova il suo guadagno ad aiutare l'amico nel bisogno; non foss'altro per il sentimento di essere più di lui. Io dico invece che gli amici li vedi nella fortuna, quando le cose ti vanno bene, e l'amico rimane indietro e tu vai avanti e ogni passo avanti che fai è per l'amico come un rimprovero o addirittura un insulto. Allora lo vedi, l'amico. Se ti è veramente amico, lui si rallegra della tua fortuna, senza riserve, come tua madre, come tua moglie. Ma se non ti è veramente amico, l'invidia gli entra nel cuore e glielo rode in modo che presto o tardi non resiste più e te lo lascia vedere.

A. Moravia, oltre che scrittore di fama internazionale, era un "bon viveur"

Quand'è che le cose mi sono cominciate ad andare bene? Posso dirlo con precisione, dal momento che mio suocero si decise ad aiutarmi e così potei mettere su la macelleria in quelle parti nuove, vicino a via Angelo Emo. Ora quand'è che Arturo ha cominciato ad avere, almeno quando stava con me, quel viso storto, quel sorriso sforzato, quella voce poco naturale? Proprio verso la stessa epoca. Dopo aver lavorato in segreto tutta l'estate per allestire la macelleria, uno di quei giorni gli dissi: "Ahò, Arturo, ci ho una sorpresa per te". Disse sorridendo, contento: "E quale?" Risposi: "Se te lo dico non è più una sorpresa… vieni con me e lo saprai. Prendiamo un taxi: bisogna andare lontano". Durante il tragitto lui non parlò, stranamente, ma non ci feci caso: preparavo la sorpresa.

Arriviamo in via Angelo Emo, scendo, pago, mi avvio per quelle strade nuove verso un bel palazzone bianco, con una fila di negozi ancora sfitti a pianterreno. Gli indico il mio negozio, anch'esso con la serranda calata, ma con l'insegna parlante: "Luigi Proietti. Macelleria", e faccio: "Che ne dici?" Lui guarda e risponde: "Ah, questa era la sorpresa", a denti stretti. Sempre pieno di entusiasmo, vado al negozio, apro con la mia bella chiave nuova ed entro… Ora chiunque, dico, avrebbe detto: "Oh quanto è bello… Mi rallegro". Chiunque, ma non Arturo. Lui invece entrò stringendo la bocca, zitto zitto, scuro in viso, quasi offeso. Fu quel giorno che cominciai a dar ragione a Iole, mia moglie, la quale da tempo mi ripeteva: "Arturo, un amico? Si vede che tu di amici non te ne intendi... quello, caro mio, non ti è amico... non lo vedi che non ti può soffrire?" Eh le donne ci hanno un istinto più sicuro; a parte il fatto che una moglie è sempre gelosa degli amici del marito e la prima cosa che fa, appena sposati, è allontanarglieli e disgustarli in una maniera o in un'altra.

ridotto e adattato dai *"Racconti romani"* di A. Moravia

LESSICO

○ *rimprovero* – lo sgridare qualcuno, il riprendere a parole
○ *insulto* – parola o azione offensiva
○ *invidia* – gelosia, desiderio di avere ciò che un altro ha, ma accompagnato da malanimo
○ *rodere* – consumare lentamente
○ *storto* – non diritto, ostile

○ *sforzato* – forzato, non naturale, finto
○ *allestire* – preparare, attrezzare
○ *farci caso* – notare
○ *sfitto* – non affittato
○ *serranda* – chiusura a saracinesca
○ *insegna* – tabella, cartello scritto all'esterno di un negozio
○ *a denti stretti* – contro voglia

PER LA COMPRENSIONE

Scegli l'affermazione corretta tra le quattro proposte

1. Gli amici, secondo Alberto Moravia, li vedi
   ❑ a. nella sfortuna
   ❑ b. in un momento difficile
   ❑ c. nel momento del bisogno
   ❑ d. nella fortuna

2. L'invidia è un sentimento che
   ❑ a. non si può nascondere
   ❑ b. non si vede mai
   ❑ c. non esce dal cuore
   ❑ d. non viene mai a galla

3. Il protagonista aveva aperto
   ❑ a. una macelleria
   ❑ b. una cartoleria
   ❑ c. una pizzeria
   ❑ d. una libreria

4. Arturo quando vede il negozio dell'amico
   ❑ a. ne è felicissimo
   ❑ b. ci resta male
   ❑ c. sorride soddisfatto
   ❑ d. si rallegra con Iole

5. Il protagonista sostiene che
   - ❏ a. le donne hanno molti amici
   - ❏ b. le donne sono gelose degli amici del marito
   - ❏ c. le donne sono sicure di sé
   - ❏ d. le donne pensano solo a sposarsi

BREVE SINTESI

PER LA DISCUSSIONE
1. Credi che un amico si veda nel bisogno o nella fortuna?
2. Sei invidioso? In quali campi?
3. Che differenza c'è tra gelosia, invidia, desiderio di emulazione?
4. L'invidia spinge una persona a migliorarsi?
5. Rispondi alle domande del test e dopo cerca il tuo profilo. Infine dì se veramente sei come ti presentano.

test   **Misura il tuo "ri-sentimento"**
Rispondi di getto a tutte le domande, scegliendo tra le cinque risposte possibili

	Mai	Raramente	Qualche volta	Spesso	Sempre
1 Pensi che, se fossi più bello/a, saresti più felice e la tua vita sarebbe più semplice.					
2 Ti accorgi che i tuoi amici evitano di raccontarti i loro colpi di fortuna.					
3 Hai motivo di reputarti una persona abbastanza insoddisfatta.					
4 Un collega ti comunica di aver avuto una promozione; provi un po' di amarezza.					
5 Quando ti capita di confrontare i tuoi successi e quelli degli altri, il raffronto ti vede perdente.					
6 Se ti succede di vincere qualcosa (anche un tagliando del Gratta e Vinci) il tuo pensiero corre subito a chi ha vinto di più.					
7 Ritieni che sarebbe giusto che gli altri si trovassero ad affrontare le stesse difficoltà che hai dovuto superare tu per farti strada.					
8 Pensi di aver avuto, nella vita, meno di quello che meritavi.					

...e adesso calcola il tuo punteggio

Seguendo lo schema qui sotto, somma i punti ottenuti per ogni risposta. Poi, in base al risultato, cerca il tuo profilo fra i tre proposti.

Mai (1 punto) **Raramente** (2 punti) **Qualche volta** (3 punti) **Spesso** (4 punti) **Sempre** (5 punti)

Da 8 a 18 punti **AMICHEVOLE**	**Da 19 a 31 punti** **ARRABBIATO**	**Da 32 a 40 punti** **VITTIMISTA**
La parola "invidia" non fa parte del tuo vocabolario. Non solo non sei invidioso, ma sai gioire delle fortune altrui, così come delle tue. La mancanza totale di questo sentimento, però, non sempre è un vantaggio: potrebbe mascherare apatia e disinteresse.	Inutile nasconderlo, il successo degli altri ti dà fastidio. Soprattutto quando pensi che non lo meritano, o quando ritieni di averne maggior diritto. Questo, comunque, non ti impedisce di cercare di ottenere quello che desideri con le tue forze, senza sperare nella sfortuna degli altri.	Troppo spesso ti senti vittima della situazione: il mondo è pieno di gente più bella, più ricca, più felice di te, e che non merita queste fortune. E tu stai a roderti il fegato, e a detestare con tutte le tue forze quelli che consideri "privilegiati". Non ti accorgi che, in realtà, non pensi ad altri che a te stesso.

ESERCIZIO LESSICALE

Quali sono i loro contrari?

1. fortuna –
2. amico –
3. rallegrarsi –
4. bene –
5. dietro –

6. precisione –
7. nuovo –
8. contento –
9. gioia –
10. ho ragione –

PER LA PRODUZIONE SCRITTA

Molte volte un'amicizia termina per qualche futile motivo. Anche a te è successo. Ma non vuoi che finisca così. Allora scrivi una lettera al tuo "vecchio" amico, spiegandogli che sei pronto a dimenticare il motivo del vostro litigio ed a continuare come prima, meglio di prima.

SITUAZIONE

Discuti con un tuo familiare che vuole metterti in guardia dalle cattive amicizie. Lui sostiene che oggi l'amicizia è un sentimento che fiorisce raramente ed è bene non fidarsi di nessuno. Tu non sei d'accordo, perché ritieni che bisogna credere negli altri.

GIUSEPPE VERDI

(La Roncole, Busseto, Parma 1813 – Milano 1901)

In Italia nel corso dell'Ottocento si affermò l'opera, cioè un tipo di rappresentazione teatrale accompagnata dalla musica, che da molti è ritenuta la vera "anima" della cultura italiana.

Nei grandi teatri italiani (il San Carlo a Napoli, la Fenice a Venezia, l'Arena di Verona e molti altri) si cimentarono i nostri compositori, considerati universalmente dei veri maestri. Tra tutti si distinse Giuseppe Verdi che si dice avesse la musica nel sangue.

Aveva solo otto anni quando espresse il desiderio di un piano. Suo padre, benché povero operaio, decise di accontentarlo perché sentiva che il figlio con il suo talento l'avrebbe ricompensato di tutti i sacrifici.

E così Giuseppe trascorreva la sua giornata al piano, laddove gli altri bambini pensavano solamente a giocare.

A soli dodici anni, lo troviamo a guadagnarsi la vita come pianista, lavoro che non abbandonò mai – neppure quando i suoi genitori lo mandarono a Busseto perché completasse la sua educazione musicale.

Rifiutato dal Conservatorio di Milano,

Una scena da una delle opere più passionali di G. Verdi, Il Trovatore

per superamento dei limiti di età e "scarsa attitudine musicale", riuscì a completare gli studi vincendo una borsa di studio che gli permise di prendere lezioni private da un operista del magnifico teatro della Scala.

Grazie all'interessamento di una cantante (G. Strepponi) e di altri sostenitori, un impresario, di nome Merelli, si convinse a mettere in scena il primo lavoro teatrale del giovane compositore dal titolo "Oberto, conte di Bonifacio" (1832). Fu il primo di una lunga serie di trionfi che consacrarono definitivamente la carriera del grande compositore. Nacquero dei veri e propri capolavori. Dopo il Nabucco (1842), Verdi compose molte altre opere fino a giungere alla cosiddetta grande trilogia, composta da "Rigoletto" (1851), "il Trovatore" (1853) e "la Traviata" (1853)*. Con "Don Carlos" (1867) e "Aida" (1871) la sua carriera operistica sembrava ormai conclusa. Invece il genio, tutt'altro che tranquillo, con grande e straordinaria capacità di rinnovarsi, creò altri capolavori che sono "Otello" (1877) ed infine "Falstaff" (1893), il suo malinconico addio al gioco della vita.

Giuseppe Verdi fu considerato dagli italiani un simbolo di libertà. I protagonisti delle sue opere, infatti, soffrono e lottano per i loro ideali come veri eroi romantici. Per di più nelle creazioni verdiane ritroviamo i toni e gli echi di una delle pagine più tormentate, ma splendide, della storia risorgimentale del nostro paese: la lotta degli oppressi contro gli oppressori.

Lo stesso cognome Verdi, in virtù di uno strano gioco del destino, era costituito dalle iniziali di "**V**ittorio **E**manuele, **R**e **D'I**talia", che significava libertà dagli austriaci sotto la guida di un re "italiano". Proprio per questo sui muri di tutte le case veniva scritto dai patrioti italiani W Verdi, cioè W la libertà.

Chi non conosce questi due versi del celebre coro del Nabucco?

Va pensiero sull'ali dorate...
Oh! Mia patria sì bella e perduta...

adattato da *"Opera"*

* Ecco brevemente il contenuto della famosissima trilogia popolare verdiana dove riecheggia il "romanticismo" in tutta la sua bellezza e passione di sentimenti.

<u>Rigoletto</u>: è un buffone dall'aspetto deforme che prende in giro i nobiluomini di corte. Questi ultimi, per vendicarsi, decidono di rapire Gilda, la figlia di Rigoletto. La storia termina con la morte della ragazza che, essendosi innamorata di un duca che si prendeva gioco di lei, ha deciso di prendere il suo posto ed essere uccisa dal sicario del padre che voleva vendicare l'onore della dolce figlia.

<u>Il Trovatore</u>:Tra guerre, castelli, conventi, magie si svolge una romantica storia d'amore. Ancora una donna muore tra le braccia del suo uomo, un misterioso eroe popolare che si oppone all'invasione straniera.

<u>La Traviata</u>: Il melodramma è tratto dal romanzo di A. Dumas "La signora delle camelie". Violetta, la protagonista, scopre l'amore ma, a causa dell'ostilità del padre di Alfredo, suo amante, si separa da lui dopo tanti equivoci. Quando finalmente potrebbe godere il suo nobile sentimento, muore di tisi tra le braccia (ovviamente) del suo uomo.

LESSICO

- *cimentarsi* – mettersi alla prova, avventurarsi
- *ricompensare* – ripagare, premiare
- *laddove* – mentre
- *guadagnarsi la vita* – guadagnare il denaro necessario per vivere
- *conservatorio* – istituto in cui si insegna musica
- *tormentato* – travagliato, che procura sofferenza e pena
- *in virtù di* – ad opera di, grazie a

PER LA COMPRENSIONE
Rispondi alle domande

1. Quando si affermò l'opera in Italia?
2. Potresti citare i nomi dei più importanti teatri italiani?
3. In quale periodo è vissuto Verdi?
4. Perché si dice che Verdi avesse la musica nel sangue?
5. Puoi nominare qualche opera verdiana?
6. Come mai Verdi era considerato un simbolo di libertà?

BREVE SINTESI

PER LA DISCUSSIONE

1. Quali sono i tuoi rapporti con la musica classica od operistica? Sei mai andato/a a seguire un'opera? La trovi noiosa o ti comunica sensazioni forti?

2. Pensi che la musica sia un capitolo necessario nella tua vita? È importante per te capire le parole per comprendere il messaggio umano e culturale o la forza della musica ti affascina e… ti lasci andare?

3. Oggi non più soltanto cantanti e complessi di musica leggera, ma anche grandi "classici" della musica "seria", come Pavarotti, sono gli idoli musicali delle nuove generazioni. Come potresti spiegarlo? Si tratta solo della moda di creare un "divo"?

4. Il concerto negli stadi compie il "miracolo" di raccogliere e "tenere insieme" individui diversi. Potrebbe la musica essere una forma di spettacolo che riesce a far dimenticare i contrasti che ci dividono nella normale vita quotidiana?

5. Nel tuo paese c'è una conoscenza musicale adeguata? Ci sono "grandi teatri" per la musica?

6. Quando sei/eri innamorato/a dedichi/hai dedicato una canzone o anche un pezzo di musica alla persona che tu ami/amavi?

ESERCIZIO LESSICALE

La musica fa pensare alla bellezza della natura. Allora potresti cancellare dai gruppi di parole quella che per qualche motivo non vi appartiene?

1. ciliegio / pero / pesco / mandorlo / abete
2. fiume / bosco / lago / ruscello / mare
3. camelia / tulipano / cactus / dalia / ibisco
4. farfalla / mosca / ape / cavalletta / zanzara
5. pappagallo / gabbiano / pinguino / aquila / topo
6. grillo / aragosta / granchio / gamberetto / scorpione
7. faggio / pino / vite / cipresso / pioppo

PER LA PRODUZIONE SCRITTA

Dopo essere stato ad una "serata musicale", scrivi una lettera ad un tuo amico per raccontargli che le varie disavventure che hai avuto per raggiungere lo stadio (pioggia – macchina rotta – la ragazza che non è venuta) sono state ampiamente ricompensate da canzoni "divine".

SITUAZIONE

Un tuo amico è un patito di musica e pensa che, nonostante la crescente domanda di musica, i musicisti di oggi non siano preparati. Tu sei d'accordo e ritieni che bisogna fare qualcosa prima che sia troppo tardi (sia nella scuola che nei Conservatori).

50.000 ANNI DI SCONGIURI

La superstizione nacque con l'uomo primitivo che, timoroso dei fenomeni naturali per lui inspiegabili, iniziò a dare un significato magico a oggetti, animali, numeri, gesti. Un'abitudine che non è andata perduta. In un certo senso anche noi oggi facciamo lo stesso. Ed ecco un piccolo elenco di superstizioni molto diffuse in Italia.

Il sale – versare il sale porta male. Il sale, infatti, fu il primo "condimento" utilizzato dall'uomo e, perciò, venne ritenuto un bene prezioso e raro. Avendo cambiato le abitudini alimentari, non meraviglia il fatto che lasciarlo cadere e, dunque, sprecarlo, portasse sfortuna.

Una curiosità: All'epoca dei romani i legionari venivano pagati con il sale (da qui la parola "salario" intesa come compenso di lavoro).

Il 13 – è un numero considerato magico in molti paesi. Per gli italiani è di buon auspicio perché contiene il 3, numero considerato fortunato, essendo simbolo della Trinità e della perfezione geometrica del triangolo.

Il 17 – si crede di malaugurio perché, se viene scritto a numeri romani (XVII) e successivamente anagrammato, risulta la parola VIXI che in latino significa "ho vissuto, dunque muoio o sono morto".

Il gatto nero – il povero micio cadde in disgrazia nel medioevo. Essendo numerosi nelle città, le donne vecchie, povere e sole potevano gratis trovare compagnia. Spesso, però, a molte di loro capitava la sfortuna di essere accusate di stregoneria. Allora l'animale automaticamente doveva anche lui farne le spese. Inoltre si diceva che il gatto nero fosse il travestimento più di moda delle streghe nere perché bruciate vive sul rogo. Antidoto: fare le corna.

Ferro di cavallo – ha il potere di proteggerci da molti secoli. I romani lo inchiodavano sulle porte perché, essendo di metallo, aveva la forza delle armi ed anche quella di neutralizzare i fulmini di Giove e così allontanare la sventura. Una difesa simbolica per scongiurare un pericolo è quella di "toccare ferro".

Chiodo arrugginito – "Chiodo scaccia chiodo" dice un noto proverbio. I consoli romani ne mettevano uno nel terreno per scacciare malattie, epidemie, guerre. È stato per il chiodo l'inizio di una lunga carriera. Se ne troviamo uno arrugginito o proveniente da una bara la nostra fortuna non avrà limiti.

I carabinieri – nelle barzellette i carabinieri sono sempre ritenuti un po' stupidi. Nel mondo delle superstizioni, invece, sono esseri speciali. Incontrarne due per strada e passare tra di loro porta al successo. Perciò gli studenti sono felici, se li incontrano in coppia prima degli esami.

I fagioli – secondo una vecchia tradizione non solo i fagioli portano bene, ma sono molto utili ad una ragazza che vuole sapere se il suo amato la sposerà. In tal caso deve fare così: prendere sette fagioli e disporli in cerchio lungo la strada che il ragazzo percorre di frequente – se lui li calpesterà, il matrimonio è assicurato altrimenti, dio mio! Si tratta di un amore infelice!!

Lo specchio – anticamente lo specchio aveva qualcosa di "diabolico" dal momento che la gente non poteva spiegarsi il perché della sua capacità di ripetere un'immagine. Rompere uno specchio significava perciò "fare a pezzi" le immagini da esso riflesse. Casa, persone, oggetti erano "fritti" almeno per sette anni!!! (il numero sette perché al settimo giorno Dio si riposò!!!).

adattato da *Anna*

LESSICO

○ *versare* – far cadere

○ *scongiuro* – gesto superstizioso per tenere lontano il male

○ *condimento* – sostanza usata per rendere un cibo più gustoso

○ *sprecare* – spendere male, consumare inutilmente

○ *buon auspicio* – buon augurio

○ *Trinità* – nel cristianesimo Unità divina in tre persone distinte (Padre, Figlio e Spirito Santo)

○ *malaugurio* – cattivo augurio

○ *micio* – gattino

○ *farne le spese* – subire le conseguenze

○ *strega* – donna che, secondo la credenza popolare, aveva poteri magici

○ *inchiodare* – fissare con i chiodi

○ *sventura* – sfortuna

○ *console* – nell'antica Roma era uno dei due magistrati eletti ogni anno

○ *arrugginito* – con ruggine, sostanza che si forma sulla superficie del ferro quando è all'aria o all'aperto

○ *bara* – cassa da morto, feretro

○ *calpestare* – camminare sopra qualcosa

○ *essere fritto* – essere rovinato

PER LA COMPRENSIONE
Rispondi alle domande

1. Quando nacquero le superstizioni?
2. Quali numeri sono ritenuti magici? Come mai?
3. Perché versare il sale porta male?
4. Quando iniziò a diffondersi la paura del gatto nero?
5. Che proprietà hanno i metalli secondo un superstizioso?
6. Per essere sicuri di superare un esame, chi è bene incontrare?
7. Se una ragazza è in dubbio sui risultati di una sua relazione, cosa può fare?
8. Che significa "rompere uno specchio"?

BREVE SINTESI
(sottolinea tra le superstizioni quella che ti sembra più curiosa)

PER LA DISCUSSIONE

1. Sei superstizioso/a (sii sincero/a!!)? Prima di affrontare una prova, passeresti sotto una scala? Porti con te qualche oggetto come un amuleto o un portafortuna?

2. Identikit di un superstizioso (età, lavoro, sesso ecc.)?

3. Quali sono le superstizioni più diffuse nel tuo paese?

4. Anticamente, per tenersi buoni gli dei, si facevano sacrifici, oggi, per allontanare la iella, che si fa?

5. Pensi che l'anno bisestile (29 febbraio) sia fausto o infausto?

6. Maghi, chiromanti, veggenti, fattucchiere, indovini oggi fanno affari d'oro perché fare o togliere una fattura costa caro. Eppure quanti si rivolgono a loro! Come puoi spiegare il ricorso alla magia in una società razionale e tanto tecnologicamente avanzata come la nostra?

7. Alla fine di ogni anno si fanno previsioni per il successivo. I veggenti professionisti ci azzeccano mai?

ESERCIZIO LESSICALE

Sono sinonimi o contrari (tanto per poter sapere che si vende al supermarket della magia)?

1. malaugurio – cattivo auspicio
2. dio – diavolo
3. iettatura – iella
4. maledire – benedire
5. veggente – indovino
6. razionale – irrazionale
7. strega – maga
8. sventura – fortuna
9. superstizione – credenza
10. magia – stregoneria
11. amuleto – portafortuna
12. fausto – infausto

PER LA PRODUZIONE SCRITTA

Hai un problema: ti sei innamorato/a, ma pensi che il suo segno zodiacale non si accoppi bene al tuo. Non ti resta che "giocare l'ultima carta": chiedere consiglio ad un'astrologa. Su un giornale leggi il seguente annuncio:

Astrologa – Cartomante – Grafologa
È a vostra disposizione per aiutarvi con serietà, umanità e competenza. Sensitiva ed esperta in Magia bianca, interviene con successo nella soluzione di casi ritenuti difficili. Grazie alle doti parapsicologiche innate e coltivate con anni di studi, è in grado di apportare innegabili miglioramenti in ogni campo dell'esistenza.
È specializzata nei problemi d'amore, fortuna, studio, lavoro. Per informazioni Via__ , 18 41100 Modena.
Scrivi allora una lettera, sperando che, almeno lei, possa chiarirti le idee.

SITUAZIONE

Dici di non essere per niente superstizioso/a. Prima di fare qualunque cosa, leggi solo l'oroscopo. Mentre sei comodamente seduto/a al bar arriva una zingara. Lei ti propone, dietro pagamento, di leggerti la mano. Tu dapprima sei un po' esitante, ma dopo poco ti lasci convincere. Ad ogni "informazione" che la zingara leggerà sulla tua mano, dirai se quel che dice è vero o possibile.

TENGO FAMIGLIE
Lui, lei, gli ex, i figli di tutti. L'Italia del dopo divorzio impara a vivere in tribù. Con quali rischi?

Sul citofono di Vitantonio Lopez, giornalista romano di 34 anni, ci sono tre cognomi: il suo, quello della sua compagna (separata dal marito) e quello del figlio di lei, che ha conservato il nome del papà. In casa vivono in nove: loro tre, le due bambine nate da poco, un cane, un gatto, un pesciolino rosso e una baby sitter. Risultato: una gran confusione, tanta allegria e riunioni di famiglia che sembrano congressi di partito. E la piccolina di due anni e mezzo che non riesce a capire perché non ha lo stesso cognome della mamma e del fratello più grande.

Eccole qui, le avanguardie della famiglia di domani: multipla, allargata, adottiva. Piena di genitori veri e acquisiti, figli che non sono fratelli, ex mogli ed ex mariti delle ex mogli. Divorziati, separati, risposati. È l'Italia che verrà fuori dal censimento, anche se la famiglia tradizionale fa ancora la parte del leone e, secondo il Censis, due italiani su tre considerano il matrimonio "un vincolo sacro da rispettare". Negli Usa una coppia su due divorzia, in Francia una su tre, mentre da noi siamo a quota nove su cento.

Insomma, è il boom della famiglia multipla nell'Italia del postdivorzio.

"Molti ricominciano da capo soltanto per tenere a bada l'ansia che deriva da un fallimento" osserva Irene Bernardini, diret-tore del Gea (Genitori ancora) di Milano, centro di consulenza alle famiglie in fase di separazione. "Come dire: rotto un piatto, se ne fabbrica un altro. Purtroppo, però, molto spesso non hanno avuto il tempo di ripensare le esperienze precedenti, per non ripetere gli stessi errori". Forse è per questo che gli uomini pronti a "rifarsi una vita" sono sempre più numerosi delle donne.

Insomma, la ricetta per la convivenza bis non è ancora stata trovata. Nell'attesa di un manuale, ci si deve accontentare del fai da te. Vediamo cosa è successo a Francesco, 53 anni, bancario fiorentino, prototipo del maschio italiano prefemminista. Sentitelo: "Sono sposato, ho tre figli adulti. Qualche tempo fa mi innamorai della vicina di casa, una ragazza di 24 anni, sposata e madre di un bambino di due. Andammo a vivere insieme. I primi mesi fu bellissimo. Poi lei cominciò a pretendere che si facesse la spesa insieme, che pulissi casa anch'io, che chiamassi l'idraulico e pagassi le bollette. Quando tornavo a casa non c'era mai la cena pronta, proprio come con mia moglie. Sempre qualche amica sua tra i piedi. Voleva vestiti nuovi, la baby sitter, usciva continuamente. Dopo un po' ero al verde. In più, mia moglie minacciava il suicidio mentre alla bambina piccola, rimasta con lei, venivano le più strane malattie. Alla fine dissi alla mia compagna che, se continuava così, sarei tornato da mia moglie. Lei mi rispose che aspettava un bambino, e io pensai a un ricatto. Dopo una settimana ero di nuovo a casa da mia figlia e da mia moglie. Lei tornò con il marito. In seguito ha avuto un bimbo. Quando l'ho visto, mi ha preso un colpo: è identico a me".

adattato da *Panorama*

LESSICO

○ *citofono* – apparecchio telefonico interno che collega gli appartamenti con il portone

○ *avanguardia* – la posizione avanzata di chi precorre i tempi

○ *(genitore) acquisito* – che non appartiene alla famiglia primaria, ma è stato "acquistato" successivamene

○ *censimento* – indagine statistica sulla popolazione

○ *fare la parte del leone* – prendersi la parte migliore

○ *vincolo* – legame

○ *quota* – cifra, numero

○ *tenere a bada* – avere sotto controllo

○ *manuale* – libro contenente in breve le nozioni fondamentali di qualche disciplina o arte, facile da consultare (alla mano)

○ *fai da te* – aiutarsi da soli nella realizzazione di un progetto o lavoro

○ *bolletta* – una carta che indica l'importo da pagare per il consumo di gas, luce, acqua o telefono

○ *essere al verde* – non avere soldi

○ *ricatto* – l'azione di chi minaccia qualcuno di procurargli un danno pur di avere un vantaggio o favore

○ *prendere un colpo* – provare un'improvvisa sensazione violenta e spiacevole

○ *identico* – uguale

PER LA COMPRENSIONE
Scegli l'affermazione corretta tra le quattro proposte

1. La famiglia di domani sarà
   - ❑ a. senza problemi
   - ❑ b. composta di tre persone
   - ❑ c. paragonabile ad una piccola tribù
   - ❑ d. di tipo tradizionale

2. Molti e specialmente gli uomini, cercano di rifarsi una famiglia perché
   - ❑ a. vogliono affrontare lo stress
   - ❑ b. non desiderano restare da soli
   - ❑ c. amano ripetere gli stessi errori
   - ❑ d. intendono rinunciare alla bella vita

3. Francesco, prototipo del maschio italiano
   - ❑ a. si è innamorato della donna della porta accanto
   - ❑ b. non aveva figli
   - ❑ c. ha vissuto con sua moglie continuamente
   - ❑ d. non si è mai sposato

BREVE SINTESI

PER LA DISCUSSIONE
1. Come e perché oggi è cambiata la famiglia?
2. Credi che dopo un divorzio ci si debba risposare o restare da soli?
3. Pensi che la causa del fallimento di un matrimonio sia la monotonia?
4. La fedeltà è importante per la stabilità di una coppia?
5. Ritieni possibile avere dei rapporti amichevoli con il tuo ex?
6. Qual è per te un motivo di conflitto con il tuo partner?

ESERCIZIO LESSICALE
Inserisci nelle frasi sottostanti il colore adatto, scegliendolo tra quelli elencati (sicuramente troverai la risposta ai tuoi "se"!!)

> *bianco / rosso / nero / giallo / grigio / azzurro / rosa / verde*

1. Se la tua vita è monotona, è di colore _____
2. Se non hai i soldi, sei veramente al _____
3. Se sei donna, non fai altro che attendere il tuo principe _____
4. Se sei pessimista, vedi la vita in _____
5. Se, invece, sei romantico/a, vedi la vita _____
6. Se ami la suspense, sicuramente ti piacciono i film _____
7. Se stanotte non hai chiuso occhio, hai trascorso una notte in _____
8. Se tutti nella tua famiglia hanno successo e tu no, sei proprio la pecora _____ della famiglia.
9. Se sei timido/a e vedi un/una ragazzo/a che ti piace, sicuramente diventi subito _____
10. Se, infine, ti piace tanto studiare, sei veramente una mosca _____

PER LA PRODUZIONE SCRITTA
La famiglia è ancora un "vincolo sacro da rispettare" od è ormai passata di moda e si preferiscono altri modi di "comunicazione" con l'altro sesso?

SITUAZIONE
Un/una tuo/a amico/a ti confessa di aver tradito il suo partner, ti racconta tutti i particolari (come, dove, quando) della sua storia che ha tutta l'intenzione di portare avanti. Tu dici "Ma sei impazzito/a?…"

L'AMORE 2000 ANNI FA NEI GRAFFITI LICENZIOSI DI POMPEI

"Sodoma e Gomorra" scrisse qualcuno su un muro di Pompei. Poco dopo la città del vizio fu seppellita da un mare di sabbia infuocata. Era l'anno 79 dopo Cristo. L'eruzione del Vesuvio fissò l'attimo che separa la vita dalla morte e conservò, nascosti sotto uno strato di cenere e lapilli, gli ori degli usurai, l'orma dei corpi fulminati, gli oggetti d'arte ed i beni di consumo quotidiano, le scritte incise sul bronzo o sul marmo, fatte per durare, e quelle effimere, tracciate sui muri con un pezzo di carbone o con un pennello.

Tutto è rimasto intatto e custodito per i posteri. Pompei, via via dissepolta dagli archeologi, ancora oggi continua a mandare messaggi e a rivelarci i segreti di un passato e di una città votata al culto di Venere.

Alcova di una casa di Pompei: "Satiro che aggredisce una Menade". Come in un romanzo a luci rosse...

Vita scandalosa, dunque, quella dei pompeiani che negli affreschi delle ricche case dei mercanti e di patrizi o nelle numerosi osterie, locande o case di tolleranza hanno lasciato il segno di una mania collettiva: falli enormi e scene di sesso etero e omosessuale di ogni tipo; una vera enciclopedia dell'amore fisico, acrobatico, adolescente o senile, a pagamento o dettato dai rapporti di classe: padroni con le ancelle, matrone con i servetti, maestri con gli allievi.

Fino a qualche tempo fa, purtroppo, l'ac-cesso a questo mondo di erotismo non era permesso a tutti i visitatori. Sale chiuse, dipinti coperti, sculture traslocate lasciavano scolaresche in gita o gente comune nell'ignoranza totale. Spesso, solo dietro mancia, accompagnatori o guide permettevano al "curioso" turista di dare velocemente uno sguardo a quelle ville dagli affreschi scandalosi. Ma ora finalmente ogni "curiosità", sarà soddisfatta. È infatti in libreria un interessante saggio "Erotica Pompeiana", destinato ad arricchire gli studi di archeologia, ma anche a raggiungere un vasto pubblico. Ne è autore uno studioso di fama internazionale, Antonio Varone, direttore degli scavi, il quale ha fotografato tutto il patrimonio parietale (sia iscrizioni, sia pitture) che è un prezioso documento per la conoscenza del mondo degli antichi romani.

Sui muri i pompeiani scrivevano soprattutto le loro preferenze politico-elettorali. Subito dopo, al secondo posto, venivano i messaggi di amore e sesso. Varone, esploratore di quell'antica cultura, si è dedicato alla ricostruzione di quei messaggi, custoditi dal vulcano, con l'animo di un viaggiatore curioso e sensibile. "Attraverso le epigrafi scopriamo i segreti delle case, tutte le sfumature dei sentimenti d'amore, talvolta delicati, talvolta volgari, ma sempre con un sapore di libertà e di umanità totale". Questo per Varone è il pregio maggiore delle iscrizioni pompeiane: "Sono il segno di una società che non conosceva la parola 'peccato', oggetto di tanta letteratura moderna". Sentite questa: "amor mi detta mentre scrivo e Cupido mi guida la mano: possa io morire se scelgo di essere un dio, ma senza di te". "In nessun altro posto come a Pompei – conclude Varone – è possibile ritrovare il senso di un'umanità così diversa dalla nostra, eppure così simile a noi, nell'aspirazione all'amore".

adattato da *Epoca*

LESSICO

- *graffito* – disegno o pittura murale. È una tecnica d'incisione su una superficie dura
- *licenzioso* – che non rispetta la morale sessuale, il pudore
- *eruzione* – emissione di lava ed altri materiali da un vulcano
- *usuraio* – chi presta soldi a interesse molto alto
- *fulminato* – come colpito da un fulmine
- *intatto* – integro, mai toccato da nessuno

- *posteri* – discendenti, chi verrà nel tempo molto dopo di noi
- *dissepolto* – dissotterrato, riportato alla luce
- *votato* – che si dedica, che rivolge a qualcosa o qualcuno le proprie attività
- *senile* – di/da vecchio
- *parietale* – murale
- *sfumatura* – variazione
- *aspirazione* – desiderio vivo di ottenere qualcosa

PER LA COMPRENSIONE
Completa la sintesi

L'eruzione del (1)_____ ha custodito sotto uno strato di cenere e lapilli tutti i segreti di Pompei, la città votata al culto della (2)_____ Venere. Per secoli (3)_____ iscrizioni sui muri (4)_____ hanno conservato il ricordo della vita licenziosa e dissoluta (5)_____ antichi Romani. Ora tutti potranno (6)_____ i misteri di quel popolo perché (7)_____ studioso, A. Varone, ha raccolto fotografie, epigrafi e graffiti in un saggio destinato non solo (8)_____ esperti dell'archeologia, ma invece ad un (9)_____ pubblico di lettori.

BREVE SINTESI

PER LA DISCUSSIONE
1. Sai dove si trova Pompei? Hai capito cosa è successo nell'anno 79 d.C.?
2. Credi che il saggio dello studioso Varone possa interessarti? Ti piacerebbe fare l'archeologo? Tra i ritrovamenti archeologici quale è quello che ritieni più importante?
3. Esiste nel tuo paese un posto la cui storia è legata ad un vulcano?
4. Hai mai visto in tv l'eruzione di un vulcano? Che effetto ti fa pensare che ogni tanto la natura dà il segno della sua presenza? Quale fenomeno naturale ti colpisce di più?

5. A Pompei tutti scrivevano sui muri quello che pensavano. Esiste anche nel tuo paese questa abitudine? Hai letto qualche iscrizione particolarmente divertente o ironica?
6. Per abbellire la città alcuni artisti "dipingono" graffiti. Ti piaccono? Hai mai collaborato alla creazione di un graffiti? Pensi che dare un po' di colore ad una città grigia sia una buona idea?

ESERCIZIO LESSICALE
Se sceglierai il prefisso adatto, tra le nuove parole che formerai, ne troverai una usata nel testo (che purtroppo se qualcuno ce l'ha, sbaglierà nel giudicare fatti o persone)

1. pre	a. pensabile
2. inter	b. moderno
3. stra	c. giudizio
4. extra	d. durre
5. in	e. sepolto
6. ultra	f. nazionale
7. intro	g. ordinario
8. dis	h. comunitario
9. anti	i. furto

PER LA PRODUZIONE SCRITTTA
Scrivi una lettera ad un amico in cui gli comunichi la notizia dell'esistenza sul mercato del saggio di Varone su Pompei, gli racconti brevemente cosa contiene e lo inviti all'acquisto del libro per conoscere come vivevano i pompeiani (che non pensi maliziosamente!!).

SITUAZIONE
Entri in una libreria. Alla gentile signorina che ti chiede "cosa desidera?" rispondi che vuoi comprare un libro da scegliere tra i best sellers dell'anno. Lei prima cerca di convincerti a comprare qualcosa di classico (tragedia di tipo Sheakspeare). Poi, dal momento che insisti nella tua richiesta, ti confessa che è stata assunta da poco e non può darti informazioni. Tu ti arrabbi perché ti sembra assurdo che una persona che lavori in una libreria non conosca delle cose tanto essenziali. Alla fine non compri nulla.
In alternativa – Discuti con tuo/a nonno/a che cos'è la moralità. Le vostre opinioni sono tanto diverse da lasciar parlare di "barriera tra le generazioni".

IL TARLO DEL RAZZISMO

MILANO – Su un autobus della linea 54 una donna senegalese è seduta tranquillamente, col suo bambino accanto. Sale una signora italiana, incinta, e la mamma nera fa alzare il suo bimbo per cederle il posto. Ma la reazione è scioccante: "Non penserà che mi sieda dove c'era un negro?" Roma, stazione Termini, 7 del mattino. Una ragazza brasiliana si avvia al treno per Firenze, dove ha un appuntamento di lavoro. Un bianco la abborda e, davanti alla risposta negativa, grida: "Sei stanca perché hai lavorato troppo stanotte, puttana negra?".

"Per lui era ovvio, una donna di colore in stazione la mattina presto non può che essere una prostituta" commenta amaramente la ragazza che, come la signora senegalese, preferisce non dire il suo nome.

Due episodi di ordinaria intolleranza razziale, di quelli che di solito non finiscono sulle pagine dei giornali, ma ai quali gli extracomunitari arcobaleno che vivono nel nostro Paese hanno ormai dovuto fare l'abitudine. Perché, accanto al razzismo dei clamorosi atti di violenza, c'è una xenofobia strisciante, fatta di piccole angherie, ma anche di luoghi comuni, stereotipi. Ci sono episodi drammatici come l'aggressione subita pochi giorni fa a Roma dal senegalese Mohideen Nowfer. Ma c'è anche l'atteggiamento quotidiano di chi si è dovuto abituare in pochi anni a convivere con lo straniero. E che, a volte, reagisce con frasi come "io non sono razzista, però…", e giù considerazioni sul fatto che "negri e marocchini" dovrebbero stare a casa loro, non si lavano e così via. "Un problema molto grave" afferma il sociologo Luigi Manconi "una mentalità che bisogna combattere con una adeguata "pedagogia dell'antirazzismo", che riguardi non solo i bambini ma anche gli adulti". Gli italiani sembrerebbero dividersi su tre "temi forti" della strisciante xenofobia: le possibili conseguenze negative sull'occupazione, l'aumento della criminalità ed il degrado delle città. E i segnali di intolleranza crescono.

"La situazione peggiora di giorno in giorno" afferma Alì Babà Faye, senegalese, della segretaria nazionale della Cgil immigrati. "Non mi riferisco solo agli episodi violenti, ma anche al razzismo della gente per bene, che fa altrettanto male. Si manifesta in mille modi. Dalle battute quotidiane all'atteggiamento della stampa: quando un extracomunitario prende la laurea nessuno ne parla, quando viene preso con un po' di marijuana, finisce sui giornali. Intanto ci sono centinaia di migliaia di extracomunitari che vivono ai limiti della dignità umana, della disperazione". Anche Loretta Caponi, presidente del Forum delle comunità straniere, è preoccupata: "Aumenta la violenza, ma cresce anche la xenofobia soft, quella che vede l'extracomunitario solo come una persona che vive di espedienti o di attività criminali, emarginata, disposta a tutto, quindi potenzialmente pericolosa. Un'immagine falsa che non tiene conto delle centinaia di immigrati che lavorano onestamente e che danno un contributo alla nostra economia".

adattato da *Donna Moderna*

LESSICO

○ *tarlo* – tormento, pena segreta che rode
○ *incinta* – si dice di donna in stato di gravidanza, che aspetta un bambino
○ *cedere* – dare, rinunciare a qualcosa per darla ad un altro
○ *abbordare* – avvicinare qualcuno per proporgli qualcosa
○ *ovvio* – naturale, evidente, logico
○ *arcobaleno* – grande arco con i colori dello spettro solare, visibile in cielo dopo la pioggia. Qui è metaforico e sta per persone di varie razze e colore
○ *clamoroso* – che desta grande attenzione
○ *strisciante* – si dice di un fenomeno che non è evidente, ma sottilmente efficace
○ *angheria* – sopruso, prepotenza
○ *gente per bene* – insieme di persone oneste
○ *battuta* – frase spiritosa ed efficace
○ *vivere di espedienti* – vivere arrangiandosi, di ripieghi, di mezzucci

PER LA COMPRENSIONE
Rispondi alle domande

1. Quali episodi di razzismo vengono raccontati?
2. Come reagiscono alcune persone che sono "leggermente" razziste?
3. Quali sono gli argomenti degli xenofobi?
4. Il sociologo L. Manconi pensa che si possa intervenire?
5. Gli italiani sembrano accusare gli extracomunitari di tre colpe. Quali?
6. Cosa afferma Alì Babà Faye?
7. Cos'è la xenofobia soft?

BREVE SINTESI

PER LA DISCUSSIONE
1. Che cos'è il razzismo? Oggi esiste? O è esistito solo durante il fascismo? Cosa vuol dire essere superiore?
2. Nel tuo paese esistono persone afflitte dalla xenofobia? Con quali argomenti sostengono il loro atteggiamento?
3. Hai mai visto trattare male un diverso? Come hai reagito?
4. Nel tuo paese vivono extracomunitari? Che tipo di vita fanno?

5. Chi sono gli skinhead? Quali sono i loro macabri simboli?

6. Pensi che le pubblicità contro il razzismo servano a qualcosa?

7. Sai cos'è un centro di accoglienza?

ESERCIZIO LESSICALE

Molte volte una parola deriva dalla sintesi di altre due. Facendo l'abbinamento giusto, troverai la nuova parola composta

1. capo	a. bus
2. auto	b. educato
3. extra	c. tipo
4. xeno	d. razzismo
5. stereo	e. comunitario
6. anti	f. luogo
7. arco	g. notte
8. nulla	h. fobia
9. mal	i. baleno
10. sta	l. tenente

PER LA PRODUZIONE SCRITTA

Immagina di dover partecipare ad un concorso per la scelta della più bella pubblicità progresso che dica " no al razzismo". Descrivi il tipo di immagine che ti piacerebbe ci fosse e il testo che proporresti. (Non dimenticare lo slogan finale!)

SITUAZIONE

È giusto dare il voto agli immigrati? Il tuo amico ritiene di no poiché, essendo di un altro paese, loro non possono capire la realtà dello stato in cui vivono. Tu non sei d'accordo con la sua opinione perché pensi che, se gli extracomunitari sono in regola con la legge, hanno gli stessi diritti degli altri e, per di più, potrebbero arricchire la politica del paese dove risiedono con una mentalità nuova.

IL POZZO DI CASCINA PIANA

A metà strada tra Saronno e Legnano, c'era la Cascina Piana. Ci vivevano undici famiglie. A Cascina Piana c'era un solo pozzo per l'acqua, ma non c'era né corda, né catena. Ognuna delle undici famiglie in casa, accanto al secchio, teneva appesa una corda; chi andava al pozzo per l'acqua, la prendeva e dopo, quando aveva fatto risalire il secchio, se la riportava gelosamente a casa. Un solo pozzo e undici corde. Quelle undici famiglie non andavano d'accordo e si facevano continuamente dispetti.

Scoppiò la guerra, e gli uomini della Cascina Piana andarono sotto le armi, raccomandando alle loro donne tante cose, e anche di non farsi rubare le corde.

Poi ci fu l'invasione tedesca, gli uomini erano lontani, le donne avevano paura, ma le undici corde stavano sempre al sicuro nelle undici case.

Un giorno un bambino della Cascina andò al bosco per raccogliere legna e vide un partigiano ferito a una gamba. Subito corse a chiamare sua madre. La donna aveva paura, ma poi disse: "Lo porteremo a casa e lo terremo nascosto. Speriamo che qualcuno aiuti il tuo babbo soldato, se ne ha bisogno. Noi non sappiamo nemmeno dove sia, e se è ancora vivo".

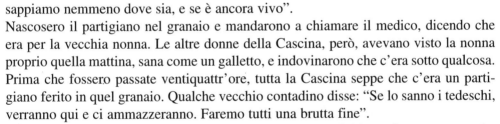

Nascosero il partigiano nel granaio e mandarono a chiamare il medico, dicendo che era per la vecchia nonna. Le altre donne della Cascina, però, avevano visto la nonna proprio quella mattina, sana come un galletto, e indovinarono che c'era sotto qualcosa. Prima che fossero passate ventiquattr'ore, tutta la Cascina seppe che c'era un partigiano ferito in quel granaio. Qualche vecchio contadino disse: "Se lo sanno i tedeschi, verranno qui e ci ammazzeranno. Faremo tutti una brutta fine".

Ma le donne non la pensavano così. Pensavano ai loro uomini lontani, e pensavano che anche loro, forse, erano feriti e dovevano nascondersi, e sospiravano. Il terzo giorno, una donna prese un salamino. E lo portò alla Caterina, che era la donna che aveva nascosto il partigiano, e le disse: "Quel poveretto ha bisogno di rinforzarsi. Dategli questo salamino".

Dopo un po' arrivò un'altra donna con una bottiglia di vino, poi una terza, poi una quarta e prima di sera tutte le donne della Cascina erano state a casa della Caterina, e avevano visto il partigiano e gli avevano portato i loro regali.

E per tutto il tempo della convalescenza le undici famiglie della Cascina trattarono il partigiano come se fosse un figlio loro e non gli fecero mancare nulla.

Il partigiano guarì, uscì in cortile a prendere il sole, vide il pozzo senza corda e si meravigliò moltissimo…

ridotto e adattato da *"Favole al telefono"* di *G. Rodari*

LESSICO

- *pozzo* – scavo verticale nel terreno per prendere acqua dal sottosuolo
- *secchio* – recipiente dove si tira l'acqua dal pozzo
- *raccomandare* – consigliare, sollecitare
- *invasione* – occupazione violenta di un territorio
- *partigiano* – chi combatte irregolarmente contro un governo illegale
- *granaio* – locale in cui si ripone il grano
- *ammazzare* – uccidere
- *sospirare* – emettere un suono come manifestazione di pena nascosta
- *convalescenza* – periodo per rimettersi da una malattia
- *guarire* – stare bene dopo una malattia
- *cortile* – spazio libero vicino ad una casa di campagna

PER LA COMPRENSIONE

Scegli l'affermazione corretta tra le quattro proposte

1. Il pozzo di Cascina Piana
   - ❑ a. aveva la corda, ma non la catena
   - ❑ b. aveva sia la corda, che la catena
   - ❑ c. non aveva né corda, né catena
   - ❑ d. aveva la catena, ma non la corda

2. Il motivo era che le famiglie
   - ❑ a. avevano rispetto una dell'altra
   - ❑ b. andavano perfettamente d'accordo
   - ❑ c. si facevano continuamente complimenti
   - ❑ d. non si sopportavano e si facevano dispetti

3. Quando scoppiò la guerra gli uomini
   - ❑ a. partirono in silenzio
   - ❑ b. restarono a casa
   - ❑ c. prima di partire fecero raccomandazioni alle donne
   - ❑ d. rubarono le corde e le catene

4. Un giorno un bambino incontrò nel bosco
   - ❑ a. un tedesco
   - ❑ b. un partigiano ferito
   - ❑ c. sua madre
   - ❑ d. il lupo

5. Siccome l'uomo era ferito, le donne
   - ❑ a. lo curarono
   - ❑ b. lo trascurarono
   - ❑ c. lo ammazzarono
   - ❑ d. se lo presero per amante

6. Quando il partigiano guarì e vide il pozzo senza corda
   - ❑ a. arrossì
   - ❑ b. si mise a ridere
   - ❑ c. ne chiese il perché
   - ❑ d. restò indifferente

BREVE SINTESI

PER LA DISCUSSIONE

1. Come credi finirà questa storia? Cosa vuol dire?
2. Perché pensi che le donne protagoniste del racconto letto cambino il loro comportamento in assenza dei mariti?
3. Il contadino ha paura di aiutare il partigiano?
4. La solidarietà è un sentimento che si sviluppa spesso o raramente tra le persone?
5. Le guerre mondiali, secondo te, hanno insegnato qualcosa all'umanità? Oggi ci sono nel mondo guerre o tensioni in atto? Quali ne sono i motivi?
6. É possibile garantire la pace nel mondo? In che modo?
7. Nel tuo paese si spendono molti soldi per gli armamenti?

ESERCIZIO LESSICALE

Per formare un avverbio si usa il suffisso –mente. Prova a creare l'avverbio da queste espressioni?

con gelosia	_____
in continuazione	_____
in maniera semplice	_____
in modo soddisfacente	_____
con affetto	_____
con gentilezza	_____
in modo completo	_____
per dire la verità	_____
con evidenza	_____
alla fine	_____

PER LA PRODUZIONE SCRITTA

Puoi creare una storia che inizi con queste parole: "È notte. Non riesco a dormire perché penso…"?

SITUAZIONE

Tu sei un giornalista che ha deciso di fare un'intervista sulle relazioni tra le famiglie di uno stesso palazzo. Un passante con il quale ti fermi a discutere sostiene che oggi purtroppo tutti litigano e si fanno i dispetti. Gli poni diverse domande per comprendere il perché della sua affermazione. Alla fine ti convince che veramente oggi non è facile vivere in armonia con i vicini di casa.

SAPETE CHE RAZZA DI FUMETTI HANNO IN MANO I VOSTRI FIGLI?

Il papà entra nella camera della figlia, si spoglia, le dice: "Sei diventata donna, piccina, devi fare quello che fanno le femmine". Dopo averla violentata, il genitore "affitta" la figlia a un suo amico. E lei, per disperazione, diventa tossicodipendente.

Un film porno-horror? No, una storia a fumetti pubblicata dall'*Intrepido,* giornale per ragazzi, passato dai western e polizieschi all'acqua di rose degli anni Settanta ai "fumetti metropolitani" degli ultimi tempi. Il contenuto: scene di violenza, omicidi, stupri collettivi, incesti, storie di droga, rappre-

Occhi strappati, morti viventi, sangue, vomito, mutilazioni. Ma "l'investigatore dell'incubo" Dylan Dog non si spaventa

sentate con testi e disegni molto crudi ed espliciti. Una formula che ha portato fortuna al giornale sul piano delle vendite. Non solo. Un gruppo di genitori, impressionato dalla violenza delle situazioni descritte ha deciso di inviare una denuncia alla magistratura. L'accusa, gravissima: istigare i ragazzi al delitto ed a reati di vario genere. Di fronte alle preoccupazioni (legittime) dei genitori, qual è il punto di vista di educatori e psicologi?

La difesa: Antonio Faeti, docente di letteratura per l'infanzia all'università di Bologna, è a favore dell'*Intrepido*: "Questa dimensione cronachistica nei fumetti avviene tutti i giorni sui giornali o in televisione o al cinema. Lo fanno tutti da anni. Mi domando adesso cosa faranno i giudici con racconti simili. Si sequestreranno di notte gli autori di fumetti in Italia?". Anche per Roberto Denti, libraio ed esperto di letteratura per ragazzi, l'*Intrepido* è innocente. "I nostri ragazzi sono immersi quotidianamente nella violenza, basta aprire i quotidiani o accendere il televisore per vedere stupri, delitti, incesti. È sbagliatissimo colpevolizzare un fumetto, anche se "forte" o violento. Le dirò di più: ben vengano queste storie, servono ad esorcizzare le angosce dei ragazzi".

L'accusa: Don Tommaso Mastrandrea, direttore del *Giornalino* della San Paolo Periodici, è convinto che per i fumetti ci vorrebbe addirittura un garante. "L'Intrepido ha davvero esagerato. Ma è inutile scandalizzarsi quando le cose succedono. Ci vuole un'autorità che vigili sui contenuti dei giornali che finiscono in mano ai ragazzi". Ad assumere una posizione di condanna durissima è invece la psicoterapeuta Federica Mormando. "Sono agghiacciata. Aprendo a caso una pagina di un fumetto si vedono scene di violenza nell'espressione più cruda e orrenda possibile, che, alla lunga, educano a non considerare più i divieti imposti dalla società civile". Bisogna allora proibire questi fumetti ai ragazzi?

"Senz'altro. La ripetizione di queste scene nella mente è molto pericolosa, equivale a un vero e proprio insegnamento". Certo che dopo la denuncia dei genitori, l'*Intrepido* ha aggiustato un po' il tiro. Ironia della sorte, pochi numeri fa il giornalino aveva pubblicato un fumetto dove l'omosessualità della giovane protagonista veniva raccontata con molta delicatezza, al punto di meritare una recensione entusiastica del *Corriere della Sera*.

adattato da Epoca

LESSICO

- *spogliarsi* – togliersi gli abiti, svestirsi
- *all'acqua di rose* – qui si dice per qualcosa che non è violento
- *stupro* – violenza carnale
- *incesto* – rapporto sessuale tra persone della stessa famiglia, tra consanguinei
- *crudo* – freddo, aspro
- *magistratura* – l'insieme degli organi che costituiscono il potere giudiziario
- *istigare* – spingere a commettere un'azione negativa
- *reato* – azione che viola la legge
- *sequestrare* – bloccare, togliere dalla circolazione
- *esagerare* – oltrepassare i limiti
- *agghiacciato* – paralizzato dallo spavento
- *alla lunga* – a lungo andare, con il passare del tempo
- *equivalere* – avere la stessa importanza e valore
- *aggiustare il tiro* – aumentare le vendite
- *recensione* – critica positiva su un'opera artistica o letteraria

PER LA COMPRENSIONE
Rispondi alle domande

1. Quali sono gli argomenti trattati dall'Intrepido?
2. Come hanno reagito alcuni genitori?
3. Quale tesi viene sostenuta in difesa dei fumetti e dell'Intrepido in particolare?
4. Quali accuse sono rivolte all'Intrepido e agli altri fumetti?
5. Cosa è successo dopo la denuncia dei genitori?

BREVE SINTESI

PER LA DISCUSSIONE
1. Dopo aver letto il caso "Intrepido", credi giusto schierarti dalla parte degli "innocentisti" o dei "colpevolisti"? Perché?
2. Secondo te, bisogna "eliminare" tutto quello che fa "scandalo" (programmi televisivi, giornaletti, pubblicità ecc.)?
3. Ti piace/piaceva leggere fumetti? Qual è/era il tuo preferito? Raccontaci qualche episodio o storia che ti ha/aveva colpito.
4. Il boom dei fumetti è un fenomeno sociale?
5. Si dice che i ragazzi di oggi non leggano libri, ma solo "rifiuti" che li spingono a suicidi o delitti. Tu che ne pensi?

ESERCIZIO LESSICALE

Completa le seguenti frasi con i verbi indicati

> *stuprare / spogliarsi / istigare / sequestrare /smetterla / esagerare*

1. La civiltà del benessere ci spinge ad _____ nel consumo di prodotti.
2. Tutti i superflui giornaletti porno-horror si dovrebbero _____
3. Chi _____ una donna, finisce in tribunale ed è severamente punito dalla giustizia.
4. Ho visto un film in cui il protagonista _____ un bambino ad uccidere la sua baby-sitter
5. Appena ritorno a casa, per prima cosa mi tolgo le scarpe, poi _____ e mi metto il pigiama.
6. Quando _____ di raccontare balle?

PER LA PRODUZIONE SCRITTA

Scrivi una lettera ad un giornale in cui esprimi la tua indignazione davanti allo scoppio dell'ormai dilagante fenomeno della criminalità minorile nel tuo paese. Inoltre accusi i mass media (stampa, cinema, televisione) di diffondere la violenza tra i giovani e i giovanissimi.

SITUAZIONE

Un tuo amico ritiene che anche i minori dovrebbero essere condannati all'ergastolo, qualora commettano gravi reati o delitti. Tu sei contrario/a a tale provvedimento perché ritieni che lo Stato abbia l'obbligo di proteggere l'infanzia e che comunque debba prevalere la volontà di educare e non quella di punire…

DOSSIER ECONOMIA

Sembra non passarsela male la famiglia media italiana fotografata da una recente ricerca della Banca d'Italia: stipendio buono, casa prevalentemente di proprietà. Attenzione, però: le disparità sono grandi. Dieci famiglie su 100 si portano a casa un quarto della ricchezza. E altre si devono dividere le briciole: un cinquantesimo del denaro disponibile.

Tagli: I tagli alla spesa sanitaria hanno avuto una conseguenza immediata: oggi ammalarsi costa più che un tempo. Ma è soprattutto il cerchio della previdenza che si è stretto. Secondo l'*Inps* (Istituto Nazionale Previdenza Sociale), ogni italiano a riposo prende in media una piccola pensione al mese. Ma in futuro ottenere un vitalizio, anche magro come questo, sarà sempre più difficile. Innanzitutto perché si andrà in pensione più tardi. L'età dopo la quale sarà possibile staccare dal lavoro si sposterà in avanti: a 60 anni per le donne e a 65 per gli uomini.

Tasse: Quali le categorie più colpite dal fisco? "I sacrifici sono stati equamente divisi tra le varie fasce della popolazione" spiega Nicola Rossi. "Il fatto che le tasse siano cresciute e che le imprese abbiano aumentato di poco i salari per restare competitive sul mercato estero ha portato le famiglie a consumare di meno" aggiunge Sergio Ricossa. Lo conferma il fatto che, secondo la Confcommercio, nel giro di pochi anni chiuderanno circa 20 mila negozi.

Debito pubblico: Siamo stati definiti il Bot people. Per anni abbiamo acquistato in massa titoli di Stato che rendevano più di qualsiasi altra forma di risparmio. Oggi il calo dell'inflazione e quello parallelo dei tassi d'interesse rende meno conveniente investire in titoli pubblici.

Ma c'è anche un'altra faccia della medaglia. Minor inflazione ha significato anche meno interessi da pagare sui prestiti e sui mutui. Contemporaneamente sono diminuiti i prezzi delle case. Il mattone non tira più perché, in un clima di stabilità della moneta come questo, la gente non sente più il bisogno di investire in beni durevoli, come gli immobili.

Dove finiscono allora i milioni e i miliardi di lire messi da parte dagli italiani? Accanto alle tradizionali forme di risparmio, nei primi mesi dell'anno è stata la Borsa a fare faville. "Prima di lanciarsi nel comprare azioni però bisogna stare molto attenti" avverte Sergio Ricossa. "Conviene affidarsi a esperti, ricorrendo ai fondi comuni di investimento". Cioè "casse" in cui tanti risparmiatori mettono i propri soldi: le quote si possono acquistare in banca oppure da promotori finanziari.

adattato da *Donna Moderna*

LESSICO

○ *disparità* – disanalogia, disuguaglianza
○ *briciola* – quantità minima
○ *spesa sanitaria* – impiego di soldi da parte dello stato per la salute dei cittadini
○ *previdenza* – complesso di assicurazioni che garantiscono il lavoratore
○ *vitalizio* – qui sta per pensione
○ *fisco* – il sistema statale per il pagamento di tasse

- *titolo di stato* – documento che rappresenta il debito che ha lo stato verso un cittadino che ha fatto un prestito pubblico
- *inflazione* – diminuzione del potere d'acquisto dei soldi che porta ad un aumento dei prezzi
- *mutuo* – una forma di prestito statale (di solito per comprare un immobile)
- *mattone* – sta per casa
- *fare faville* – riuscire brillantemente
- *azione* – titolo di credito
- *fondi comuni* – casse
- *quota* – somma

PER LA COMPRENSIONE
Le seguenti affermazioni sono vere o false?

	V	F
1. Tutte le famiglie italiane hanno un reddito alto	☐	☐
2. Oggi ci si può ammalare senza pagare una lira	☐	☐
3. Le pensioni sono basse	☐	☐
4. Si andrà in pensione più tardi	☐	☐
5. Le donne andranno in pensione a 65 anni	☐	☐
6. Gli stipendi sono molto aumentati	☐	☐
7. Oggi i prezzi delle case sono più bassi	☐	☐
8. Gli italiani investono in Borsa	☐	☐

BREVE SINTESI

PER LA DISCUSSIONE
A. Guarda le vignette d'Altan. Poi in poche parole esprimi il problema illustrato.

B. Ed ora spiega:

1. Come se la passa la famiglia media nel tuo paese? Cosa dicono le statistiche sui consumi del cittadino medio? La spesa per beni voluttuari è in calo o crescita?

2. Il sistema previdenziale cosa assicura ad un cittadino? Vale questo da voi?

3. A che età si dovrebbe andare in pensione secondo te? Cosa succede nel tuo paese?

4. Quali imprese nel tuo paese ritieni competitive? I servizi pubblici funzionano bene?

5. Quali sono le forme di risparmio più in voga da voi?

6. Nonostante la disoccupazione, ritieni ci sia la possibilità di una ripresa economica?

7. Ci sono veramente poveri anche nel tuo paese?

ESERCIZIO LESSICALE

Completa il testo con le preposizioni mancanti

Gli amici il venerdì sera partono (1)_____ la montagna. Organizzano il fine settimana, la pizza (2)_____ centro, la serata (3)_____ discoteca. Loro indossano la tuta e cominciano il turno (4)_____ lavoro (5)_____ fabbrica. (6)_____ notte. Sono quasi tutti giovani i neo-assunti (7)_____ i contratti week-end, sempre più diffusi (8)_____ Italia.
(9)_____ Paesi anglosassoni si chiamano weekend-shift, letteralmente "turno (10)_____ weekend", questi part-time concentrati: si lavora il venerdì notte e il sabato o la domenica, quando gli altri riposano. Venti ore (11)_____ tutto, il resto della settimana è libero e molti giovani lo spendono (12)_____ libri... Per le aziende è un vantaggio: mentre le macchine lavorano (13)_____ pieno ritmo, senza interruzioni, i costi (14)_____ produzione si abbassano.
E per i giovani? Un'opportunità per i giovani che vogliono cominciare presto (15)_____ guadagnare.

PER LA PRODUZIONE SCRITTA

Secondo te gli italiani sono ricchi o poveri, sono un popolo di risparmiatori o con le mani bucate? Spiega in che modo ti sei formato questa opinione.

SITUAZIONE

Andare in fabbrica la domenica e nei giorni di festa per avere la settimana libera e dei soldini ogni mese ti sembra proprio un'idea geniale. Ne parli con uno dei tuoi genitori il quale non è d'accordo con te perché pensa che tu devi studiare e non perder tempo in questo modo. Cerchi di convincerlo. Ci riuscirai? Dipende solo da te!

UNA SCENA DAL FILM "LA VITA È BELLA"

Alla fine degli anni '30, in un'Italia dove si respira aria di fascismo e antisemitismo, un giovane lascia la campagna per andare a vivere in città. Qui conosce la donna dei suoi sogni che rapisce con un cavallo bianco proprio nel giorno del suo matrimonio. Dalla relazione nasce un bambino, Giosué. La famigliola è molto felice fino al giorno in cui la guerra li trascina in un campo di concentramento. Il papà, pur di nascondere al figlio la verità sulla tragedia degli ebrei, gli fa credere che tutto quello che di terribile avviene intorno a loro in realtà è solo un gioco allo scopo di raccogliere mille punti per salire su un carrarmato, il "giocattolo" preferito da Giosuè.

- (Dopo una giornata di lavori forzati al ritorno nella camera del campo di concentramento!) Giosuè! Giosuè! Oddio dov'è? Hai visto Giosué? Giosué? Giosué! (Il bimbo nascosto si tradisce con un singhiozzo) Che fai?! Vieni!
- No! (ancora nascosto)
- T'ho detto vieni!
- No!
- Come no? Vieni fuori! Vieni qua, vieni, vieni! Ma guarda qua, che sei tutto sporco... ora quando... (aiutando il bimbo ad uscire dal nascondiglio)
- Dove sei stato?
- Sono stato... te l'ho detto! Dovevo finire quella partita a briscola!
- Conosci con i bottoni che ci fanno?
- Ma che dici?
- Ci buttano tutti nel forno!
- Ma chi te l'ha detto?
- Un uomo... piangeva... ha detto che con noi ci fanno i bottoni ed il sapone.
- (Ridendo di gusto) Giosuè! Ma ci sei cascato, ci sei cascato un'altra volta. Guarda! E poi ti facevo un ragazzino vispo, furbo, intelligente! I bottoni... il sapone con le persone!... Ma sarebbe il colmo dei colmi! Ma dai! Ma ci hai

Una tipica smorfia dell'attore toscano Benigni. Come per dire "l'esistenza non smette mai di meravigliarmi: non ci capisco niente!"

creduto, eh? Ci pensi! Domani mattina mi lavo le mani con Bartolomeo, una bella insaponata. Poi mi abbottono con Francesco. Oh! Porca miseria! Oh! Guarda, m'è caduto un bottone! È questo sarebbe una persona? Dai! Ti hanno preso in giro... Ci sei cascato... (dopo un altro dialogo dello stesso argomento sui forni crematori). Senti, parliamo di cose serie. Io domani mattina ci ho una corsa coi sacchi con quelli...
- Basta, babbo! Voglio andare a casa!
- Ora?
- Adesso!
- Ma ora? Ora piove, ti viene la febbre a quaranta!
- Non mi importa! Andiamo!
- Vabbe', se vuoi andare, andiamo! Prendo la roba e ce ne andiamo!

- Si può andare?
- Certamente! Non crederai che tengano qui la gente per forza, Giosuè?! Questo è il colmo! Questa sarebbe bella veramente. Andiamo. Facciamo le valigie e ce ne andiamo. Prendo i bagagli. Peccato, perché eravamo i primi! Ci si ritira! Ci si scancella! Vabbe', il carrarmato vero lo vincerà un altro bambino…
- Ma non ci sono più bambini! Sono solo!
- Non c'è più bambini?! È pieno così (accompagna con un gesto delle mani), è zeppo di bambini!
- Dove sono?
- Sono tutti nascosti, non si devono far vedere. È un gioco serio!
- Io non ci capisco niente con questo gioco! Ma quanti punti abbiamo?
- 687! Te l'ho detto mille volte. Comunque, andiamo, vah! Siamo primiiiiiii! Comunque, se vuoi andare, ce ne andiamo.
- Siamo primi?!
- Siamo primi!! Te l'ho detto! Certamente! Comunque, ci si ritira, vah! (rivolto ad un compagno di prigionia) Ho visto proprio ieri la classifica: siamo primi. Beh, io e Giosuè ci siamo stufati. Ah! Senti! Il carrarmato è finito, è pronto? È pronto, no? Prima di partire, di mettere in moto, dagli una pulita alle candele… Se no si inceppa (il papà continua a dare al compagno altri particolari del carrarmato, molto attraenti per il bambino, poi conclude) Vabbe', io e lui andiamo! Volevamo tornare a casa in carrarmato, invece prendiamo l'autobus. Ci si ritira! Beh, ciao, arrivederci a tutti! Ci siamo stancati! Arrivederci a tutti! Giosuè, andiamo! Giosuè… Giosuè, andiamo, andiamo!
- Ma piove, babbo, mi viene la febbre a quaranta! (Giosuè corre a riprendere il "suo posto").

LESSICO

- *partita a briscola* – è un gioco che si fa con le carte italiane
- *cascarci* – cadere in un tranello, credere ad una frottola
- *essere il colmo* – si dice di cosa che provoca stupore o indignazione
- *porca miseria* – è un' imprecazione che mostra rabbia, stizza
- *ritirarsi* – rinunciare a partecipare, venir meno ad un impegno
- *scancellarsi* – è un'espressione un po' popolare per cancellarsi
- *carrarmato* – autoveicolo pesante e corazzato, armato di cannoni e mitragliatrici, in grado di muoversi velocemente per mezzo di cingoli
- *zeppo* – pieno pieno
- *stufarsi* – seccarsi, stancarsi

PER LA COMPRENSIONE
Scegli l'affermazione corretta tra le quattro proposte

1. Nel testo si dice che Giosuè
    ❑ a. si è nascosto ed il papà non riesce a trovarlo
    ❑ b. è andato a passeggio
    ❑ c. si è messo un vestito nuovo
    ❑ d. è andato a giocare a carte

2. Il bimbo teme
   - ❑ a. che gli cadano i bottoni della camicia
   - ❑ b. di essere buttato nel forno crematorio
   - ❑ c. di lavarsi con il sapone
   - ❑ d. di perdere il gioco

3.Il padre, per incoraggiare il piccolo, gli dice che è
   - ❑ a. un rompiscatole
   - ❑ b. un credulone
   - ❑ c. uno stupido
   - ❑ d. un furbastro

4. Giosuè vuole
   - ❑ a. ritornare a casa
   - ❑ b. restare nel campo di concentramento
   - ❑ c. ritirarsi dal gioco
   - ❑ d. andare a giocare con altri bimbi

5. Alla fine il padre trova un sistema per
   - ❑ a. ritirarsi dal gioco
   - ❑ b. far credere a Giosuè che il gioco va continuato
   - ❑ c. portare suo figlio a casa dalla mamma
   - ❑ d. andare a passeggio sotto la pioggia

BREVE SINTESI

PER LA DISCUSSIONE
1. Esprimi la tua opinione su questo film. Secondo te a che si riferisce il suo titolo?
2. Credi che la vita sia bella, nonostante le sue difficoltà?
3. Quale pensi sia il peggiore misfatto commesso dall'umanità?
4. Come viene sconvolta dalla guerra la vita delle persone?
5. Cosa pensi di questo papà così dolce che, con i suoi modi buffi, trasforma le brutte avventure in occasioni di comicità?
6. Pensi che i genitori di oggi siano così sensibili da rinunciare alla loro vita per il bene dei figli?

ESERCIZIO LESSICALE
Completa il testo sottostante con le parole indicate

falegnami / riprese / durata / troupe / qualificata / spettatori

Il 9 giugno la Melampo cinematografica ha dato il via alle (1)_____ del film di

Roberto Benigni "La vita è bella" che hanno avuto una (2)_____ complessiva di 12 settimane. La (3)_____ ha lavorato tra Arezzo e Terni. Le dimensioni del film hanno trovato una risposta esauriente grazie al reperimento di manodopera (4)_____ nel settore delle costruzioni e più in generale nelle varie specializzazioni: pittori, (5)_____, costumisti. Il risultato, magnifico, ha premiato l'attesa degli (6)_____. Benigni mostra di essere un attore comico unico.

PER LA PRODUZIONE SCRITTA
Racconta con ricchezza di dettagli un film che per te ha un significato particolare, spiegandone i motivi.

SITUAZIONE
Che cos'è la FELICITÀ? Esiste? Tu pensi di sì, ma il tuo amico non è d'accordo.

CHE COSA, SECONDO LEI, PUO' DARE LA FELICITA'?	%
La famiglia	52.0
La salute	44.5
I figli	31.0
L'amore	28.7
Avere fede in Dio	21.8
Il benessere economico	19.5
Vivere in pace	15.5
Sentirsi padroni di sé	12.0
Servire gli altri	9.7
Il successo	6.8
Sentirsi parte di un movimento collettivo	5.5
Il sesso	2.9
L'avventura	2.2
I divertimenti	1.4
Avere potere sugli altri	0.5
Non sa, non risponde	0.8

MICHELANGELO BUONARROTI (1475-1564)
E LA CAPPELLA SISTINA

Nel 1508 Michelangelo fu incaricato dal Papa Giulio II di affrescare i ben mille metri quadri della volta della Cappella Sistina. La gigantesca opera, ispirata alle storie della Genesi, venne suddivisa in vari riquadri architettonici che si snodano lungo la volta ed incorniciano le potenti scene bibliche e le grandiose figure dei Profeti e delle Sibille.

L'artista completò il lavoro dopo quattro anni di durissimo impegno.

Durante questo periodo, poiché era costretto a stare sempre a testa in su, finì per "aver guasta" la vista (come ci dice lo storico Vasari) cosicché si racconta che potesse leggere solo tenendo il foglio in alto sul capo, come se dovesse guardare il soffitto.

VIAGGIO NEL CAPOLAVORO DI MICHELANGELO DOPO IL RESTAURO

RINASCE IL GIUDIZIO UNIVERSALE

Passarono alcuni anni fin quando Michelangelo prese dal Papa Clemente VII un nuovo titanico incarico: l'affresco della parete centrale della Cappella Sistina. Dal 1536 al 1541 lavorò, perciò, alla famosissima pittura che rappresenta il Giudizio Universale.

All'epoca Michelangelo era considerato un maestro, tanto da diventare addirittura il protagonista di un'autentica rivoluzione nell'arte e di essere accusato di immoralità ed eresia.

I famosi "braghettoni" che vennero aggiunti per decenza, fanno pensare che furono soprattutto i nudi a scandalizzare.

Ma per Michelangelo il nudo era la sola possibilità di esprimere il segno della potenza divina nella creazione dell'uomo a sua immagine e somiglianza. Solo in questo modo si può comprendere come mai la tragedia del "dies irae" risulti una delle creazioni artistiche più sofferte e drammatiche della storia dell'umanità. Angeli, diavoli si contendono le anime e al centro della scena c'è Cristo che alza la mano per stabilire il destino degli uomini, giunti al termine del loro "viaggio terreno", ed anche la Madonna che sembra ritrarsi impaurita di fronte all'energia esplosiva di suo figlio. Un'altra rivoluzione di cui l'artista si fece protagonista fu determinata dalla scelta del colore del cielo. Per il cielo della fine del mondo Michelangelo non scelse, infatti, il tradizionale color oro, ma l'azzurro. Il perché è molto facile da comprendere: l'artista non vuole raccontare ciò che avviene dopo la fine del mondo. Il suo "giudizio" rappresenta la fase finale della storia dell'uomo e l'azzurro è il colore del mistero, il mistero su cui si interroga l'uomo che appartiene ancora alla storia. Michelangelo considerava talmente importante questo colore per la sua pittura da spendere somme immense per avere il supremo lapislazzulo possibile.

Recentemente tutta la Cappella Sistina è stata restaurata. Dopo anni di studi sulla composizione pittorica dell'affresco, al posto dei mitici grigi e marroni michelangioleschi, risaltano oggi i rossi intensi ed i verdi brillanti. Inoltre, molti dei personaggi hanno recuperato il loro aspetto originario, poiché i restauratori hanno eliminato alcuni dei "braghettoni" che indossavano per decenza, cosicché oggi ne ammiriamo il corpo perfetto.

Proprio per questi cambiamenti il restauro non ha mancato di trovare oppositori nel mondo dell'arte. Al di là di tali dispute artistiche tuttavia resta una certezza: la Cappella Sistina è uno dei più grandi capolavori dell'umanità.

adattato da *Panorama*

LESSICO

- *incaricare* – dare un compito a qualcuno
- *volta* – soffitto, copertura curva
- *snodarsi* – articolarsi, svolgersi, stendersi
- *incorniciare* – mettere in cornice
- *aver guasta la vista* – rovinare la vista, non vederci più tanto bene
- *braghettone* – mutandone
- *decenza* – pudore, ritegno, sentimento di riservatezza che si prova verso ciò che appartiene alla sfera sessuale
- *dies irae* – è un'espressione latina usata ancora oggi per parlare del giorno del "giudizio universale", del giorno dell'ira di Dio
- *contendersi* – cercare di togliere qualcosa a qualcuno
- *ritrarsi* – indietreggiare, tirarsi dietro
- *lapislazzulo* – materiale di colore blu intenso
- *recuperare* – ritrovare
- *al di là* – l'ultraterreno, ciò che è oltre il mondo
- *disputa* – discussione

PER LA COMPRENSIONE
Completa la sintesi con le parole più adatte

Michelangelo affrescò sia la (1)_____ che la parete centrale della (2)_____ Sistina. L'artista completò l'(3)_____ dopo molti anni di (4)_____ lavoro. Ma fu accusato di (5)_____, poiché dipinse corpi nudi. Allora i puritani del tempo ricoprirono le immagini con (6)_____. Oggi fortunatamente, dopo il (7)_____, possiamo di nuovo (8)_____ il corpo perfetto delle figure del (9)_____ universale. Inoltre i restauratori hanno ripulito le immagini dallo (10)_____ di polvere e fumo che ricopriva l'affresco e così oggi ci (11)_____ più luminose e intensamente colorate.

BREVE SINTESI

PER LA DISCUSSIONE
1. Hai mai visto gli affreschi di Michelangelo?
2. Cosa credi significhi la famosa scena che mostra le due dita, quello umano e quello di Dio, che si sfiorano e quasi si toccano?
3. Che pensi della censura sui nudi michelangioleschi?
4. Oggi la Cappella Sistina restaurata è bellissima. I restauri costituiscono un momen-

to importante nella storia dell'arte?

5. Ci sono capolavori nella storia dell'arte che ti piacciono particolarmente? Quale credi sia il mistero del successo dei capolavori del passato?

6. Nelle scuole del tuo paese viene insegnata la storia dell'arte?

7. Ti piacerebbe conoscere di più sulla storia dell'arte italiana?

ESERCIZIO LESSICALE

Cosa fanno queste persone?

persona	verbo
pittore	
scultore	
architetto	
restauratore	
puritano	
Papa	
giudice	
maestro	
profeta	
artista	
custode	
rivoluzionario	

PER LA PRODUZIONE SCRITTA

Sei convinto/a che le opere artistiche del paese devono essere custodite e restaurate perché patrimonio di tutti. Scrivi allora una lettera al ministro dei Beni Culturali per pregarlo di prestare attenzione a tutte quelle opere d'arte che, custodite per mancanza di spazio nelle cantine umide, invece che nei musei, risultano gravemente danneggiate.

SITUAZIONE

Dopo tanta attesa entri finalmente nella Cappella Sistina, desideroso di riprendere con la tua macchina fotografica tutte le pitture che ti piacciono di più. Proprio mentre stai per scattare una fotografia, si avvicina un custode che ti dice sgarbatamente che lì è vietato fare le fotografie. Tu rispondi gentilmente, chiedendo scusa, ma lui ti investe con una serie di insulti… Alla fine vai via arrabbiato, trattandolo come si merita!

LA VERA PIZZA SI FA COSÌ...

Il suo segreto sta tutto nell'impasto. Ma non occorre essere esperti per farlo a regola d'arte. Basta un po' di pazienza e un minimo di organizzazione. Ecco alcuni suggerimenti.

A.1. Mettete 250 grammi di farina su una superficie piana. Sciogliete 20 grammi di lievito di birra in un poco di acqua calda. Mettete il lievito, un pizzico di sale e mezzo bicchiere d'acqua all'interno della farina. Un piccolo segreto: se la pasta vi piace alta e morbida, aggiungete una patata lessa e schiacciatela. Quindi impastate

finché non ottenete la consistenza tipica del pane. Coprite il tutto e lasciate riposare almeno un'ora a temperatura ambiente.

2. Rimpastate con le mani e mettete l'impasto a lievitare per un'altra ora. Adesso infarinate il piano di lavoro e spianate la pizza prima con il mattarello, poi con le dita fino a ottenere la forma e le dimensioni volute.

3. A questo punto appoggiate il disco di pasta su una teglia unta con poco olio, quindi farcitelo a piacere.

B. Per fare la tradizionale margherita, stendete sulla pasta uno o due mestoli di polpa di pomodoro oppure di pelati. Aggiungete quindi la mozzarella a dadini, meglio se di bufala. Infine, spruzzate sopra un po' di olio crudo e guarnite con foglie di basilico.

Mettete la pizza nel forno, che avrete già riscaldato a 250 gradi. Cuocetela per 20 minuti. Se vi piace croccante, potete tenerla in forno mezz'ora.

tratto da *Donna Moderna*

LESSICO

A (per l'impasto)
- *a regola d'arte* – perfettamente
- *suggerimento* – consiglio
- *lievito di birra* – sostanza per dare volume all'impasto
- *morbido* – soffice
- *patata lessa* – patata bollita
- *schiacciare* – pigiare, comprimere con forza
- *consistenza* – solidità
- *mattarello* – lungo cilindro di legno usato per spianare l'impasto
- *teglia* – recipiente per cuocere nel forno
- *unto* – cosparso di grasso

B (farcitura per la margherita)
- *stendere* – mettere su tutta la superficie
- *mestolo* – un arnese da cucina a forma di cucchiaio per mescolare i cibi
- *polpa di pomodoro* – la "carne" del pomodoro
- *mozzarella* – un caratteristico tipo di formaggio italiano fresco
- *dado* – cubo
- *spruzzare* – bagnare a schizzi
- *guarnire* – farcire, abbellire
- *croccante* – ben cotto e che scricchiola sotto i denti

PER LA COMPRENSIONE
Completa con informazioni specifiche su
- ingredienti necessari per l'impasto e la farcitura della pizza margherita
- utensili
- azioni
- tempo di cottura nel forno

BREVE SINTESI

PER LA DISCUSSIONE
1. Ti piace la pizza? Quale "tipo" preferisci? (croccante, morbida, ai funghi, quattro stagioni, ecc.). Che tipo di ingredienti sono necessari per fare il tipo di pizza che ti piace?
2. Quando mangi di solito la pizza?
3. Hai mai provato a fare la pizza in casa?
4. Conosci quanti tipi di pizza ci sono in Italia? (a taglio, a peso…)
5. Trovi che esistono delle differenze tra pizzerie (di stile tipicamente italiano) e fast-food (di tipo tipicamente americano)?
6. Hai mai fatto una dieta? Racconta.

ESERCIZIO LESSICALE
Abbina ogni verbo con il prodotto e l'utensile adatto

VERBO	PRODOTTO	UTENSILE
friggere	maccheroni	padella
scolare	formaggio	scolapasta
tagliare	frutta	coltello
ungere	impasto	teglia
frullare	patate	grattugia
grattugiare	olio	frullatore
stendere	mozzarella	mattarello

PER LA PRODUZIONE SCRITTA
Molte volte il cibo si mostra un nemico. Come è possibile difendersi dalla bulimia e dall'anoressia oggi ormai molto diffuse tra i giovani?

SITUAZIONE
Immagina di entrare in Italia in una salumeria. Lì dici al salumiere che vuoi far assaggiare prodotti tipicamente italiani ad un tuo amico che è venuto a farti visita in Italia e, pertanto, vuoi dei consigli. Lui ti spiega che i prodotti tipici italiani sono tanti e ognuno ha la sua particolarità. Dopo aver ascoltato tutto, scegli… a condizione che…

LA PIOVRA MAFIOSA

Mafia significa "disordine". Per respirare una boccata d'ossigeno mafioso (tanto per entrare nel clima) cambieremo anche noi un po' l'ordine degli esercizi.

ESERCIZIO LESSICALE

Per parlare di Mafia (o diventare mafioso!) ne devi conoscere almeno il "gergo". Allora abbina bene le parole della colonna A con quelle indicate nella colonna B.

A	B
1. lupara	a. legge del silenzio
2. pentito	b. mafia
3. padrino	c. spione ex-mafioso
4. omertà	d. tentativo di compiere un omicidio
5. tangente	e. fucile a canne mozze
6. cosca	f. membro
7. faida	g. vendetta
8. affiliato	h. gruppo
9. cosa nostra	i. minaccia
10. intimidazione	l. somma data alla mafia
11. mani pulite	m. scandalo per il pagamento di tangenti ai partiti politici
12. tangentopoli	n. operazione antimafia
13. attentato	o. boss

La parola mafia deriva forse da "maffia" che in toscano significava miseria. Starebbe ad indicare che la mafia è nata in Sicilia come un'organizzazione segreta per difendere con la "lupara" gli interessi dei "poveri", schiacciati dal "malgoverno" dello "Stato", del "Continente". La mafia in Sicilia, la camorra in Campania, la 'ndrangheta in Calabria, in effetti, hanno in comune lo spirito "mafioso" che affonda le sue radici essenzialmente nella mancanza di fiducia verso le leggi e particolarmente verso il sistema di tassazione imposto dallo stato ufficiale, sicuramente svantaggioso per i siciliani. La prima regola del codice mafioso, pertanto, è di non rivolgersi in nessun caso alla giustizia ufficiale: "l'omertà" perciò risulta il primo requisito di un uomo d'onore. Allora i torti si vendicano di persona o, se riguardano tutta la famiglia, si fanno vendicare da un affiliato, da un "amico".

In passato la mafia si occupava dell'agricoltura, più tardi si è spostata verso settori più redditizi. Proprio a causa di questo passaggio "l'onorata società" ha cambiato volto. Il "padrino", come l'abbiamo visto in tanti film, è ormai una figura quasi mitica che appartiene al passato. Oggi il potere non è più nelle mani di un solo boss, ma di una vera e propria impresa con grossi capitali, legata ad altri gruppi di malavita internazionale. Quest' "impresa" ricava grandi somme da attività non legali (come tangenti, intimidazioni, estorsioni, sequestri di persona, commercio di droga, licenze edilizie illegali, appalti illeciti, traffico di armi, riciclaggio del denaro sporco) grazie ad "alleanze" con uomini politici corrotti. Ed ora non uccide più solo i membri delle famiglie rivali, ma arriva ad eliminare magistrati, politici, poliziotti, imprenditori e giornalisti.

Tra i delitti più efferati c'è stato quello di un giudice, Falcone, di cui "leggeremo" un film lungo 78 minuti.

I CENTO MISTERI DI UNA STRAGE
Un giallo di 78 minuti tra talpe, telefonate e squadre di finti operai

Ecco il "film" della morte del giudice Falcone. Aeroporto di Ciampino, ore 16 e 40 di sabato 23 maggio. Giovanni Falcone e sua moglie si sono appena imbarcati sul Falcon 50, scatta l'operazione.

Qualcuno alza il telefono e avverte un complice a Palermo: "è partito". È una talpa? È una spia che tradisce il magistrato? Dopo 63 minuti l'aereo atterra sulla pista di Punta Raisi. Anche qui c'è qualcuno che lo aspetta. Anche qui c'è qualcuno che corre subito ad avvertire i complici.

Ecco, le tre Croma blindate che fanno da scorta ed escono dall'aeroporto. Anche qui c'è una talpa? C'è un mafioso che telefona? Comunque scatta la seconda fase dell'operazione. Il corteo blindato viaggia a bassa velocità, 100, 110 all'ora verso Palermo. L'esplosivo è stato appena sistemato ad un punto dell'autostrada, due o tre killer sono pronti ad entrare in azione. Sono appostati su una collinetta a circa 300 metri dall'autostrada. Controllano il traffico con dei binocoli, uno di loro stringe nelle mani il radiocomando collegato col tritolo. Calcolano i tempi, calcolano anche la velocità della macchina guidata da Giovanni Falcone.

Ecco, sta arrivando, ancora pochi metri, ancora pochi metri prima di passare sopra 50, 60 chili di esplosivi. La terza ed ultima fase dell'operazione è alla fine: c'è un boato, sembra il terremoto.

Le lancette dell'orologio di Francesca Morvillo segnano le 17.58.

tratto da *la Repubblica*

LESSICO

- *schiacciare* – opprimere, sopraffare
- *redditizio* – che porta guadagno
- *malavita* – criminalità (spesso organizzata)
- *ricavare* – cavare fuori, trarre, ottenere
- *efferato* – feroce, crudele, disumano
- *talpa* – chi di nascosto dall'interno di un ufficio fornisce informazioni segrete
- *appostato* – sistemato in modo da spiare una persona per tendergli un agguato
- *boato* – rumore forte e cupo come prima di un terremoto

PER LA COMPRENSIONE

Le seguenti affermazioni sono vere o false?

	V	F
1. Qualcuno telefona ad un complice a Palermo	☐	☐
2. L'aereo decolla da Palermo	☐	☐
3. L'esplosivo è sistemato sotto un sedile dell'aereo	☐	☐
4. L'aereo atterra all'aeroporto di Ciampino	☐	☐
5. All'aeroporto di Punta Raisi c'è qualcuno che aspetta	☐	☐
6. I killer vedono l'auto con il binocolo	☐	☐
7. Poi con il radiocomando fanno saltare l'esplosivo	☐	☐
8. Il giudice Falcone è scampato all'attentato	☐	☐

BREVE SINTESI

PER LA DISCUSSIONE

1. Che cosa hai capito sulla mafia? Perché è nata?
2. Di quali settori si interessa la mafia oggi?
3. Sai chi sono i pentiti?
4. Esiste qualche organizzazione di tipo mafioso nel tuo paese?
5. Hai visto qualche film sulla mafia? Per quale motivo, secondo te, è impossibile stroncare le attività di questa organizzazione "parastatale"?
6. Un'iniziativa molto importante è stata presa da alcune donne che hanno deciso di fare un corteo e di dire "Basta con la mafia; oggi Falcone e domani?". Credi che tali manifestazioni servano a sensibilizzare la gente?

PER LA PRODUZIONE SCRITTA (a scelta)

a. La tolleranza (che sconfina nell'indifferenza da parte della società) di tanti episodi di violenza è uno dei motivi che favorisce il suo diffondersi e contribuisce al dilagare della corruzione. Sei d'accordo con questa affermazione?

b. Molti sono i guerrieri della pace che hanno lottato, anche senza armi, tutta la loro vita per un mondo migliore. Il loro messaggio di fratellanza è ancora vivo?

SITUAZIONE

Sul giornale hai letto che in Italia, per scoraggiare i rapimenti, hanno deciso di bloc-

care i beni della famiglia degli ostaggi. Secondo te questa legge è ipocrita ed ineffi-
cace. Il tuo amico, invece, ritiene che questa legge sia un provvedimento necessario
perché un sequestro costa e un criminale ci penserà due volte prima di rischiare il suo
"capitale". Alla fine trovate una soluzione.

INDICE

Un giorno diverso, racconta una giornata indimenticabile di un comune impiegato, Pietro, che un bel giorno decide di voler cambiare completamente vita. Dopo alcuni anni di noiosa routine, Pietro decide di licenziarsi, di aprirsi alla vita e di godersi nuovamente la giornata, facendo colazione al bar, camminando per Roma, prendendo l'autobus, affrontando spiacevoli imprevisti, facendo spese. È proprio in un negozio di abbigliamento che conosce Cinzia...
Un giorno diverso, disponibile con o senza CD audio, contiene una sezione con stimolanti attività e le rispettive chiavi in appendice.

ISBN Libro 978-960-6632-19-8
ISBN Libro + CD 978-960-693-000-3

Il manoscritto di Giotto

Chi ha rubato il manoscritto? Il furto di un'opera di inestimabile valore, un trattato sulla pittura che rivela anche un segreto legato al grande artista Giotto, scuote la vita dei giovani protagonisti della storia: uno di loro è il colpevole? Così sembra pensare la polizia e così sembrano dire le prove. Solo l'amicizia che lega i ragazzi tra loro e le attente indagini del commissario Paola Giorgi risolveranno il mistero.
Il manoscritto di Giotto, disponibile con o senza CD audio, contiene una sezione con stimolanti attività e le rispettive chiavi in appendice.

ISBN Libro 978-960-693-017-1
ISBN Libro + CD 978-960-693-014-0

Nuovo Progetto italiano 3 è il terzo livello di un moderno corso multimediale d'italiano e si può usare anche indipendentemente dai primi due. È orientato al Quadro Comune Europeo di Riferimento per le Lingue e alle tipologie delle certificazioni italiane.

Si compone di:

- **Libro dello studente**, articolato in 32 brevi unità didattiche. Per stimolare gli studenti all'autonomia, alla riflessione linguistica, a capire tante espressioni idiomatiche in contesto, *Nuovo Progetto italiano 3* conserva e rafforza la sua filosofia induttiva di scoperta e offre nuovo e vario materiale autentico, nuove sezioni dedicate all'approfondimento delle funzioni grammaticali e comunicative, nuove e più motivanti attività preliminari, nuovi compiti comunicativi.

- **Quaderno degli esercizi**, completamente riveduto, presenta, per ciascuna unità del *Libro*, varie attività con nuove tipologie di esercizi e nuovi test di verifica ogni 4 unità.

- **Guida per l'insegnante**, con preziosi consigli e tanti suggerimenti per un miglior uso del libro; giochi, attività ludiche, le trascrizioni dei brani di ascolto, le soluzioni degli esercizi e altro materiale da fotocopiare.

- **2 CD audio**, contengono gli ascolti autentici, tra cui le interviste incentrate su alcuni argomenti delle unità, e altri testi per la comprensione orale registrati da attori professionisti.

- **Attività online**, per approfondire l'argomento trattato nell'unità.

ISBN 978-960-7706-25-6

**Materiale autentico
per la conversazione e
la preparazione agli esami orali**

La Prova Orale 2 è il secondo volume di un manuale di conversazione. Si rivolge a tutti gli studenti che si preparano ad affrontare con successo la prova orale delle certificazioni delle Università di Perugia (Celi 3, 4 e 5) e Siena (Cils Due-B2, Tre-C1 e Quattro-C2), Plida (B2, C1 e C2) o altri diplomi.

La conversazione trae continuamente spunto da **materiale autentico** (fotografie-stimolo, grafici e tabelle da descrivere o da mettere a confronto, articoli di giornale, testi letterari e saggistici da riassumere, massime da commentare, compiti comunicativi da svolgere) e da preziose domande che motivano e stimolano gli studenti.
Un **glossario** aiuta gli studenti a prepararsi per la discussione.

edizioni Edilingua

Nuovo Progetto italiano 1 T. Marin - S. Magnelli
Corso multimediale di lingua e civiltà italiana. Livello elementare (A1-A2)

Nuovo Progetto italiano 2 T. Marin - S. Magnelli
Corso multimediale di lingua e civiltà italiana. Livello intermedio (B1-B2)

Nuovo Progetto italiano 3 T. Marin
Corso multimediale di lingua e civiltà italiana. Livello intermedio - avanzato (B2-C1)

Nuovo Progetto italiano Video 1 e 2 T. Marin - M. Dominici
Videocorso di lingua e civiltà italiana. Livello elementare - intermedio (A1-B2)

Progetto italiano Junior 1, 2, 3 T. Marin - A. Albano
Corso multimediale di lingua e civiltà italiana per adolescenti.
Livello elementare - intermedio (A1-B1)

Nuovo Progetto italiano Junior Video 1, 2, 3 T. Marin - M. Dominici
Videocorso di lingua e civiltà italiana per adolescenti.
Livello elementare - intermedio (A1-B1)

Arrivederci! 1, 2, 3 F. Colombo - C. Faraci - P. De Luca
Corso multimediale di italiano per stranieri. Livello elementare - intermedio (A1-B1)

L'italiano all'università 1 M. La Grassa
Corso di lingua per studenti stranieri. Livello elementare (A1-A2)

Allegro 1 L. Toffolo - N. Nuti
Corso multimediale d'italiano. Livello elementare (A1)

That's Allegro 1 L. Toffolo - N. Nuti
An Italian course for English speakers. Elementary level (A1)

Allegro 2 L. Toffolo - M. G. Tommasini
Corso multimediale d'italiano. Livello preintermedio (A2)

Allegro 3 L. Toffolo - R. Merklinghaus
Corso multimediale d'italiano. Livello intermedio (B1)

La Prova orale 1 T. Marin
Manuale di conversazione. Livello elementare (A1-B1)

La Prova orale 2 T. Marin
Manuale di conversazione. Livello intermedio - avanzato (B2-C2)

Vocabolario Visuale T. Marin
Livello elementare - preintermedio (A1-A2)

Vocabolario Visuale - Quaderno degli esercizi T. Marin.
Attività sul lessico. Livello elementare - preintermedio (A1-A2)

Diploma di lingua italiana A. Moni - M. A. Rapacciuolo.
Preparazione alle prove d'esame (B2)

Preparazione al Celi 3 M. A. Rapacciuolo.
Preparazione alle prove d'esame. Livello intermedio (B2)

Sapore d'Italia M. Zurula
Antologia di testi. Livello medio (B1-B2)

Primo Ascolto T. Marin
Materiale per lo sviluppo della comprensione orale. Livello elementare (A1-A2)

Ascolto Medio T. Marin
Materiale per lo sviluppo della comprensione orale. Livello medio (B1-B2)

Ascolto Avanzato T. Marin
Materiale per lo sviluppo della comprensione orale. Livello superiore (C1-C2)

Scriviamo! A. Moni
Attività per lo sviluppo dell'abilità di scrittura.
Livello elementare - intermedio (A1-B1)

Al circo! B. Beutelspacher
Italiano per bambini. Livello elementare (A1)

Forte! 1, 2, 3 L. Maddii - M. C. Borgogni
Corso di lingua italiana per bambini (6-11 anni). Livello elementare (A1-A2)

Collana Raccontimmagini S. Servetti
Prime letture in italiano. Livello elementare (A1-A1+)

Via della Grammatica M. Ricci
Livello elementare - intermedio (A1-B2)

Una grammatica italiana per tutti 1, 2 A. Latino - M. Muscolino
Livello elementare - intermedio (A1-B2)

I verbi italiani per tutti R. Ryder
Livello elementare - intermedio - avanzato (A1-C2)

Raccontare il Novecento P. Brogini - A. Filippone - A. Muzzi
Percorsi didattici nella letteratura italiana. Livello intermedio - avanzato (B2-C2)

Invito a teatro L. Alessio - A. Sgaglione
Testi teatrali per l'insegnamento dell'italiano. Livello intermedio - avanzato (B2-C2)

Mosaico Italia M. De Biasio - P. Garofalo
Percorsi nella cultura e nella civiltà italiana. Livello intermedio - avanzato (B2-C2)

Collana l'Italia è cultura M.A. Cernigliaro
Collana in 5 fascicoli:
Storia, Letteratura, Geografia, Arte, Musica, cinema e teatro (B2-C1)

Collana Primiracconti Letture graduate per stranieri
Dieci Racconti (A1-A2) M. Dominici
Traffico in centro (A1-A2) M. Dominici
Mistero in Via dei Tulipani (A1-A2) C. Medaglia
Un giorno diverso (A2-B1) M. Dominici
Il manoscritto di Giotto (A2-B1) F. Oddo
Lo straniero (A2-B1) M. Dominici
Alberto Moravia (A2-B1) M.A. Cernigliaro
Undici Racconti (B1-B2) M. Dominici
L'eredità (B1-B2) L. Brisi
Italo Calvino (B1-B2) M.A. Cernigliaro
Il sosia (C1-C2) M. Dominici

Collana Cinema Italia - Attività didattiche per stranieri A. Serio - E. Meloni
Io non ho paura - Il ladro di bambini (B2-C1)
Caro diario (A2-B1)
I cento passi - Johnny Stecchino (C1-C2)

Collana Formazione

italiano a stranieri Rivista quadrimestrale per l'insegnamento dell'italiano come lingua straniera/seconda